D1721453

Herbert Petzold · Birnensorten

Herbert Petzold

Birnensorten

Aquarelle und Zeichnungen
Ernst Halwaß

Neumann Verlag
Leipzig · Radebeul

Petzold, Herbert:
Birnensorten / Herbert Petzold.
Aquarelle u. Zeichn. Ernst Halwaß.
— 3., durchges. Aufl. — Leipzig; Radebeul:
Neumann Verlag, 1989. – 256 S.:
56 Ill. (farb.)

ISBN 3-7402-0069-3

ISBN 3-7402-0069-3

3., durchgesehene Auflage 1989
Alle Rechte vorbehalten
© Neumann Verlag Leipzig · Radebeul, 1982
VLN 151-310/123/89 · LSV 4329
Printed in the German Democratic Republic
Satz: Ostsee-Druck Rostock
Druck, Reproduktion und buchbinderische Weiterverarbeitung:
INTERDRUCK, Graphischer Großbetrieb Leipzig – III/18/97
Bestell-Nr. 7989856

Inhalt

Vorwort

Dieses Buch über Birnensorten wendet sich an den gleichen breiten Leserkreis wie das vor ihm erschienene Apfelsortenbuch. Es versucht, wieder Lehrende und Lernende, Praktiker des Obstanbaus und des Obsthandels, die Fachberater der Selbstversorger, die Kleingärtner, Siedler, die Kleinerzeuger in ländlichen Gärten, die Hausgartenbesitzer, Wochenendgärtner, die Obstverbraucher, ganz besonders aber die Birnenliebhaber anzusprechen, um allen verschiedenartige Hinweise und Anregungen für einen erfolgreichen Birnenanbau zu vermitteln.

Der Inhalt entspricht in den Grundzügen weitgehend dem des Apfelsortenbuches im Hinblick auf Anbau, Sortenbeschreibung und Sortenbestimmung.

Den Text der Sortenbeschreibungen verdeutlichen wieder wesentlich die Aquarelle und Zeichnungen von ERNST HALWASS, der in den Originalen höchste Naturtreue errreichte.

Die 56 Sortenbeschreibungen enthalten die zugelassenen Sorten; die sich im Anbau befinden und andere, die auch dem Handel oder dem Selbstversorger Früchte liefern.

In einem Birnenbuch nur Tafelbirnen vorzustellen, ohne der Mostbirnen wenigstens in Kurzbeschreibungen zu gedenken, würde allen Anbauern dieser Mostspender ein arger Torso sein. Die Mostbirnen haben heute und künftig, wenn auch nicht im einstigen Umfang, ihre Anbaubedeutung unterhalb der Mainlinie, in der Schweiz und in Österreich.

Die Kurzcharakteristik wurde auch für etliche Tafelbirnensorten gewählt, die bei uns oder in anderen Ländern im Anbau standen oder noch stehen. Ihre Namen möchten hier nicht fehlen, damit sich der Leser über die Sorten wenigstens knapp orientieren kann.

Dieser Gesichtspunkt der Orientierung bestimmte auch die angeführte Literaturauswahl. Der Schwerpunkt liegt auf den sortenkundlichen Schriften, die vor allem jüngere Obstanbauer nicht kennen. Von den Beiträgen zu anderen Themen wurden die bevorzugt genannt, die Literaturangaben enthalten und so dem Suchenden Wege zu weiteren Quellen weisen. Zur Anzahl der Veröffentlichungen über Birnen in der wissenschaftlichen und volkstümlichen Fachliteratur in den vergangenen Jahrzehnten sei nebenbei vermerkt, daß sie im Vergleich zum Apfel erschreckend gering geworden sind.

Damit auch der nicht hauptberufliche Obstbauer die fachlichen Fragen und Probleme versteht, galt es, den gebotenen Stoff stilistisch allgemeinverständlich darzustellen.

Für den Apfelanbau zu werben, erübrigt sich, denn er geschieht állenthalben in der industriemäßig organisierten Produktion und in den Gärten der Selbstversorger. Bei der Birne ist es anders. Sie bedarf der Werbung, da rückläufiger Anbau sich auswirkt. Der einst beträchtliche Birnenanbau an Straßen fällt künftig weitgehend aus. Der Großflächenanbau der Birne hat andere, biologisch und wirtschaftlich bedingte Probleme als der Apfelanbau, so daß voraussichtlich von hier auch keine wesentlichen Ertragssteigerungen kommen. So versucht dieses Taschenbuch, nicht nur Birnensorten mit ihren Eigeschaften objektiv zu beschreiben, sondern es wirbt bewußt für einen verstärkten Birnenanbau von Spätherbst- und Wintersorten an dafür geeigneten Standorten bei Selbstversorgern, Kleinerzeugern und Hausgartenbesitzern.

Neben dieser allgemeinen Anbauwerbung gilt eine besondere wieder dem einst weit verbreiteten Wandobstanbau am geschützten Standort, an Gebäuden und Mauern. Es geht jetzt nicht darum, unnatürliche, gekünstelte Spalier- oder Zierformen von Bäumen zu gestalten, sondern die toten, brachen Flächen mit Grün zu beleben, wirtschaftlich zu nutzen und damit zugleich ein schöneres Heimatbild zu schaffen. Reben und Birnen eignen sich vortrefflich dazu. Mach mit!

Goethe mahnt uns auch heute, gültig für alle Zeiten, Tätige zu sein: „Es ist nicht genug zu wissen, man muß auch anwenden; es ist nicht genug zu wollen, man muß es auch tun."

Wurzen, im Frühling 1980   Herbert Petzold

8

Die beschriebenen Sorten
mit ihren wichtigsten Doppelnamen

Die Sortennamen sind in alphabetischer Folge nach dem Handelsnamen und der gültigen Kurzbezeichnung aufgeführt. Sie sind mit einer Sortennummer versehen, die in allen folgenden Übersichten und Beschreibungen für diese Sorte beibehalten bleibt. Hinter dem Handelsnamen stehen die vollständigen oder ursprünglichen Namen, die originale Namensform (orig.), vor allem bei französisch-belgischen Sorten, und noch gebräuchliche Doppelnamen (Synonyme) in der Schreibweise der verschiedenen Länder.

Die Aufnahme der Synonyme gewährt dem Obsthandel die Grundlage der Sortenbezeichnung in den Handelsverträgen; sie erleichtert aber auch in anderen Sortenwerken das Auffinden der gesuchten Sorte, da z. B. 'Paris' dort unter 'Comtesse de Paris', 'Contesa de Paris', ,Gräfin von Paris', 'Parízhanka', 'Pařižanka', 'Párizsi Grófnö', 'Paryżanka' u. a. Namen zu finden ist. Die Anzahl der Synonyme, vor allem bei älteren, weit verbreiteten Sorten, betrug oft 20, 30, 40 und mehr Namen. Bei der 'Regentin' aus dem 18. Jahrhundert führt MATHIEU 74 auf. Die mehrfachen Synonyme bleiben hier unberücksichtigt. Beim Text der Sortenbeschreibung werden einzelne Namen nochmals besonders genannt.

In der DDR zugelassene Sorten der Sortenliste 1980 sind mit einem Stern hinter der Nummer gekennzeichnet.

1*	Alexander Lucas	Beurré Alexandre Lucas (orig., franz.), Lukasówka (poln.), Bereljuka (russ.), Lucasova Máslovka (tschech.)
2	Amanlis Butterbirne	Beurré d'Amanlis (orig., engl., franz.) Untoasa Amanlis (rum.), Bere Amanli (russ.), Amanliská Máslovka (tschech.), Amanlis vajkörte (ung.)
3	Blumenbachs Butterbirne	Soldat Laboureur (orig., franz.), Bere Bljumenbach (russ.), Blumenbachova (tschech.)
4*	Boscs Flaschenbirne	Beurré Bosc, Calebasse Bosc (orig., franz., engl.), Beurré d'Apremont, Boskova Maslovka (bulg.), Calebasse Bosc, Alexander, Kaiser Alexander (ital. Südtirol), Bera Boska (poln.), Untoasa Bosc (rum.), Bere Alexander, Bere Bosk (russ.), Boscova (tschech.), Bosc kobak (ung.)
5*	Bunte Julibirne	Colorée de Juillet (orig., franz.), Julischönheit (Lauche), Broket Juli (norw.), Lipcówka Kolorowa (poln.), Červencová (tschech.)
6	Clairgeau	Clairgeaus Butterbirne, Beurré Clairgeau (orig., franz.), Clairgeau (ital.), Krzywka (poln.), Untoasa Clairgeau (rum.), Bere Klerzho (russ.), Křivice (tschech.), Clairgeau vajkörte (ung.)

7*	Clapps Liebling	Clapp Favorite, Clapps's Favourite (orig., engl., USA), Clapov Liubimeţ (bulg.), Favorite de Clapp (franz.), Favorita di Clapp (ital.), Faworytka (poln.), Favorita lui Clapp (rum.), Ljubimica Klappa (russ.), Clappova (tschech.), Clapp kedveltje (ung.)
8	Diels Butterbirne	Beurré Diel (orig., franz.), Dilova Maslova (bulg.), Butirra Diel (ital.), Bera Diela (poln.), Untoasa Diel (rum.), Bere Dil' (russ.), Dielova (tschech.), Diel vajkörte (ung.)
9	Edelcrassane	Passe Crassane (orig., franz., rum.), Pas Krasan (bulg.), Passa Crassana (ital.), Pass Krassan (russ.), Crassanská (tschech.), Nemes Krasszan (ung.)
10	Elsa	Herzogin Elsa, Djushes El'za (russ.) Eliška (tschech.)
11	Esperens Bergamotte	Bergamote Esperen (orig., franz.), Esperenova (bulg.), Bergamotta Esperen (ital.), Bergamot Espéren (rum.), Bergamot Esperena (russ.), Esperenova Bergamotka (tschech.), Esperen bergamottja (ung.)
12	Esperens Herrenbirne	Belle Lucrative (engl., USA), Seigneur, Fondante d'Automne, Bergamote Lucrative (franz.), Herrepære (dän.), Seigneur d'Esperen (holl.), Esperens Herre (schwed.), Bere Ljukratif (russ.), Esperenova Máslovka (tschech.)
13	Forellenbirne	Herbstforelle, Forel (dän.), Forelle (engl.), Poire Forelle, Poire Truite (franz.), Pstrągówka (poln.), Forel' (russ.), Forell (schwed.), Pstružka (tschech.)
14	Gellert	Gellerts Butterbirne, Beurré Hardy (orig., franz.), Hardieva Maslovka (bulg.), Hardy (engl.), Bera Hardego (poln.), Untoasa Hardy (rum.), Bere Gardi (russ.), Hardyho Máslovka (tschech.), Hardy vajkörte (ung.)
15	Giffards Butterbirne	Beurré Giffard (orig., franz.), Jifardova Maslovka (bulga.), Butirra Giffard (ital.), Untoasa Giffard (rum.), Bere Zhiffar (russ.), Giffardova Máslovka (tschech.), Giffard vajkörte (ung.)
16	Grumkow	Grumkower Butterbirne, Kalebasa Płocka (poln.), Bere Grumbkov (russ.)
17	Gute Graue	Graapære (dän.), Yat (franz.), Jut (holl.), Dobra Szara (poln.), Choroshaja seraja (russ.), Gråpäron (schwed.), Špinka (tschech.)

18*	Gute Luise	Gute Luise von Avranches, Dobra Luiza Avranşka (bulg.), Louise Bonne of Jersey (engl.), Louise Bonne d'Avranches (franz.), Buona Luisia d'Avranches (ital.), Dobra Ludwika (poln.), Buna Luiza de'Avranches (rum.), Dobraja Luiza (russ.), Avranšská (tschech.), Avranchesi jó Lujza (ung.)
19	Hardenponts Butterbirne	Hardenponts Winterbutterbirne, Beurré d'Hardenpont (orig., franz.), Hardenpontova Maslovka (bulg.), Butirra d'Hardenpont d'inverno (ital.), Untoasa Hardenpont (rum.), Bere Ardanpon (russ.), Hardenpontova Máslovka (tschech.), Hardenpont vajkörte (ung.)
20	Hochfeine Butterbirne	Beurré Superfin (orig., franz.), Untoasa Superfina (rum.), Bere superfen (russ.), Předobra Máslovka (tschech.)
21	Hofratsbirne	Conseiller de la Cour (orig., franz.), Konsel'e de la Kur (russ.), Hovrådspäron (schwed.), Dvorni Máslovka (tschech.)
22*	Jeanne d'Arc	Zhanna d'Ark (russ.)
23	Josephine von Mecheln	Joséphine de Malines (orig., franz., engl.), Josefina Mehelnaka (bulg.), Józefinka (poln.), Josefina de Malines (rum.), Zhozefina Mechel'nskaja (russ.), Mechelenská (tschech.), Malinesi Josefin (ung.)
24	Jules Guyot	Dr. Jules Guyot (orig., franz., rum.), Doktor Ghiuyo (bulg.), Doktor Zhjul' Gjujo (russ.), Guyotova Máslovka (tschech.), Dr. Guyot Gyula (ung.)
25	Köstliche von Charneu	Légipont (orig., franz.), Charneu (dän.), Fondante de Charneu (franz.), Szarneza (poln.), Tajushhaja iz Sharne (russ.), Charneuska (tschech.)
26*	Konferenzbirne	Conference (orig., engl.), Conférence (franz.), Konferencija (russ.)
27	Kongreßbirne	Andenken an den Kongreß, Souvenier du Congrès (orig., franz., engl.), Kongresówka (poln.), Amintirea Congresului (rum.), Pamjat' Kongressa (russ.), Kongresovka (tschech.), Kongresszus emléke (ung.)
28	Le Lectier	Lekt'e (russ.)
29	Liegels Butterbirne	Liegels Winterbutterbirne, Beurré Liegel, Suprême Coloma (franz.), Untoasa Liegel (rum.), Muskatnaia Lighelea, Bere Ligelja (russ.), Koporečka (tschech.), Liegel téli vajkörte (ung.)

11

30	Lucius	Minister Dr. Lucius, Ljucius (russ.)
31	Madame Bonnefond	Madam Bonnefon (russ.)
32	Madame Favre	Favrené asszony (ung.), Madam Favr (russ.)
33*	Madame Verté	Madam Verte (russ.)
34	Margarete Marillat	Marguerite Marillat (orig., franz.), Margareta Marillat (rum.), Margarita Maril'ja (russ.), Marillatova (tschech.)
35*	Marianne	Prinzessin Marianne, Salisbury (poln.), Marianna (russ.)
36	Napoleons Butterbirne	Beurré Napoleon (franz.), Untoasa Napoleon (rum.), Bere Napoleon (russ.), Napoleonova Máslovka (tschech.), Napoleon vajkörte (ung.)
37*	Nordhäuser Winterforelle	Winterforellenbirne, Forel'zimnjaja (russ.)
38	Olivier de Serres	Oliwierka (poln.), Oliv'e de Serr (russ.)
39*	Paris	Gräfin von Paris, Comtesse de Paris (orig., franz., dän.), Paryżanka, Harbina Paryza (poln.), Contesa de Paris (rum.), Grafinea Parizhanka (russ.), Pařižanka (tschech.), Párizsi grófnö (ung.)
40	Pastorenbirne	Curé (orig., franz., rum.), Popska Kruşa (bulg.), Vicar of Winkfield (engl.), Curato (ital.), Plebanka (poln.), Kjure (russ.), Pastornice (tschech.), Papkörte (ung.)
41	Petersbirne	Lorenzbirne, Margaretenbirne
42	Philippsbirne	Doppelte Philippsbirne, Doyenné de Mérode (orig., franz., holl.), Dobbelt Philip (dän.), Double Philippe, Doyenné Boussoch (franz.), Liońska (poln.), Filip (schwed.), Merodova (tschech.), Dekanka Meroda (russ.), Doyenné Boussock (engl., USA)
43	Pitmaston	Pitmaston Duchesse d'Angoulême, Pitmaston Duchesse (engl.), Pitmaston (russ.), Pitmastonská (tschech.)
44	Poiteau	Neue Poiteau, Nouveau Poiteau (franz.), Patawinka (poln.), Noua Poiteau (rum.), Novaja Puato (russ.)
45	Präsident Drouard	Président Drouard (orig., franz.), Prezident Druar (russ.), Drouardova (tschech.)
46	Regentin	Passe Colmar, Colmar d'Hardenpont (franz.), Passe Colmar (engl., rum.), Pass-Kol'mar (russ.), Kolmarská zlatá (tschech.)

47 Robert de Neufville	
48 Six'Butterbirne	Beurré Six (orig., franz.), Bere Siks (russ.), Sixova (tschech.)
49 Tongern	Birne von Tongern, Poire de Tongre, Beurré Durondeau (franz.), Bere Djurondo (russ.)
50* Trévoux	Frühe von Trévoux, Précoce de Trévoux (orig., franz.), Trewinka (poln.), Timpurie de Trévoux (rum.), Skorospelka iz Trevu (russ.), Trévouxská (tschech.), Trevou- i korai (ung.)
51 Triumph von Vienne	Triomphe de Vienne (orig., franz.), Triomfo di Vienne (ital.), Triumf z Vienne (poln.), Triumf de Vienne (rum.), Triumf Vieny (russ.), Viennská (tschech.), Bécs diadala (ung.)
52* Vereinsdechantsbirne	Doyenné du Comice, Comice (orig., franz.), Komisowka (poln.), Decana Comisiei (rum.), Dekanka dju Komis (russ.), Děkanka Robertova (tschech.), Társulati esperes (ung.)
53* Williams Christ	Williams Christbirne, Williams Bon Chrétien (orig., engl.), Bartlett, Williams Pear (USA), Viliamova Maslovka (bulg.), Bon Chrétien Williams (franz.), Buon Christiano Williams (ital.), Bera Wiliamsa, Bonkreta Wiliamsa (poln.), Williams (rum., dän., schwed.), Vil'jams (russ.), Williamsova Čáslavka (tschech.), Vilmos körte (ung.)
54 Winterdechantsbirne	Zimna Dekanka (bulg.), Doyenné d'Hiver (franz.), Decana d'Inverno (ital.), Dziekanka Zimova (poln.), Decana de Iama (rum.), Dekanka zimnjaja (russ.), Děkanka Zimní (tschech.), Téli esperes (ung.)
55 Winterlonchen	
56 Winternelis	Nélis d'Hiver (orig., franz.), Bonne de Malines (franz.), Nelis de Iarna (rum.), Zimnjaja Nelisa (russ.), Nelisova Zimni (tschech.), Nelis téli vajkörte (ung.)

Botanische Bezeichnung der Kultursorten jetzt: *Pyrus communis* L. (Pyrus domestica Medik.). Der Gattungsname *Pyrus* wurde früher bei Hegi u. a. Autoren Pirus geschrieben.
In der botanischen Systematik gehört die Birne zur Reihe (Ordnung) *Rosales* (Rosenartige), zur Unterreihe (Unterordnung) *Rosineae,* zur Familie *Rosaceae* (Rosenartige Gewächse), zur Unterfamilie *Pomoideae* (Kernobstgewächse).

Folgt einem botanischen Namen oder einem Namen der Umgangssprache unmittelbar ein Sortenname, so ist dieser nach Artikel 17 des „Internationalen Code der Nomenklatur für Kulturpflanzen" (ICNP) 1961 in halbe Anführungsstriche oben zu setzen.

Jetzt werden allgemein die Sortennamen, auch ohne vorausgehenden oder folgenden botanischen Namen im Satztext, so angeführt. Diese Kennzeichnung einer Sorte kann in Preisverzeichnissen, auch in Sortenlisten und bei Sortenaufzählungen, wo kein Anlaß zu Verwechslungen gegeben ist, unterbleiben. Im folgenden Text wird entsprechend verfahren.

Der Name Birne in verschiedenen Sprachen

Krusha	bulgarisch	Parul	rumänisch
Pære	dänisch-norwegisch	Grusha	russisch
Pear	englisch	Päron	schwedisch
Poire	französisch	Kruška	serbokroatisch
Peer	holländisch	Pera	spanisch
Pero	italienisch	Hruška	tschechisch
Gruszka	polnisch	Körte	ungarisch

Zur Aussprache französischer Sortennamen

Diese einfache Form der Aussprache, ohne differenzierte Lautschrift, wurde angeglichen an: TÄUBERT, H.: Geographische Namen – richtig ausgesprochen. Gotha 1963.

		sprich	
Nr. 6	Clairgeau	Klärschoo	o wie in Ton
Nr. 22	Jeanne d'Arc	Schann Dark	
Nr. 24	Jules Guyot	Schül Güjoo	
Nr. 25	Köstliche von Charneu	Scharnöö	ö wie in lösen
Nr. 28	Le Lectier	Lö Lektiee	Lö wie in Löffel
Nr. 31	Madame Bonnefond	Madamm Bonnfong	
Nr. 32	Madame Favre	Madamm Fawre	
Nr. 33	Madame Verté	Madamm Wärtee	é wie in Tee
Nr. 38	Olivier de Serres	Oliewiee dö Särr	dö wie in Löffel
Nr. 44	Poiteau	Puatoo	
Nr. 45	Präsident Drouard	Druaar	
Nr. 47	Robert de Neufville	dö Nöfwiil	Nö wie in Löffel
Nr. 50	Trévoux	Treewuu	
Nr. 51	Triumph von Vienne	Wjän	

Birnen

„Das sind die Kostbarkeiten dieser Erde: ein Saitenspiel, ein Becher Weins, ein Tanz schlankbeiniger Mädchen, einer Liebsten Gunst und dann ein Schweigen – ja, ein tiefes Schweigen." Hafis hat unter den Kostbarkeiten der Erde die Birnen, diese einzigartigen, köstlichen Früchte vergessen, die Birnen, die wie keine andere Fruchtart eine Fülle edelster und feinster Geschmacksnuancen in sich vereinigen, viel reicher, viel unterschiedlicher, harmonischer als der Apfel. Unter den Früchten der Erde wären vielleicht nur noch die Trauben zu nennen, die einigermaßen an diese Geschmacksfülle erinnern, doch eigentlich weniger die Trauben, mehr der aus ihnen gekelterte Wein. So erfrischend die verschiedenartigen Zitrusfrüchte und die erquickenden Ananas sind, ihr Geschmackskern bildet eine mehr oder weniger stark hervortretende, angenehme, hocharomatische Fruchtsäure mit mehr oder weniger Zucker. Mit der breiten, großen Geschmacksskala der Birnen sind sie nicht zu vergleichen. Welche Fülle an zarten, unaufdringlichen, unbeschreiblichen Aromen, der Fleischbeschaffenheit, des Saftgehaltes, der feinen oder kräftigeren Fruchtsäuren, der lieblichen Fruchtzucker enthalten die verschiedenen Birnensorten.

Die Feinschmecker, die wahren Fruchtgenießer haben das zu allen Zeiten festgestellt. Sie verkosteten Birnen wie edlen Wein, mit allen wachen Sinnen. Wir müssen in unserer Alltagshast, in der die meisten Menschen köstliche Früchte gleichgültig und abwesend hinunterschlingen, wieder lernen, die Einzelfrucht zu achten und als herrliches Naturgeschenk verzehren. Birnen können dazu verhelfen, nicht nur eine 'Vereinsdechantsbirne', auch eine 'Clapps Liebling', bewußt genossen, gehört zu diesen Kostbarkeiten. Sie sollten dünn, sehr dünn, hauchdünn geschält werden, damit die Inhaltsstoffe, die dicht unter der Schale gehäufter sitzen, nicht verlorengehen. So fein geschält, stört die immer derbe Birnenhaut den vollen Genuß des Fruchtfleisches nicht.

Wer nur die einheimischen Birnen kennt, sollte, wenn Einfuhren von Winterbirnen aus südlichen Ländern gehandelt werden, davon Proben erwerben, um 'Edelcrassane', 'Hardenponts Butterbirne', 'Olivier de Serres' von ihren standortsgemäßen Anbaugebieten kennenzulernen.

Schon die Römer wußten: Über den Geschmack läßt sich nicht streiten, und im Niederdeutschen heißt das auch Hochdeutsch: Was dem einen seine Eule, ist dem anderen seine Nachtigall. Die geschmackliche Vielfalt der Birnen ist so groß, daß „jedem die Seine" vom August bis März gereicht werden kann, ohne daß der andere ihm seine Sorte aufreden muß. Das kann im Obstbau der Selbstversorger verwirklicht werden, es erfordert freilich neue Anbauformen. Den alten ländlichen Birnenobstbau auf Hochstämmen kennzeichneten eine Vielzahl von Sommer- und Herbstbirnen, die jährlich reiche Ernten brachten, so daß sie den Markt überschwemmten und verstopften. Jedermann hatte Birnen. Kleinfrüchtige Sorten pflückte man nicht, sie wurden aufgelesen und den Haustieren gefüttert. Dazu kamen noch die Mengen vom Straßenobstbau, besonders in Sachsen. Auch die Verarbeitungsindustrie konnte diese unzähligen Tonnen weder als Naßkonserve noch als Dörrbirnen restlos verwerten. Polarwinter, die dann Bäume vernichteten, sorgten für einen regulierenden Ausgleich.

In den Klein-, Haus-, Siedlergärten pflanzte man die Sorten, die Baumschulen anboten, meist als höhere Stammformen auf Sämling. Diese Bäume beschatten noch die älteren Gartenanlagen und liefern von ihren großen Kronen jährlich beachtliche Ernten von 'Clapps', 'Elsa', 'Gellert', 'Marianne' usw. Die Kleingärtner können auch mit großer Familie in der kurzen Zeitspanne der Genußreife die anfallenden Zentner nicht selbst verzehren. Sie verkaufen dem Handel die Früchte im September, wo die Sammelstellen voll von Birnen sind, die hier genauso rasch reif und teigig werden.

Die jahrzehntelange Erfahrung lehrt, daß es für Selbstversorger wenig sinnvoll ist, Birnenbäume mit nur einer Sorte zu haben. Ein neuer, den Kleingärtner wirklich befriedigender, volkswirtschaftlich bedeutungsvoller Birnenanbau im Selbstversorgergarten hat nur Sinn und Erfolgsaussichten mit Mehrsortenbäumen. Auf einem Birnenbusch auf Sämling oder Quitte *(Cydonia)* würden der Mittelast und die 3 Gerüstäste jeder eine andere Sorte tragen. 2 Bäume dieser Art können 8 Sorten mit 8 verschiedenen Reifezeiten liefern, und sie würden im räumlich beschränkten Kleingarten eben nur den Raum von 2 Buschbäumen brauchen.

Von Sommer- und Frühherbstbirnen sollte der Verbraucher keine Sorte länger als 10–14 Tage essen müssen, um danach eine geschmacklich andere Abwechslung zu haben. Damit wäre auch ein laufender Birnenverbrauch gewährleistet, ohne von einer Sorte, wegen ihrer raschen Vergänglichkeit, diese bis zum Überdruß vertilgen zu müssen. Es ist dabei noch zu beachten, daß im August und September auch Beerenobst und jede Menge frisches Gemüse anfällt, so daß der Garten den Tisch täglich reich mit Roh- und Frischkost deckt.

Für Standorte bis zur mittleren Höhenlage von 350 m über NN sollen 2 Beispiele aus vielen möglichen, die ersten 2 Bäume allgemein für Selbstversorger, die 2 letzten für Liebhaber geschmacklich edler Sorten, zeigen, daß mit 2 Bäumen die häusliche Versorgung von Ende Juli (E 7) Anfang August (A 8) bis Februar/März (2–3) gegeben ist.

1. Baum: Mittelast mit 'Trévoux' (E 7–E 8), Gerüstäste mit 'Williams' (A–M–E 9), mit 'Gute Luise' oder 'Marianne' (9–10), mit 'Konferenzbirne' (10–A 11) oder statt 'Gute Luise', 'Marianne' die 'Konferenzbirne' und als 4. Sorte dann 'Alexander Lucas' (E 10–12).

2. Baum: Mittelast 'Vereinsdechantsbirne' (11) und die 3 Gerüstäste mit 'Jeanne d'Arc' (12), 'Präsident Drouard' (1), 'Josephine von Mecheln' (2–3).

1. Baum: Mittelast 'Vereinsdechantsbirne' und die 3 Gerüstäste mit 'Giffards Butterbirne' (7–8), 'Robert de Neufville' (E 8–M 9), 'Esperens Herrenbirne' (9–10).

2. Baum: Mittelast 'Jeanne d'Arc' (12) und die 3 Gerüstäste mit 'Liegels Butterbirne' (10–1), 'Winternelis' (11–1) und 'Josephine von Mecheln' (2–3).

Das Wort „Mehrsortenbaum" klingt ungewöhnlich, weil ungebräuchlich und neu. Doch es ist gar keine neue Form, denn jeder mit mehreren Sorten umveredelte oder mit Aufveredlungen versehene Baum ist ein Mehrsortenbaum, und davon gibt es Tausende in den Gärten. Bei Birnen war es im 19. Jahrhundert ganz selbstverständlich, daß die Bäume mehrere Sorten trugen, denn die Liebhaber wollten viele der angepriesenen Sorten kosten und erproben, OBERDIECK nannte diese Bäume daher auch „Probebäume". Sie lieferten für ihren Standort einen häuslichen Sortenversuch.

Der andere Grund lag in den verschiedenen Reifezeiten, die gewissermaßen damals eine Kühllagerung ersetzten. Der Selbstversorger und Liebhabergärtner konnte nur eine beschränkte Menge einer Sorte gebrauchen, trotz einer damals vielfältigeren Verwertung zu Dörrobst, Birnenmus, Birnenkraut (ein dem Gelee ähnlicher dunkelfarbiger Brotaufstrich aus eingedicktem Birnensaft), Birnenmarmelade usw. Im Grunde war es vor 100 und mehr Jahren das gleiche Problem mit den Sommer- und Herbstbirnen wie heute, es gab zuviel auf einmal, und sie wurden zu schnell teigig. Man versuchte eine Lösung aus wirtschaftlichen Gründen, nicht aus einer Sortenspielerei, indem man mehrere Sorten auf einen Baum veredelte und so den ganz natürlichen Mehrsortenbaum erhielt. Er wurde später, durch die Wandlung des deutschen Obstanbaus von einem Selbstversorger- zum Marktobstbau, der nach anderen Gesichtpunkten produzierte, verpönt und verdammt.

Nach der Mitte des 19. Jahrhunderts entwickelte sich auch allmählich in Deutschland, ideenmäßig stark belastet durch eine Jahrhunderte währende obstbauliche Tradition, die nur der Versorgung der eigenen bäuerlichen, höfischen oder häuslichen Wirtschaft, also der Selbstversorgung diente, ein den Markt beliefernder Obstbau, den ausländische Leitbilder anregten und beeinflußten. Der haltbarere Apfel verdrängte die Obstart Birne als Fruchtzuckerträgerin aus ihrem Rang. Der Apfel wird zur marktbeherrschenden Obstart. Gesichtspunkte der Sortenverringerung und Sortenbereinigung bilden die Voraussetzungen und Grundlagen für die Entwicklung des Marktobstbaus. Die berechtigte Eigenständigkeit, die andersartigen Gesichtspunkte des Selbstversorgerobstbaus, der ja noch voll vorhanden war, gingen in dem Prozeß der Umwandlung unter den harten Forderungen des Marktobstbaus unter. Es bedurfte vieler Jahrzehnte obstbaulicher Entwicklung. Eigentlich war es erst die Zeit, als Großanlagen der industriemäßigen Produktion entstanden, wo die unterschiedlichen Forderungen beider Standortgruppen als sachlich berechtigt klar erkannt wurden. Wenn daher heute bei Birnen ein Mehrsortenbaum als wirtschaflich zweckmäßig angesehen wird, geplant im Hinblick auf Unterlage, Wuchs- und Ertragsverhalten der Sorten zueinander, mit Sorten einer fortlaufenden Reifefolge, so ist das eine sachlich begründete und berechtigte Forderung eines neuen Birnenanbaus im Selbstversorgergarten. Daß die unmittelbare Nähe verschiedener Sorten sich dabei befruchtungsbiologisch günstig bei befruchtungsschwierigen Sorten wie 'Vereindechantsbirne' auf den Ertrag auswirkt, sei nur am Rande vermerkt.

Die praktische Ausführung und Erzeugung von Mehrsortenbäumen bedarf der Klärung. Sie kann die Baumschule erzeugen und dem Käufer als 4-Sortenbaum verkaufen. Die große französische Baumschule Georges Delbard handelt mit 3-Sortenbäumen. Der Kleingärtner kann auch eine 'Trévoux' oder 'Gellert' erwerben und veredelt selbst nach 2 bis 3 jähriger Standzeit am Standort die von ihm gewünschten Sorten. Als Ausgangsbaum könnte auch die frohwüchsige, frostharte, gut mit Cydonia A verträgliche 'Hofratsbirne' dienen, die einst als Stammbildner verwendet wurde.

In Europa werden in allen Ländern die landwirtschaftlich zu nutzenden Flächen nicht mehr, sondern von Jahr zu Jahr weniger. Für Winterbirnensorten kann ein Standort genutzt werden, der keine neuen Landflächen braucht. Es sind die Wandflächen der Gebäude, die ungenutzten Ost-, Südost-, Süd-, Südwestseiten auf dem Lande, an Siedlungshäusern, Lauben, an Einzelhäusern mit Vorgärten, kurz alle Wandflächen, an denen ein Wandobstbau möglich ist. Hier liegen volks- und ernährungswirtschaftlich noch viele ungenutzte „Lufthektare". Reben und Birnen eignen sich hervorragend für ihre Bepflanzung. Beide vertragen, von wenigen Sorten abgesehen, einen strengen Schnitt, der die Triebe und Äste im Rahmen der Wandfläche begrenzt hält.

Die warme, windgeschützte Wandfläche bildet einen idealen, fast schorffreien Standort für spät zu erntende Winterbirnen. Ab September bis Anfang November läßt sich vor die Bäume als zusätzlicher Wärmeschutz Kunststoffolie spannen, sie verhindert auch das Anpicken der Früchte durch Vögel. Mit diesem Wandobstbau sind nicht nur warme Tieflandslagen, sondern auch noch mittlere Höhenlagen, in denen bisher als freistehende Bäume nur Herbstsorten anbaufähig waren, als Standorte für Wintersorten nutzbar. Als Pflanzgut lassen sich Spindelbüsche auf Cydonia A oder Sämling entsprechend der Bodengüte und der zu bekleidenden Wandfläche mit einem Mittelast und 2 seitlichen Gerüstästen verwenden. An einer schmalen, hohen Fläche genügt auch nur der Mittelast mit Seitenholz. Die Erziehung der Spalierform, ob als freies Spalier oder im strengen klassischen Schnitt, bleibt dem Baumpfleger überlassen. Birnen sind für alle Erziehungsformen und Schnitte geeignet. Gut gepflegte Spalierbäume an der Hauswand galten im alten Wandobstbau als die Visitenkarte für den Bewohner. Sie sind es auch heute noch. Eine Dorfstraße oder die Straße in einer Siedlung, deren Häuser an der Südseite mit Reben oder Birnen bepflanzt sind, verschönern Dorf, Haus und Heimat in einzigartiger Weise.

In der Vergangenheit betrug in Deutschland der Birnenanbau etwa ein Drittel des Apfelanbaus. Dieses Verhältnis hat sich zugunsten des Apfels verlagert. Die Weltproduktion an Äpfeln beträgt etwa jährlich 20 Millionen Tonnen, die der Birnen etwa 6 Millionen Tonnen.

Nach BLASSE und BARTHOLD (1967) wurden in den Jahren 1958–1963 jährlich durchschnittlich in der Welt 18 390 kt Äpfel erzeugt, davon in Europa 68,3 %, in Nord- und Zentralamerika 17 %, in Asien 9,3 %, in Südamerika 2,6 %, in Ozeanien 2,1 % und in Afrika 0,7 %. An der Weltproduktion waren Frankreich mit 20,7 %, USA mit 14,6 %, Italien mit 10,8 %, die BRD mit 9,2 % beteiligt.

Die Birnenproduktion im gleichen Zeitraum betrug jährlich 5 500 kt, davon entfallen auf VR China 14,7 %, Italien 13,3 %, USA 10,7 %, BRD 8,5 %, Frankreich 7,3 % und Österreich 6,4, %.

Die Weltapfelproduktion wurde von 1934/38 bis 1958/63 um 60 %, die Weltbirnenproduktion im gleichen Zeitraum um 100 % gesteigert. Einzelne Länder erhöhten in diesem Zeitraum ihre Birnenproduktion um: 400 % Libanon, 371 % Bulgarien, je 300 % Ungarn und Schweiz, 271 % Italien, 265 % Österreich, 221 % Frankreich, 218 % Kanada, 209 % Großbritannien, 203 % Niederlande, 186 % Mexiko, 105 % VR China, 67 % Japan, 27 % BRD. BUSCH

(1975) weist in einer Untersuchung über den Birnenanbau in der DDR darauf hin, daß in vielen Bezirken der Anbau rückläufig ist.

Der Ausweitung des Birnenanbaus zu Großanlagen industriegemäßer Produktion sind im Vergleich zum Apfelanbau Grenzen gesetzt. Sie liegen einmal in der Wahl der Unterlagen. Normalerweise würde für eine Großpflanzung der Sämling verwendet. Seit dem Auftreten des „Birnenverfalls" (pear decline) ist mit Schäden zu rechnen, die den Bestand der Anlage gefährden. SPAAR, VATER, HELM (1972) berichten darüber.

Cydonia A ist so anfällig für Wurzelfrost, daß ein Polarwinter oder Barfröste wie 1955/56 die Gesamtanlage mit einem Schlage vernichten können. Der spätere Ertragsbeginn als beim Apfel würde noch hingenommen, wenn durch die Unterlage die Bestandssicherheit garantiert wäre. Eine weitere Schwierigkeit ergibt sich mit den Ernteterminen, sie fallen mit denen der Apfelernte zusammen. Eine nächste Erschwernis bringt die Einlagerung ins Kühlhaus, sie muß unbedingt am Tage der Ernte erfolgen, jede zeitliche Verzögerung bedeutet kürzere Lagerzeit und Verluste. An jedem dieser Tage sind aber auch Äpfel einzulagern. Verständnis besteht für die Sorgen der Betriebsleitung, welche die Risiken einer Großanlage mit Birnen kennt und sie nicht eingehen will.

Dadurch kommt dem Birnenanbau im Bereich der Selbstversorger, der Kleingärtner, Siedler und in den ländlichen Gärten künftig große Bedeutung zu, einmal für die Eigenversorgung und zum anderen zur Fruchtabgabe an den Handel.

Birnen bilden nicht nur durch ihre Aromen eine Delikateßfrucht, ihre Inhaltsstoffe machen sie wertvoll für die menschliche Frischkost. LETZIG (1967) hebt hervor, daß Birnen diätetisch besonders wertvoll, teilweise sogar dem Apfel überlegen sind. Der hohe Sorbitgehalt von 2,7 % ist siebenmal höher als der des Apfelsaftes. Der Zuckeralkohol Sorbit, für Zuckerkranke ein Zuckerersatz in Verbindung mit Fruktose und dem geringen Glukosegehalt, weist die Birnen als eine ideale Nahrung aus.

SABUROW und ANTONOW ermittelten die folgenden Werte in Gramm bei 100 g Frischsubstanz für Birnen, in Klammern vergleichsweise die Apfelwerte. Gehalt an: Fruktose 7,1–7,8 (5,4–8,1), Glukose 0,7–2,4 (1,9–4,0), Saccharose 0,8–1,5 (3,1), Gesamtzucker 8,6–11,7 (10,4–15,2); Pentosane 0,86–1,78 (0,79–1,74), Zellulose 1,58 (1,28), Pektinstoffe 0,50–1,40 (1,00–1,80); organische Säuren: Gesamtsäure 0,1–0,5 (0,2–1,6), Zitronensäure 0,24, Apfelsäure 0,12, Oxalsäure 0,03, Gerbstoffe 0,015–0,170 (0,025–0,270), pH-Wert 3,2–4,8 (2,5–5,0).

Nach dem Tabellenbuch der gärtnerischen Produktion III (Berlin 1957) liegen die Vitamingehalte, verglichen mit anderen Obstarten, nicht hoch: Sie beziehen sich auf die frische ganze Frucht in mg auf 100 g Frischsubstanz: Vitamin A 0,01–0,08 (0,04), Vitamin B_1 0,04–0,07 (0,025-0,05), Vitamin B_2 0,07–0,10 (0,035–0,05), Vitamin C 3-6 (4–14). Die chemische Zusammensetzung Gramm in 100 g Frischsubstanz der ganzen Frucht beträgt bei: Wasser 79,0–82,0 (82,0–83,0), Eiweiß 0,4–0,5 (0,4), Fruchtsäure 0,20–0,26 (0,64), Kohlehydrate 13,0–20,8 (13,0), Kalorien in 100 g 56 (58).

FRIEDRICH gibt den Gehalt an Mineralstoffen nach der AG Ernährung in der DDR 1967 in Milligramm je 100 g Frischsubstanz an: Natrium 2,0 (1,8), Kalium 122 (137), Magnesium 10,0 (2,8), Calcium 17,0 (8,0), Phosphor 22,0

(11,0), Chlor 19,0 (-). Die Spurenelemente in µg/100 g Frischsubstanz: Mangan 60 (-), Eisen 300 (350), Kobalt 18 (-), Kupfer 100 (90), Zink - (-), Fluor – (8), Jod 1 (1 600).

STOLL (1968) nennt Sorbit und Zuckergehalt einzelner Sorten in %

Sorte	Sorbit %	Zucker %	Trocken-substanz %
Konferenzbirne	4,00	8,12	14,6
Rising Summer	2,30	7,32	11,3
A. Lucas	3,85	8,83	14,5
Nordhäuser Wf.	3,87	9,87	15,9

Abschließend sei auf den Wert des toten Birnbaumes hingewiesen. Sein Holz war und ist begehrt als Furnier- und Massivholz. Durch sein dichtes Gefüge arbeitet es wenig. Neben Furnieren in Naturfarbe wird es auch gefärbt wie Ebenholz verwendet.

Herkünfte der Birnen

In der Odyssee, dem Heldenepos der griechischen Frühzeit (etwa nach dem 8. Jhd. v. d. Z.), gelangt der Held der Sage, Odysseus, auf seinen Irrfahrten zu dem sagenhaften Volke der Phäaken und sieht den Garten ihres Königs Alkinoos: „Außer dem Hof liegt nahe dem Tor ein geräumiger Garten an vier Morgen groß, umhegt die Länge und Breite. Große Bäume stehen darin in üppiger Blüte, Apfelbäume, Granaten und Birnen mit herrlichen Früchten und auch süße Feigen und frische, grüne Oliven. Unverdorben bleiben die Früchte und finden kein Ende, weder Winter noch Sommer das ganze Jahr, und ein weicher West läßt stets die einen erblühen, die anderen reifen. Birne reift auf Birne, es folgt der Apfel dem Apfel, auch die Traube der Traube, es folgt die Feige der Feige." (Odyssee 7. Gesang 112–121).

Nach zehnjährigen Irrfahrten kehrt Odysseus endlich heim nach Ithaka. Hier findet er seinen alten Vater, den König Laërtes im Garten bei der Gartenarbeit. Er gibt sich ihm als der totgeglaubte Sohn durch untrügliche Zeichen zu erkennen, indem er die Bäume nennt, die der Vater einst dem Knaben schenkte. „Nennen will ich dir ferner in diesem herrlichen Garten Bäume, die du mir einst geschenkt; ich bat dich um jeden einzeln als Knabe, als ich im Garten dir folgte. Wir schritten unter den Bäumen, du nanntest mir jeden einzeln bei Namen. Apfelbäume schenktest du zehn mir, Birnbäume dreizehn, vierzig Feigenbäume, und fünfzig Reben versprachst du, mir zu schenken, und jeder gab immerwährende Ernte." (Odyssee 24. Gesang 336–342, übersetzt von Th. von Scheffer)

Weit über 2 Jahrtausende haben diese berühmten Gartenschilderungen aus der griechischen Antike immer wieder die Menschen begeistert. Wie ein Paradies erschien ihnen des Alkinoos Garten mit der stetigen Reifefolge der Früchte das ganze Jahr hindurch. Diese Bilder bezeugen eine hohe Gartenkultur mit großfrüchtigen Kultursorten. Um kleine, herbe Holzbirnen hätte der Knabe den Vater nie gebeten, die konnte er in der Landschaft überall haben. Welchen Sinn hätte es auch, sich davon 13 Bäume schenken zu lassen. Wir wissen aus diesen Zeilen, daß die Griechen in der Frühzeit schon großfrüchtige Kultursorten besaßen. Aber wir wissen nicht, wann aus den Wildformen der Holzbirne, *Pyrus communis L.,* durch Mutationen und Kreuzungen mit anderen Arten jene großfrüchtigen Kulturformen entstanden.

Die europäischen Kultursorten stammen vorwiegend von der Art *Pyrus communis L.* ab. Ihre teils auch als eigene Arten geführten Unterarten ssp. *pyraster L.,* die von Mittel- über Osteuropa bis Westasien vorkommt und ssp. *nivalis* Jacq., die Schneebirne und ssp. *salvifolia* DC., die Salbeibirne (möglicherweise ein natürlicher Bastard zwischen *P. communis* x *nivalis,* bzw. *pyraster* x *nivalis*) sind in Frankreich und der Westschweiz bodenständig. Sie werden wohl auch Kreuzungen und Ausgangsformen für Kultursorten geliefert haben. Ostasiatische Kultursorten dürften von der dort heimischen *Pyrus ussuriensis* Maxim. und auch von *P. serotina* Rehd. abstammen. Beide Arten wurden neuerdings mit Kultursorten gekreuzt, um von der ersten Art die Frosthärte und von der zweiten die Widerstandfähigkeit gegen Bakterienkrebs dominant zu erhalten. In Vorderasien sind an Wildformen noch beheimatet: *Pyrus cordata* Decne., *P. elaeagrifolia* Pall., *P. persica* Pers., *P. salicifolia* Pall. und in China: *P. calleryana* Decne. und *P. betulifolia* Bunge. Wildarten von Birnen kommen in der gemäßigten Zone von Westeuropa bis Ostasien vor. In Nordamerika fehlen einheimische Wildarten. N. J. VAVILOV (1887–1943) sah als Ursprungsgebiete (Genzentren) der Birnen Zentralasien, Westasien, Vorderasien, Kaukasien an. Andere Botaniker (E. SCHIEMANN, ROTHMALER, ÅBERG u. a.) wiesen darauf hin, daß Mannigfaltigkeitszentren wohl Ursprungsgebiete, aber ebenso Rückzugsgebiete sein könnten, in denen sich durch günstige Umweltbedingungen Reste der ursprünglich weiter verbreiteten Arten erhalten haben.

Apfel, Birne und Pflaume gehören in Mitteleuropa zur ursprünglichen Waldflora. Seit der Jungsteinzeit wurden sie in die Nähe der menschlichen Siedlungen gepflanzt. Ob auch in den mitteleuropäischen Waldgebieten aus den kleinfrüchtigen Wildbirnen großfrüchtigere Formen entstanden, ist nicht mehr zu ermitteln, und Belege dafür liegen aus Funden nicht eindeutig vor. Sie sind sicher aus Persien, Armenien, dem Kaukasus über Anatolien nach den Ländern um das Mittelmeer, nach Griechenland und Italien, gekommen. Die Odyssee bezeugt in ihren Gesängen, gleichgültig, welcher Zeit sie im einzelnen angehören, den Anbau von Kultursorten in Griechenland vor dem 5. Jahrhundert. Es ist nicht unwahrscheinlich, daß solche Kulturformen schon in der Kretisch-Mykenischen Kultur (3.–2. Jahrtausend v. d. Z.) angebaut wurden. THEOPHRAST (373–288) Schüler, Nachfolger und Erbe der Bibliothek und des Gartens von ARISTOTELES (384–322) gewährt uns in seinen 2 erhaltenen Schriften „Naturgeschichte der Gewächse" und „Naturwissenschaft der Gewächse" Einsichten in die Gartenkultur, den praktischen Obstanbau und die physiologischen Vorstellungen zu den Obstbäumen in seiner Zeit. Seine verlorengegangene Schrift „Über die Obstfrüchte", ein für uns unersetzlicher Verlust für die Kenntnis der griechischen Obstkultur, hätte uns noch tiefere, spezielle Einblicke gegeben. Der Birnenanbau erfolgte nicht in den trockenen, heißen Gebieten, sondern in den gemäßigt warmen, in Höhenlagen, auf den Inseln Griechenlands und in entsprechenden Lagen im Peloponnes. Mit dem Sammelnamen 'Ochnai' wurden die gerbsäurehaltigen Wildbirnen, die als Schweinefutter dienten, mit 'Apia' die süßen Kulturbirnen bezeichnet, berühmte davon kamen von der Insel Thasos, aus Phokis (Landschaft um Delphi), aus Karien (Kleinasien, nördlich von Rhodos) und vom Peloponnes, der später, wegen seiner Birnen, den Beinamen Apia (Birnenland) führte. Mit 'Achras', 'Achrades' (unnütze Früchte) werden ebenfalls noch Wildformen bezeichnet, von denen K. KOCH (1876) glaubt, daß sie identisch mit *Pyrus salicifolia* seien. Aus Palästina ist im Altertum kein Birnenanbau bekannt. Die Birne und der Birnenbaum kommen in der Bibel, nach dem Bibel-Lexikon (1968) nicht vor, wohl aber im Hohen Lied und an anderen Stellen und auch in Ortsnamen der Apfelbaum mit dem hebräischen Wort tappuach. Auch in Ägypten läßt sich die Birne nicht nachweisen. Äpfel sind, wahrscheinlich mit besonderen Kulturmaßnahmen, unter Ramses II. (1292–1225) in seinen Gärten im Delta angebaut worden. Ramses III. (1198–1138) spendete den Priestern am Ammontempel zu Theben 848 Körbe mit Äpfeln als Opfergabe.

Von Griechenland dürften sehr früh Kulturbirnen nach Italien gelangt sein. Wahrscheinlich sind danach in Italien durch Mutationen und Kreuzungen eigene Sorten entstanden. Die ältesten Berichte liefert CATO (234–149), der von Jugend auf mit der Landwirtschaft und damit wohl auch mit dem Gartenbau tätig verbunden war. Seine Schrift „Über die Landwirtschaft" („De agri cultura", auch unter dem 2. Titel „De re rustica" „Über den Landbau") ist vollständig erhalten. Zu den Birnen schreibt er: „Es gibt eine Menge Birnensorten, so die volemische (pira volema), die sementivische (pira sementiva), die anicianische (pira aniciana), die tarentinische (Birne aus Tarent), Mostbirne (pira mustea), Kürbisbirne (pira cucurbitina) und andere." Das sind die ersten Birnensortennamen die wir als europäische kennen. Ob damit eine Einzelsorte oder wie bei Most- und Kürbisbirnen eine Gruppe zu verstehen ist, bleibt offen. VARRO (116–27), der von allen Zeitgenossen anerkannte, universal gebildete römische Gelehrte, hinterließ u. a. einen Katalog der bis dahin bekannten Schriftsteller über den Landbau. K. L. SICKLER (1802) führt die Autoren auf, es sind 49 Griechen, 8 Römer und der Karthager Mago, eine beachtliche Zahl, die dieses Gebiet bearbeiteten. VARRO selbst schrieb noch mit 80 Jahren für seine jüngere Frau zur Bewirtschaftung ihres Landgutes 3 Bücher über den Landbau („Res rusticae"). Darin führt er als über ganz Italien verbreitet die 6 Birnensorten von CATO an und schreibt, daß Italien von Kalabrien bis zu den Alpen mit Obstfruchtbäumen bedeckt sei. Der Katalog und der praktische Anbau vermitteln Bilder von der hohen Gartenkultur der Römer, an der die syrischen Sklaven als Gärtner, Baumpfleger und Veredler einen beachtichen Anteil haben.
VERGIL (70–19 v. d. Z.) nennt in seinem Gedicht vom Landbau („Georgica") als Birnen die krustumischen und die syrischen Birnen.
PLINIUS (23–79 u. Z.), der als Admiral beim Ausbruch des Vesuvs umkam, war der unermüdliche Sammler des naturkundlichen Wissens seiner Zeit, das er in 37 Büchern, einem Lexikon der Naturgeschichte („Naturalis historia"), niederschrieb, das uns erhalten blieb. Von den Birnen schreibt er, daß es eine Menge Sorten gibt. Roh wären sie schwer verdaulich, aber getrocknet würden Wildbirnen als Arznei verwendet.
Auch DIOSKURIDES, ein in Rom lebender griechischer Arzt der 2. Hälfte des 1. Jahrhunderts u. Z., der „Über Arzneistoffe" schrieb, meint, daß alle Birnen zusammenziehende Kräfte hätten. „Verzehrt man rohe Birnen nüchtern, so schaden sie leicht. Aus Birnen macht man Birnenwein, wie man auch welchen aus Quitten, Speierlingen und Johannisbrot macht. Alle diese Weine haben etwas Zusammenziehendes und sind gesund."
Der in Spanien geborene und in Italien lebende COLUMELLA (1. Jhd. u. Z.) schrieb „Über Baumzucht" („De arboribus") und das fachlich besonders wertvolle Werk „Über die Landwirtschaft'" („De re rustica") in 12 Büchern, von denen das 10. den Gartenbau in Versen, ähnlich VERGILS „Georgica", behandelt. Wir erfahren unter anderem daraus, daß Dörrobst von Birnen, Äpfeln und Feigen, an der Sonne getrocknet, eine wichtige Nahrung der ländlichen Bevölkerung bildet. Tafelbirnen wurden in eingedicktem Most konserviert und der Most aus besonderen Mostbirnen erzeugt. Die Obstlagerung für den Winter in ausgepichten Fässern, die in die Erde eingegraben wurden, sowie die Garten- und Landarbeit in den einzelnen Monaten beschreibt im 4. Jahr-

hundert u. Z. PALLADIUS. Die genannten Autoren vermitteln genaue Bilder des römischen Gartenbaus und der Landwirtschaft. Zur Zeit von PLINIUS sind etwa 56 Birnensorten bekannt, die K. L. Sickler (1802) namentlich anführt, s. Seite 29.

Von den Römern wurden Birnensorten nach Gallien, Spanien, Germanien, in den Donauraum und wohl auch nach Britannien eingeführt. Es ist natürlich widersinnig, jetzt noch angebaute ältere Sorten auf älteste Sorten, die nur dem Namen nach bekannt sind, zurückführen zu wollen, wie das einige Autoren versuchten. Alle alten Sortenbeschreibungen und die bildlichen Darstellungen bis zur Mitte des 18. Jahrhunderts sind so mangelhaft, daß danach keine Sorte sicher bestimmt werden kann.

Die Nachrichten über den Obstanbau im frühen Mittelalter in Europa sind nicht häufig. Bei den Karolingern führen 2 Inventare der kaiserlichen Gärten von 812 von den Hofgütern Asnapium und Treola Birnenbäume verschiedener Art („pirarios diversi generis") ohne Namen an. In den Verordnungen, Gesetzen für alle Lebensbereiche, den Capitularien der Karolinger, bringt das 70. Kapitel, das „Capitulare de villis", diejenigen zum Gartenbau. Nach der Aufzählung der anzubauenden Kräuter folgen die Fruchtbäume. „Von Bäumen wollen wir, daß man habe Apfelbäume (pomarios) verschiedener Art, Birnbäume verschiedener Art („pirarios diversi generis")." Nach der Aufzählung anderer Arten folgen im vorletzten Satz die Sortennamen der Äpfel: 'Gozmaringer' (gozmaringa), 'Geroldinger' (geroldinga), 'Crevedeller' (crevedella), 'Spirauker' (spirauca), süße, säuerliche, alle Daueräpfel und solche, die rasch gegessen werden müssen, die „Frühreifen". Der letzte Satz hat wahrscheinlich, ähnlich den Apfelsorten, die anzubauenden verschiedenen Birnensorten behandelt, ist aber so entstellt, daß er nicht sinnvoll übersetzbar ist.

Die Führung im Birnenanbau nach dem Mittelalter übernimmt in Europa Frankreich, das neben Italien durch sein Klima für den Anbau feinster Tafelbirnen einzigartig geeignet ist. Im 17., dem „Großen Jahrhundert Frankreichs", entfaltet sich dort eine alles umfassende geistige und materielle Kultur, die auch die Gartenkunst, den Garten-, Obst- und Birnenanbau einschließt. Die Birne rangiert als Hauptobstart vor allen anderen Arten. Das belegen die Sortimentslisten der großen Pomologen dieser Zeit und der folgenden im 18. und 19. Jahrhundert.

Die ersten 16 Birnensorten mit Namen, darunter befinden sich eine 'Bergamotte' und die 'Bon Chrestien', führt CHARLES ESTIENNE 1530 auf. LE LECTIER, der Gartensachwalter des Königs von Orleans, nennt 1628 die Birnensorten im königlichen Obstgarten in einem Katalog mit Namen. Die 260 Sorten sind in 8 Reifezeitgruppen vom Juli bis Mai, Juni gegliedert. Interessant ist das Sortenverhältnis zu Äpfeln. Bei JEAN MERLET (1667) sind es 187 Birnen: 51 Apfelsorten, bei La QUINTINYE (1690) 67 : 23, bei DUHAMEL DU MONCEAU (1768) 119 : 41; der Katalog der Karthäuser Baumschule (1775) bietet 102 Birnensorten, die Baumschule LEROY (1790) 96 an; LE BERRIAYS (1795) 91 : 39, LOUIS NOISETTE (1821) 238 : 89, ANTOINE POITEAU (1846) 107 : 57 und ANDRÉ LEROY beschreibt in seiner Pomologie (1867–1879) 915 Birnen- und 527 Apfelsorten. Wie die belgischen Obstzüchter züchten auch die französischen im 19. Jahrhundert viele neue Birnensorten, Baumschuler und Gartenvereine haben daran einen bedeutenden Anteil. Um Angers sind es: Audusson, Defays, Giffard, Goubault, Leroy, Millet, Moreau, Robert, Robin u. a., in Rouen Boisbunnel, Treyve, in Nantes Clairgeau, Garnier, in Troyes die Brüder Baltet. An anderen Orten wirkten: Gaillard, Jamin, Luizet, Morel, Willermoz und viele andere. Bis auf unsere Tage wird diese Tradition der französischen Birnenzüchter fortgeführt. Die Pariser Baumschule Georges Delbard übergab 1971 die Winterbirne 'Delbarexquise D'Hiver' ('Edelcrassane' x 'Grand Champion') dem Handel.

Belgien hatte bis zur Mitte des 18. Jahrhunderts die französischen Birnensorten übernommen. Mit Abbé NICOLAS HARDENPONT (1703–1774) aus Mons, der aus Aussaaten seine besten Sämlinge als Sorten ('Regentin' 1758 u. a.) dem Anbau übergab, beginnt die große, über 100 Jahre währende belgische Birnenzüchtung, die für den neuen europäischen Birnenanbau bedeutende Sorten lieferte.

Wer heute die Geschichte dieser Zeit verfolgt, gewinnt den Eindruck, daß nicht einzelne Gärtner und Liebhaber züchteten, sondern ein ganzes Volk mit seinen Obst- und Gartenvereinen und den Menschen an dieser Zuchtepoche teilhatten und als persönliches Anliegen gemeinschaftlich trugen. Da sind die Mönche von Mons, Löwen und Mecheln, die in ihren Klostergärten ihre Züchtungen pflegten. Da sorgt Graf COLOMA für die Verbreitung wertvoller Sorten aus dem Mechelner Klostergarten der Urbaner, den er übernahm. Da züchtet Hardenponts Nachfolger, der Abbé DUQUESNE die 'Marie Luise', der Gastwirt LIART 'Napoleons Butterbirne', der Apotheker CAPIAUMONT die 'Capiaumont', und aus diesem Volke erwächst als anfänglich unbemittelter, aber hochbegabter, rastlos Schaffender, ganz selbstloser Idealist die zentrale Gestalt dieser Birnenzüchtung JEAN BAPTISTE VAN MONS, geboren 1765 zu Brüssel, 1842 als reicher Professor, durch seine verständnislosen, bürokratischen, dummen Zeitgenossen, innerlich einsamer, armer, verdrossener Mensch zu Löwen gestorben. Der Apothekerlehrling van Mons bildet sich nach seiner mäßigen Schulausbildung selbst weiter, lernt Sprachen, vertieft sich in die Chemie, erringt sehr jung Erfolge auf diesem Gebiet. 1817 erhält er eine Professur in Löwen, nachdem er bereits 1807 in Paris wegen seiner Verdienste zum Dr. der Medizin promoviert wurde. In Brüssel kann er eine Apotheke erwerben, die ihm jährlich 15 000 Franken Reingewinn einbringt, von denen er im Laufe von 51 Jahren, seine Freunde rechneten die Summe nach, 250 000 Franken in seine Liebhaberei, die Birnenzüchtung steckt. Er glaubte an die Theorie des Engländers Th. A. KNIGHT (1759–1838), daß die durch Pfropfung vermehrten Obstsorten biologisch mit dem Mutterbaum, wenn auch als getrennte Teile, durch das Edelreis des Mutterbaumes mit ihm in Verbindung bleiben und mit ihm altern und sterben. Um dem Entarten und Altern der Sorten vorzubeugen, müßten immer neue Aussaaten für junge, kräftige Sämlinge sorgen, möglichst in einer Linie, d. h. Fruchtsamen vom Baum X werden ausgesät, fruchten diese Sämlinge, werden davon wieder Sämlinge erzeugt und so fort. Van Mons soll es in seinem Leben in der Zeit von 1785 an auf 9 Generationen, seine Schüler, die in dieser Art weiter züchteten, auf 11 gebracht haben. Etwa 80 000 Sämlinge hat van Mons erzogen. Seinen Zuchtgarten mit der Baumschule „Fidélité" (Treue) in Brüssel, in dem Sämlinge im Alter von 21 Jahren standen, mußte er wegen einer geplanten Straße – die erst 20 Jahre später gebaut wurde – innerhalb von 6 Wochen räumen. Von den 50 000 Sämlingsbäumen wurde nur ein Bruchteil gerettet. In Löwen errichtete er 4 neue Zuchtgärten. 1831 quartierten sich in einem französische Soldaten ein und verwüsteten ihn, und 1834 verlor er 2 weitere Gärten, weil ausgerechnet dort ein Fabrikbau erfolgte. Diese böswillige Vernichtung von Teilen seines Lebenswerkes verbitterten den immer hilfsbereiten alten Mann, der nie etwas für sich wollte, Edelreiser und Bäume verschenkte und die Versandkosten selbst trug, der nur ein Streben kannte, den Menschen mit seinen Züchtungen zu dienen. Nach seinem Tode, welche Ironie, wurden er und seine Arbeit anerkannt und hochgeehrt von denen, die ihm im Leben Schaden und Verdruß zugefügt hatten. Die deutschen pomologischen Zeitgenossen, vielleicht waren ihnen die näheren Umstände seiner Zuchtgartenverwüstungen unbekannt, sahen in ihm mehr den zerstreuten Professor, der Edelreiser seiner Züchtungen mit Züchtungen anderer verwechselte. Es bleibt bedauerlich, daß das ungeheure Genmaterial bis auf die Sorten, die auf uns kamen, verloren ging und nicht mehr systematisch auszuwerten ist. Die Vererbungsregeln von MENDEL (1822–1884) konnte VAN MONS nicht kennen. Seine theoretischen Ansichten zur Vererbung waren irrig, doch durch diesen Irrtum schuf er mit seinen Freunden edelste Birnensorten für den europäischen und nordamerikanischen Anbau.

Zu den erfolgreichen belgischen Birnenzüchtern dieser Zeit gehören noch: der Major a. D. PIERRE-JOSEPH ESPEREN (1780–1847) in Mecheln; der Bürgermeister von Jodoigne SIMON BOUVIER († 1848) und der Rotgerber XAVIER GRÉGOIRE († 1850); in Brüssel der Pomologe ALEXANDER BIVORT, der Baumschuler DE JONGHE und der Samenhändler KEVERS, und an anderen Orten sind es NÉLIS, SIX, STERCKMAN u. a.

In anderen Ländern, in Holland, England, den USA, wurden im 19. Jahrhundert auch Birnen gezüchtet, doch die Erfolge und die Verbreitung dieser Sorten sind nicht mit denen der Belgier zu vergleichen. Die Zuchtmethoden bestanden allgemein in den Auslesen der Sämlingsaussaaten.

In den deutschen Gebieten waren es Mönche, die nach den Karolingern Obstgehölze in ihren Klostergärten anzogen, pflegten und von hier aus verbreiteten. Bei Birnen werden sie Sorten aus Italien und Frankreich bezogen haben, von denen sie später eigene Sämlinge gewannen. Im 16. Jahrhundert führt VALERIUS CORDUS (1515–1544) 50 Sorten an. Bei MICHAEL KNAB (1620) werden in seinem „Hortipomolegium" 102 Sorten nur mit Namen genannt. J. SIGISMUND ELSZHOLTZ, der Leibarzt der Großen Kurfürsten, nennt ebenfalls nur mit Namen in seinem Buch „Vom Garten-Baw" (1684 3. Druck) 97 Sorten und dazu über 700 französische mit Synonymen. J. HERMANN KNOOP beschreibt in seiner „Pomologia" (1760) 90 Sorten mit kolorierten Kupferstichen, die einen Vergleich mit heute noch bekannten Sorten ermöglichen.

Noch im frühen 19. Jahrhundert war es üblich, daß in den Gärtnereien, die Bäume anzogen, neben veredelten auch unveredelte Birnensämlinge verkauft wurden. Wuchs am neuen Standort der Baum gut, so blieb er unveredelt bis er fruchtete. Ließen sich die Früchte in irgendeiner Form verwerten, so stand der unveredelte Sämling als eine Sorte, die später den Namen des Besitzers oder des Dorfes erhielt. So entstanden die meisten der 1 000 Sorten, die mühevoll von den Pomologen im „Illustrierten Handbuch" und den „Pomologischen Monatsheften" dann einmal beschrieben wurden.

Die Lehranstalt für Obst-, Wein- und Gartenbau in Geisenheim begann in den 80er Jahren des 19. Jahrhunderts unter RUDOLF GOETHE neben der Apfel- auch mit der Birnenzüchtung. Leider wurden die meisten Sorten zu Anfang des 1. Weltkrieges beschrieben und dem Handel übergeben. Dadurch sind sie unbekannt geblieben und nur selten in den Anbau gekommen. In Geisenheim wurden sie jahrelang auf ihren Anbauwert kritisch geprüft und von besten Fachleuten für anbauwürdig befunden. Für 'Robert de Neufville' können wir aus eigenen Prüfungen den hohen Anbauwert voll bestätigen. Die anderen Geisenheimer Birnenzüchtungen sollten jetzt erneut in Anbauprüfungen oder Beobachtungspflanzungen aufgenommen werden.

1882 entstand aus einem Sämling von 'Esperens Bergamotte' die Sorte 'Frau Luise Goethe', die 1889 erstmals fruchtete und 1897/98 erstmals beschrieben wurde. Die Reifezeiten sind in der Übersicht der Reifezeitgruppen ab Seite 38 angegeben. 1886 wurde aus einer Kreuzung 'Blumenbachs' x 'Diels' die Sorte 'Geheimrat Dr. Thiel' gewonnen und aus der Kreuzung 'Olivier de Serres' x 'Hardenponts Winter Butterbirne' die Sorte 'Dr. Traugott Mueller' (P M-E 10, G 11–12). 1895 waren es die Sorten 'Pfeffer von Salomon' aus 'Hardenponts' x 'Olivier de Serres'; 'Frau Grete Burgeff' aus 'Winterdechantsbirne' x 'Esperens Bergamotte'; 'Duderstadts Butterbirne' aus 'Diels x 'Edelcrassane' und 'Präsident Bartmann-Lüdicke' aus 'Winterdechantsbirne' x 'Esperens Bergamotte' (G E 8–M9). 1896 entstanden 'Rudolf Goethe' aus 'Julidechantsbirne' x 'Giffard' und 'Robert de Neufville' aus 'August Jurie' x 'Clapps Liebling'.

Der Deutsche Pomologenverein stellte 1912 Zuchtziele für Birnen auf. Sie gelten heute noch, ergänzt durch neue Gesichtspunkte. Es sind: die Bestandssicherheit, die Resistenz gegen Krankheiten und Schädlinge, vor allem gegen Schorf, Feuerbrand und Birnenverfall; schwacher, breiter Wuchs, früher, hoher, regelmäßiger Ertrag, Neigung zur Parthenokarpie und zur Selbstfruchtbarkeit, Verträglichkeit mit verschiedenen Unterlagen, und die Frucht sollte sein: farbig, geschmacklich gut, maschinell sortierbar, gut transportfähig, nicht rasch teigig werdend, für Naßkonserve und andere Verarbeitungsarten geeignet. Wichtig sind sehr früh- und spät- und sehr spätreifende Sorten.

Der alten Zuchtmethode von frei abgeblühten Birnen und der Auslese der Sämlinge folgte im 19. Jahrhundert die Kombination bestimmter Eltern, in der Hoffnung, daß ein gewünschtes Merkmal dominieren würde. Danach wurden Kreuzungen zwischen Gattungen durchgeführt, zwischen Birnen und Quitte, die teils gelangen, während die Kreuzungen mit Äpfeln allgemein nicht zum Ziele führten. Künftig werden auch künstliche Mutationen durch radioaktive Strahlen, Chemikalien und thermophysikalische Einwirkungen ausgelöst werden. An spontanen Mutationen sind über 90 bekannt. In England wurde z. B. ein tetraploider, selbstfertiler Sport von 'Fertility' gefunden. In Schweden konnten an mit Röntgenstrahlen behandelten Reisern panaschierte Früchte erzeugt werden. In der Sowjetunion führten die Züchtungen von MITSCHURIN (1855–1935) zur beachtlichen Ausweitung des Birnenanbaus. Er kreuzte mit der ostasiatischen Wildart *Pyrus ussuriensis* alte Land- und Edelsorten. Aus einer dieser Kreuzungen mit 'Weißer Herbstbutterbirne' x P. uss. gewann er 'Mitschurins Winterbutterbirne'. Über sein Leben und seine Arbeiten berichtet M. SCHMIDT (1949). Arbeiten in seinem Sinne führen zahlreiche Wissenschaftler fort. In der UdSSR sind viele Neuzüchtungen aus 14 Instituten im Anbau. *Pyrus ussuriensis* und 'Holzfarbige Butterbirne' ergaben die meisten erfolgreichen Kreuzungen. Die Züchter konnten für ihre unterschiedlichen Standorte bedeutende Erfolge erzielen. Hier ist auch der großartigen Arbeiten L. P. SIMIRENKOS an den Birnen zu gedenken, die in seiner „Pomologie" Band 2, 2. Aufl. 1972 ihren Niederschlag fanden. In der ukrainischen Versuchsstation für Obstbau Mliev, der einstigen Wirkungsstätte SIMIRENKOS, werden Birnen gezüchtet. Neuerdings bemüht man sich in der UdSSR um die Einkreuzung subtropischer Pyrus-Arten, wie *Pyrus pashia* Hamilt. und *Pyrus regelii* Rehd.

Auch in der VR Rumänien wurden einige neue Birnensorten gezüchtet. Dazu gehören die gut mit Cyd. A verträgliche Septembersorte 'Napoca', ferner 'Somesana' und 'Timpurii de Dimbovita'.

In den USA werden ebenfalls Birnen für klimatisch unterschiedliche Standorte mit Erfolg gezüchtet. Die Sorte 'Kieffer' erwies sich als widerstandsfähig gegen den im Anbau zunehmenden Feuerbrand. Sie wird in Kreuzungen als Elter verwendet. Einige neuere amerikanische Züchtungen stehen auch in europäischen Beobachtungspflanzungen wie: 'Moonglow' (Reife 9); 'Colette' (E 9–E 10); 'Magness' aus 'Seckelsbirne' x 'Vereinsdechantsbirne' (9–10); 'Mericourt' (10–11); 'High-Land' aus 'Williams' x 'Vereinsdechantsbirne' (11–1); 'Devoe' (A 9) und andere.

Zu neueren Züchtungen gehören auch die folgenden Sorten: 'Bristol Cross', eine Kreuzung aus 'Williams' x 'Konferenzbirne'; 'Gorham' aus 'Williams' x 'Josephine von Mecheln'; 'Grand Champion' (10); 'Merton Pride' aus 'Hardenponts' x 'Williams' und 'Packhams Triumph' aus 'Uredale St. Germain' x 'Williams'. Diese Sorte besitzt eine große Anbaubreite in Australien, Südafrika und Argentinien und bildet eine Hauptexportsorte der südlichen Hemisphäre nach Europa. Eine neue Sorte aus 'Max Red Bartlett' (Rote Williams) x 'Vereinsdechantsbirne' ist die farbige 'California' (11).

In der VR Ungarn wurden ebenfalls neue Birnensorten gewonnen, aus 'Boscs' x 'Esperens Bergamotte' die rundliche, weißfleischige, bis Dezember haltbare 'Fertödi rozdas bergamott'.

Ein neuer französischer Sämling aus 'Vereinsdechantsbirne' ist die Sorte 'General Leclerc' (12–1–2) mit würzigem, feinsäuerlichem Fruchtfleisch; gut mit Cyd. A verträglich; Ertrag gut, jährlich.

In Italien begann 1925 PIROVANO mit der Birnenzüchtung. 1957 berichtet er über 15 neue Sorten, davon sind 3 Sommer-, 3 Herbst- und 9 Winterbirnen. Von MORETTINI erlangten 2 Züchtungen eine weitere Verbreitung. Es ist die 'Frühe Morettini' ('Precoce Morettini') aus 'Coscia' x 'Williams' und die beachtliche, sehr reich und regelmäßig tragende 'Marienbirne' ('Santa Maria'), die trotz ihrer Reife im September, wegen ihrer gleichmäßigen Form, der Größe und des guten Aussehens und Geschmackes eine Anbaubedeutung für den Handel und die Selbstversorger besitzt.

Die Birnenzüchter in den verschiedenen Ländern werden in den nächsten Jahrzehnten neue Sorten gewinnen. Für den mitteleuropäischen Raum hoffen wir auf geschmacklich wertvolle Winterbirnen, die auch noch an kühleren Standorten und in mittleren Höhenlagen ihre Fruchtgüte erlangen, die krankheits- und frostwiderstandsfähig sind und gut verträglich mit den Unterlagen.

Alte Birnensortennamen

Im Sanskrit, Hebräischen und Aramäischen gibt es kein Wort für Birne. Von den alten Griechen kennen wir nach den ausführlichen und gewissenhaften Darlegungen von K. L. SICKLER (1802) keine Birnensortennamen. Daß sie ihre Kultursorten nicht nur unter dem Sammelnamen Apia und der Herkunft nach als aus Thasos, Phokis usw. benannten, sondern mit Sortennamen bezeichneten, ist wahrscheinlich. THEOPHRASTS verlorene Schrift „Über die Obstfrüchte" würde wohl hierzu Auskünfte erteilt haben. Der Vollständigkeit halber sei erwähnt, daß A. LEROY (1867) eine Ausgabe von THEOPHRASTS Schriften, von T. GAZA um 1520 herausgegeben, besaß, von der er in französisch 4 Sorten anführt: 'La Myrrha', 'La Nardinon', 'La Onychinon' und 'La Talentiaion'. Sie werden in keiner anderen überprüften Literatur erwähnt.

CATO, der Römer, nennt die ersten 6 Sortennamen des römischen Altertums, s. Seite 23. Es sind: die, die hohle Hand füllenden Faust- oder Pfundbirnen, die aus Tarent stammende, die Saatbirnen (P. sementiva), die vielleicht ausgesät und unveredelt gepflanzt wurden, die Most- und die Kürbisbirnen, diese wohl nach Form und Färbung so genannt, vielleicht mit gestreiften, panaschierten Früchten wie die 'Gestreifte St. Germain' und die 'Schweizerhose'. Die 'Anicianischen' könnte den Züchternamen ausdrücken.

Im 1. Jahrhundert u. Z. waren den Römern über 50 Birnensorten bekannt, PLINIUS nennt davon 35 Sorten, die LEROY (1867) mit kurzen Erläuterungen angibt. K. L. SICKLER (1802) führt 56 Sorten dieser Zeit an und gruppiert sie nach Herkünften, Züchtern, Pflegern, Farben usw. Zu den weit verbreiteten gehören die nach 2 Städten benannten Tafelbirnen, die 'Krustumischen' und die 'Falerner', zu den Wildformen die Essig-, Mehl-, Würg- und Mostbirnen. 18 Sorten waren nach den Züchtern oder Pflegern benannt, 9 Sorten nach den Herkunftsländern, wie die Griechischen, Numantinischen, Milesischen, Tarentinischen, Alexandrinischen usw.; nach der Farbe die Purpurbirnen, die Rotbirnen, die Onyxbirnen; nach dem Geruch die Myrapischen, die Lorbeerbirnen und die Nardenbirnen; nach der Reifezeit die Gerstenbirnen; nach der Form die Flaschen-, Zopf-, Mispel- und die Länglichen Birnen und dann die Barbarischen, die Patrizischen, die Königs- und die Venusbirnen.

Bei dem Italiener AGOSTINO GALLO (1499–1570) werden 12 Sorten angeführt, darunter die frühreifen kleinen und großen Muskatbirnen, die Ritterbirnen, die Bergamotten, die Bon Chrétien, Sorten, die sich seit dieser Zeit durch Jahrhunderte zumindest dem Namen nach erhalten haben.

Im „New vollkommen Kräuter–Buch" (1. Aufl. 1588, spätere 1612 u. 1664) des JACOBI THEODORI TABERNAEMONTANI finden sich mit lateinisch-deutschen Namen 20 Sorten von „Byren" mit Umrißzeichnungen. Es sind: die Regel-, Früh-, Alandt-, Kragel-, Winter-, Läuß-, Groß-, Klein-, Zucker-, Hellgärter-, Kytten-, Seydlingerbirn, Grawling, Strengling oder Rittersbyrn, Jacobs-, Scheibel-, Kochel-, Keeßbyrn und das Muscatelbyrlein.

Bei MICHAEL KNAB (1620) werden 102 Sorten ohne Beschreibung in alphabetischer Folge genannt, u. a. sind es: Alant-, Bautz-, Bickel-, Dornbirn,

Fögelins Birn, Glocken-, Glaß-, Graß-, Himmel-, Honig-, Jungfrawbirn, Katzenkopf, Küttenbirn (Quittenbirn), Mittendick, Muskateller-, Maul-, Prager-, Pferds-, Pomerantzen-, Rot-, Wasser-, Zuckerbirn.

Bei ELSZHOLTZ (1684) werden u. a. namentlich, ohne Beschreibung, genannt: Bergamotten, Apfel-, Blut-, Butter-, Citronen-, Gold-, Haberbirn, Bunte Birn, Doppelte Blüht, Gänseköpfe, Hamburger, Holländische, Isembert, Kayserin, Muscateller, Margareten-, Moschus-, Obristen-, Paradieß-, Pfund-, Rosen-, Saffran-, Scheibel-, Stein-, Wein-, Zeitbirn, Sommer Saftige und Winter Safftige, Saint Michel und Virgouleuse.

Unter den 90 Sorten beschreibt KNOOP (1760): Frühe Zuckerbirn, Ananas-, Speck-, Eyer-, Melonen-, Granat-, Diamant-, Große Zwiebelbirn, St. Magdalena, Je Länger je Lieber, Birn ohne Schale, Sonder-Kern, Admiral, Ambrette, Winterdorn, St. Germain, Langstiel, Rothe Orange, Den Damen lieb, Kampervenus, Schöne Cornelia und Großer Mogol.

Der Engländer PHILIPP MILLER behandelt in seinem „Gärtnerlexikon" (Ausg. 1776) 80 Birnensorten unter lateinischen, französischen, englischen und deutschen Namen. Es sind Namen, die schon bei LE LECTIER, QUINTINYE, KNAB, ELSZHOLTZ, KNOOP vorkommmen. Die Verbreitung derselben Sorten in Frankreich, Deutschland, England scheint im 18. Jahrhundert allgemein üblich gewesen zu sein.

J. C. CHRIST bringt von 381 Birnensorten in seinem „Pomologischen Handwörterbuch" (1802) meist ganz ausführliche, auch kritische Beschreibungen, von denen der Leser den Eindruck gewinnt, daß CHRIST viele Sorten aus eigener Anbauerfahrung genau kennt. Die Beschreibungen unterscheiden sich von allen anderen vor ihm durch ihre Sachlichkeit, auch Gründlichkeit, die sowohl die Frucht als auch den Baum erfaßt. CHRIST führt von diesen Sorten des 17. und 18. Jahrhunderts zahlreiche Synonyme der Sorten und die Autoren an, bei denen sie erwähnt oder beschrieben sind. Einige dieser kuriosen Sortennamen mögen den flüchtigen Blick in vergangene Zeiten beschließen. Die Birnen mit Tiernamen sind häufig. Sie reichen von der Löwenbirn über Ochsenherz, Schafsnase, Hammelsäcke, Hammelwänste, Schwanenhals, Schwaneney bis zur Verbrannten Katze. Dann gibt es Pechkugeln, Knochen-, Manna-, Trink-, Pfaffen-, Pabstbirn und Trockener Martin. Zahlreiche Birnen sind den Damen und der Liebe zugedacht: Die Liebes-, Schatz-, Engelsbirn, Pfalzgräfin, Sommerkönigin, Franzmadame, Lange Dame, Venusbrust, Frauenschenkel und die Ah mon Dieu, O mein Gott, der freudige oder erschrockene Ausruf über alle diese Köstlichkeiten.

Übersicht der geographischen Herkunft und der Züchtungsjahre der beschriebenen Birnensorten

Die näheren Angaben zu dieser allgemeinen Übersicht stehen bei den einzelnen Sortenbeschreibungen.
Es bedeuten zur geographischen Herkunft:

F = Frankreich mit 24 Sorten
B = Belgien mit 19 Sorten
D = Deutschland mit 8 Sorten
E = England mit 3 Sorten
USA mit 1 Sorte
ČSSR mit 1 Sorte

Die Zahlen 1–5 zu den Jahren bedeuten:
1 = im 18. Jahrhundert mit 12 Sorten
2 = 1800–1820 mit 12 Sorten
3 = 1821–1850 mit 13 Sorten
4 = 1851–1879 mit 11 Sorten
5 = 1880–1900 mit 8 Sorten

Nr.	Sorte	F	B	D	E	USA	ČSSR	1	2	3	4	5
1	A. Lucas	+								+		
2	Amanlis	+							+			
3	Blumenbachs		+						+			
4	Boscs		+						+			
5	Bunte Juli	+									+	
6	Clairgeau	+								+		
7	Clapps					+					+	
8	Diels		+						+			
9	Edelcrassane	+								+		
10	Elsa			+								+
11	Esp. Bergamotte		+						+			
12	Esp. Herrenbirne		+							+		
13	Forelle			+				+				
14	Gellert	+							+			
15	Giffard	+								+		
16	Grumkow			+				+				
17	Gute Graue	+						+				
18	Gute Luise	+						+				
19	Hardenponts		+					+				
20	Hochfeine	+								+		
21	Hofrats		+					+				
22	J. d'Arc	+										+
23	J. v. Mecheln		+							+		
24	J. Guyot	+									+	
25	Charneu		+						+			
26	Konferenzbirne				+							+
27	Kongreßbirne	+									+	
28	Le Lectier	+										+
29	Liegels						+	+				
30	Lucius		+									+
31	M. Bonnefond	+								+		

Nr.	Sorte	F	B	D	E	USA	ČSSR	1	2	3	4	5
32	M. Favre	+									+	
33	M. Verté		+						+			
34	Marillat	+									+	
35	Marianne		+						+			
36	Napoleons		+						+			
37	Nordhäuser			+							+	
38	O. d. Serres	+								+		
39	Paris	+										+
40	Pastorenbirne	+					+					
41	Petersbirne			+			+					
42	Philippsbirne		+						+			
43	Pitmaston				+					+		
44	Poiteau		+							+		
45	Drouard	+									+	
46	Regentin		+				+					
47	R. d. Neufville			+								+
48	Six		+							+		
49	Tongern		+						+			
50	Trévoux	+									+	
51	Vienne	+									+	
52	Vereinsdechant	+								+		
53	Williams				+		+					
54	Winterdechant		+				+					
55	Winterlonchen			+								+
56	Winternelis		+						+			

Übersichten zum Birnenanbau

Birnenunterlagen

Auch Birnensorten können, genau wie Apfelsorten, nicht durch ihren Samen sortenecht vermehrt werden, sondern nur durch Pflanzenteile der Edelsorte, durch Edelreiser oder Knospen (Augen). Wie beim Apfel sind diese auf den Wurzelteil, die Unterlage, zu veredeln.

Beim Apfel stehen neben dem Apfelsämling, der jetzt in seiner Bedeutung als Unterlage zurücktritt, zahlreiche vegetativ vermehrbare Typenunterlagen zur Verfügung, die entscheidenden Einfluß auf die Wuchs- und Ertragsleistung der aufveredelten Sorte besitzen.

Bei den Birnen gibt es nur 2 Unterlagen, den Birnensämling (*Pyrus communis* L.) und als vegetativ vermehrbare Typenunterlage die artfremde Quitte (*Cydonia oblonga* Mill.), auf die Edelsorten erfolgreich veredelbar sind. In der Vergangenheit, noch im 19. Jahrhundert, veredelte man Birnen vereinzelt auch auf Ebereschen (*Sorbus aucuparia* L.) und häufiger auf den frostharten Weißdorn (*Crataegus monogyna* Jacq.). So weit die Birnenreiser anwuchsen, standen sie beim Weißdorn zwar auf einer sehr frostharten Unterlage, doch sie wirkte sich ungünstig auf die Fruchtqualität aus. Sie verlieh den Birnen nicht den Schmelz, die Saftfülle, die wir an ihnen schätzen. Besonders Winterbirnen blieben trockener, mehliger, körniger, ja rübig. Sie gaben dann als Koch- und Dörrbirnen begehrte Kompotte in den Zeiten, als es noch keine Naßkonserven gab. Die Lebensdauer dieser Bäume war meist geringer als die auf Birnensämling.

Im Pillnitzer Institut suchte man nach anderen frostharten, vegetativ vermehrbaren Unterlagen und griff auf Wildformen, wie *Pyrus amygdaliformis* Vill. und *Pyrus betulifolia* Bunge, zurück. Verschiedene Klone der letzten Art erschienen erfolgreich, viele Birnensorten waren mit dieser Art verträglich, und die älteren Versuchsbäume in Pillnitz unterschieden sich im Aussehen nicht von Bäumen auf Sämlings- oder Cydonia-Unterlagen. Leider enttäuschten die anfänglich hoffnungsvollen Kombinationen in der Praxis und in anderen Versuchen. *Pyrus betulifolia* zeigte sich als stark anfällig für Wurzelkropf, und die Lebensdauer der Kombinationen war unterschiedlich und ungenügend. Damit schieden sie als frostharte, vegetativ vermehrbare Typunterlagen für Birnen aus.

Der Birnensämling, einst aus dem Samen irgendwelcher Birnen gewonnen, wird schon seit den ältesten Zeiten als Wildlingsunterlage für die Vermehrung der Edelsorten verwendet. Vielleicht kannte man im alten Griechenland und Rom auch schon besondere Samenspendersorten, deren Sämlinge sich durch gute Bewurzelung, geraden Wuchs und Gesundheit auszeichneten. Bevor besondere Sorten als Samenspender zugelassen wurden, bezogen die Unterlagenbaumschulen ihr Saatgut als Mischsaatgut aus Mosterein, das die Samen von diploiden und triploiden Most- und Tafelbirnen enthielt. Da die Baumschulen die Uneinheitlichkeit der daraus gewonnenen Sämlinge immer wieder feststellten, forderten sie sortenreines Saatgut aus eigens dafür angelegten Samenspenderanlagen mit den diploiden Sorten (triploide sind ungeeignet), die sich nachweislich gut für Sämlingsunterlagen eigneten. Nach den Untersuchungen von KEMMER und SCHULZ waren das: 'Champagner Bratbirne', 'Kirchensaller Mostbirne', 'Kleine Muskateller', 'Sievenicher Mostbirne', 'Träublesbirne', 'Ulmer Butterbirne', 'Wilde Eierbirne' und 'Wildling von Einsiedel'. Bis 1953 nannte die Sortenliste der DDR allgemein, ohne Namen, als zugelassene Unterlagen: Birnensämlinge von diploiden, frostharten Sorten. Ab 1954 werden als Sorten zugelassen 'Einsiedel', 'Geddelsbacher', 'Kirchensaller Mostbirne', 'Leipziger Rettichbirne' und 'Petersbirne'. Später wurden 'Petersbirne' (1961) und 'Leipziger Rettichbirne' (1971) wieder gestrichen, und es verblieben die 3 erstgenannten Sorten.

Birnensämlinge haben als Unterlagen gewisse obstbauliche Vorteile, das sind: die gute Verträglichkeit mit allen Edelsorten; die große Anbaubreite auf allen birnenanbaufähigen Böden und Lagen, von den leichten Sand- bis zu den schweren Lößböden, von der Küste bis zu Höhenlagen, in denen Birnen noch gedeihen; die hohe Standfestigkeit des Baumes durch das anfangs tiefer als beim Apfel reichende Wurzelsystem, das auch aus dem Untergrund noch Nährstoffe und Bodenwasser verwertet, auch, wenn sich später die Wurzelkrone flacher und breiter entfaltet; die Eignung, in jedem Alter als gesunder Baum positiv auf Verjüngungsschnitte zu reagieren; die natürliche lange Lebensdauer gesunder Bäume, länger als beim Apfel, bis über 100 Jahre; der kräftige, oft freilich auch zu starke Wuchs der Kombination, der für etliche Sorten ('Charneu', 'Gellert') schon als nachteilig einzustufen ist. Ungünstig wirkt sich der damit verbundene verzögerte, spät und auch sehr spät einsetzende Ertrag aus, der im vollen Ertragsstadium zu sehr hohen Ernten gut ausgebildeter Früchte führen kann. Leider vermögen auch frostharte Sämlingsunterlagen den Edelsorten keine absolute Holzfrostwiderstandsfähigkeit zu vermitteln, so daß nach strengen Wintern mit Frostschäden zu rechnen ist.

Für Hoch- und Halb, aber auch Viertelstämme von Birnen hat es sich, wie bei Äpfeln, bei etlichen Sorten, die zu schwachwüchsig im Stamm sind ('Elsa', 'Trévoux', 'Vienne', 'William') oder krumm, schleudernd wachsen und keine geraden Stämme bilden ('Lucas', 'Boscs', 'Mecheln'), als notwendig erwiesen, auf die Sämlingsunterlage, vor die gewünschte Edelsorte, eine frostharte, geradwüchsige Sorte als Stammbildner zu veredeln. Früher wurden dazu verwendet: 'Bartholomäusbirne', 'Grüne Jagdbirne', 'Hofratsbirne', 'Poiteau', 'Sacharnaja' u. a. Die Sortenliste der DDR von 1980 nennt als zugelassen und damit für die Veredlung in den Baumschulen verbindlich die Sorten: 'Bertram', 'Gellert', 'Schraderhof'. FRIEDRICH konnte in Versuchen nachweisen, daß die verschiedenen Stammbildner, er prüfte 7 mit den Sorten 'Lucas', 'Paris' und 'Verté', ganz individuell in den einzelenen Kombinationen auf Wuchs, Ertrag und Frostwiderstandsfähigkeit reagieren und nicht willkürlich irgendein Stammbildner für irgendeine Sorte verwendet werden kann, sondern jeweils die optimale Verbindung zu wählen ist. Für 'Lucas' war es 'Bertram'.

In den letzten Jahrzehnten breitete sich das „Birnensterben", der „Birnenverfall" (pear decline) bei Birnen auf Sämlingsunterlagen stärker aus und verursachte in etlichen Anlagen teils erhebliche Ausfälle. Zuerst als Virose gedeutet, wurde er jetzt als Mykoplasmenbefall erkannt. Diese Möglichkeit des Befalls der Bäume wirkt sich natürlich hemmend auf die Planung größerer Anlagen auf Sämling aus, da mit Baumverlusten im Ertragsalter gerechnet werden muß.

34

Als vegetative, durch Abrisse aus dem Mutterbeet vermehrbare, wirtschaftliche Birnenunterlage hat sich die Quitte erwiesen. Von den zu Unterlagen verwendbaren Quitten wählte man in East Malling Typen aus, die mit Buchstaben bezeichnet wurden. Es waren dies: Cydonia E(ast) M(alling) A, Cydonia EM A war die ursprüngliche Bezeichnung, diese Cydonia A war die Quitte von Angers, Cydonia B (die gewöhnliche Quitte), Cydonia C, Cydonia D (Quitte von Fontenay), Cydonia E (Quitte von Portugal), Cydonia F (Apfelquitte), Cydonia G (Birnenquitte). In Versuchen und im Anbau schieden bald Cydonia B, D, E, F und G aus. Cydonia C wurde neben A länger verwendet, da die Sorten auf ihr sehr früh und reich fruchteten, doch die Wuchsleistung blieb zu gering und kümmerlich. Aus allen Versuchen von FRIEDRICH, PARRY u. a. ergab sich, daß einzig Cydonia A eine brauchbare baumschulische und obstbauliche Leistung zeigte. Sie ist auch die einzige Cydonia Unterlage, die in der Sortenliste der DDR als vegetativ vermehrbare Typunterlage für die Birne und die Fruchtquitte zugelassen ist.

In Pillnitz wurden von SCHINDLER in die Unterlagenauslesen und -züchtung auch Quitten aufgenommen. PiR 1,2,3 und 5 erwiesen sich jedoch später als übereinstimmend mit Cydonia A.

Cydonia A als Unterlage braucht gute, nährstoffreiche, tiefgründige, humose, warme Böden. Sie verleiht den Edelsorten schwächeren Wuchs, frühe und höhere Erträge als der Birnensämling. Sie bildet die Früchte gütemäßig vollkommener aus, vor allem spätreifende Winterbirnen werden auf ihr an geeigneten Standorten geschmackvoller als auf Sämlingsunterlagen. Allerdings reifen die meisten Sorten auch etwas früher als auf Sämling. Auch die Verholzung und Ausreife der einjährigen Triebe können früher erfolgen und damit die Holzfrostwiderstandsfähigkeit erhöhen.

Neben diesen Vorteilen besteht der entscheidende Nachteil der hohen Holz- und Wurzelfrostanfälligkeit, vor allem bei Barfrösten, wenn die schützende Schneedecke fehlt. Diese höhere Frostanfälligkeit als die etlicher Apfeltypunterlagen schreckt Obstbauer, Großflächen mit Birnen auf Cydonia zu planen und zu pflanzen. Im Schadwinter 1953/54 waren in Versuchen in Marquardt alle Birnen auf Cydonia erfroren und in Prussendorf diejenigen, die ohne Bodenbedeckung dem Frost ausgesetzt waren.

Neben dieser Frostanfälligkeit zeigt die Quitte als eine der Birne artfremde Unterlage eine weitere negative Erscheinung, sie ist mit einigen Edelsorten gut, mit anderen wohl standortbedingt, nur teilweise und mit anderen als Veredlungspartner gar nicht verträglich. Einige Sorten werden von der Unterlage gar nicht angenommen, andere haben in dieser direkten Vereinigung nur eine geringe Lebensdauer. Die Baumschulen haben sich mit einer Zwischenveredlung, zwischen Unterlage und Edelsorte geholfen. Sie veredeln auf Cydonia eine der 3 in der DDR zugelassenen quittenverträglichen Birnensorten: 'Gellert', 'Pastorenbirne' oder 'Schraderhof'. Das verlängerte die Anzucht, deshalb versuchten F. R. TUBBS in East Malling und P. NICOLIN in Frauweiler, unabhängig voneinander, neue Wege einer gleichzeitigen Doppelveredlung bzw. Doppelokulation (Nicolieren). In 2 Arbeitsgängen werden auf die Quittenunterlage zunächst als Gewebeschild ohne Auge die verträgliche 'Gellert' in den Okulationsschnitt eingeschoben und auf diese das Schild mit dem Auge der gewünschten, unverträglichen Edelsorte.

Die guten baumschulischen und obstbaulichen Erfolge und Versuche mit der Zwischenveredlung führten dazu, daß die meisten Baumschulen heute allgemein die Zwischenveredlung auch mit direkt verträglichen Sorten durchführen, denn Bäume auf Cydonia mit Zwischenveredlungen haben besseren Wuchs und längere Lebensdauer.

Von der Baumschule her gibt es keine einheitlichen Aussagen über die Verträglichkeit von Cydonia mit den Edelsorten. Wahrscheinlich ist es vom Boden her standortbedingt, daß eine Baumschule eine Direktveredlung jahrelang erfolgreich durchführt, die von einer anderen verworfen wird. K. THIEL (1954) hat zu diesem Thema umfangreiche Untersuchungen geliefert. Die folgende Gruppierung (Namen hier in Kurzform) gründet sich auf die baumschulischen Erfahrungen von FEY, KACHE, KRÜSSMANN, SPÄTH.

Direkt verträglich

Amanlis · Blumenbachs · Diels · Gellert · Elsa · Esperens Herren · Hofratsbirne · J. d'Arc · Konferenzbirne · Le Brun · Le Lectier · Lucius · Mad. Bonnefond · Mad. Verté · O. de Serres · Paris · Pastorenbirne · Poiteau · Vereinsdechantsbirne ·

Nicht allgemein sicher verträglich:

Lucas · Angoulême · Clapps · Drouard · Gute Luise · J. v. Mecheln · Marillat · Marie Luise · Philippsbirne · Six · Trévoux · van Marum · Vienne · Williams

Zu schwachwüchsig und daher nicht zu empfehlen:

Bunte Julibirne · Clairgeau · Eva Baltet · J. Guyot · Tongern · Winterdechantsbirne ·

Direkt nicht verträglich

Boscs · Charles Cognée · Colomas Herbst · Charneu · Grumkow · Kongreßbirne · Mad. du Puis · Marianne · Napoleons · Rote Bergamotte ·

Für den Birnenanbau auf Niederstämmen würden frostharte Cydonia-Typunterlagen die Grundlage für Großpflanzungen geben. Von Polen (1966) kamen Berichte über neue, frostharte Cydoniaklone S1 und S2, die in Skierniewicach − 38° C ungeschädigt überstanden hätten.

Nach dem Winter 1953/54 mit den großen Verlusten der Birnen auf Cydonia gab es eine fast einheitliche Meinung unter den Obstbauern: künftig keine Birne mehr auf Cydonia veredeln, allein der Sämling muß die Unterlage bilden. Nach dem zunehmenden „Birnenverfall" durch Mykoplasmen ist nun auch der Glaube an den Sämling erschüttert. In Prussendorf hatte nach MEIER (1955) Bodenbedeckung die Birnen auf Cydonia ungeschädigt erhalten. Laufende Kontrollen auf Feld- und Wühlmäuse müssen unbedingt erfolgen, sonst richten diese den Fraßschaden am Wurzelhals oder den Wurzeln an, den die Bedeckung für den Frost verhindert.

Wir werden, wie seit Jahrhunderten, weiter mit beiden Unterlagen arbeiten müssen. Wir hoffen auf frosthärtere Cydoniaklone und resistente Birnensämlinge gegen Mykoplasmenbefall. Bis dahin sollte vor allem für den Wandobstbau der Selbstversorger Cydonia A uneingeschränkt benutzt werden, außer für die schwachwüchsigen Sorten wie: 'Clairgeau', 'J. Guyot', 'Regentin' und auch 'Konferenzbirne', die auch auf Sämling frühe und hohe Erträge bringen. Birnen auf Cydonia im freien, ungeschützten Stand sollten im Herbst eine stärkere Bodenbedeckung mit organischen Stoffen erhalten, die bei Barfrösten Wurzelfrostschäden verhindern kann.

Reifezeitgruppen

Nähere Angaben zu den Eigenschaften der einzelnen Sorten enthalten die Beschreibungen der Sorten Nr. 1–56.

Die Reifezeitdaten entsprechen etwa dem Standort und Klima der Bezirke Leipzig, Cottbus, Potsdam und den niederen Lagen der Bezirke Dresden, Halle, Magdeburg, Erfurt bis zur Höhenlage von 200 m über NN. In den Küstenbezirken und höheren Lagen verschieben, verzögern sich die Erntetermine um Tage, und auch die Genußreife setzt entsprechend später ein, gewöhnlich verlängert sich damit auch die normale Lagerfähigkeit der einzelnen Sorten. Die Reifezeitfolgen der einzelnen Sorten zueinander bleiben aber erhalten.

Sommersorten sind vom Baum baumreif oder nach einigen Lagertagen genußfähig, je nach Sorte in der Zeit von Mitte Juli ab, dem Beginn der Birnenernte in den wärmeren Lagen der DDR, bis etwa Anfang, Mitte September. Sie sind zum sofortigen Frischverzehr und nicht für Einlagerung bestimmt, falls sie nicht für Kompotte und Naßkonserven verwendet werden. Pflück- und Genußreife liegen so dicht beieinander, daß sich hier in der Übersicht die Trennung zwischen beiden Daten erübrigt.

Herbstsorten können baumreif oder nach kurzer Lagerung im Normallager zur vollkommeneren Genußreife eßbar sein, etwa von Ende September bis Anfang, Mitte November.

Wintersorten werden erst nach einer Lagerzeit im Normallager ab Mitte, Ende November bis Februar, März eßbar. Eine scharfe Trennung der einzelnen Sorte an den Grenzdaten der Genußreife zu der einen oder anderen Gruppe läßt sich nicht exakt durchführen.

Abkürzungen: In Verbindung mit dem Sortennamen b. = birne, Bb. = Butterbirne, P = Pflückreife, G = Genußreife, A = Anfang, M = Mitte, E = Ende des Monats; Zahlen vor den Sortennamen sind die Nummern der Sortenbeschreibung, hinter Pflück- und Genußreife die Monate. Neben den 56 Sorten enthält diese Übersicht noch andere, im Anbau befindliche Sorten.

Sommersorten

Pflück- und Genußreife fallen bei den frühesten Sorten zusammmen.

	Julidechantsb.	ab M 7	24	Jules Guyot	E 8–A 9
	Sommermagdalene	ab M 7		Windsorb.	E 8–A 9
	André Desportes	ab M, E 7		Salzburgerb.	E 8–A 9
	Nagowitzb.	ab E 7		Grüne Tafelb.	E 8–A 9
	Koolstock	ab E 7		Tyson	E 8–A 9
	Hannov. Jakobsb.	E 7, A 8		Himmelfahrtsb.	E 8– A 9
	Lawson	ab E 7, A 8		Frühe Herzogin	E 8–A 9
5	Bunte Julib.	E 7, A 8		Grete Burgeff	E 8–A,
15	Giffards	E 7, A 8			M 9
41	Petersb.	E 7, A 8	34	M. Marillat	E 8–A,
	Wilders Frühe	E 7–M 8			M 9
	Auguste Jurie	E 7–M 8		Monchallard	E 8–M 9
	Sparb.	ab A 8		Ananasbirne	
	Muskateller	ab A 8		v. Courtray	E 8–M 9
50	Trévoux	A 8–A 9		Stuttgarter	
7	Clapps	A 8–E 8		Geißhirtle	E 8–M 9
	Rudolf Goethe	A 8–M 8	47	R. d. Neufville	E 8–M 9
	Pfirsichb.	M 8–E 8	53	Williams	E 8–M 9
	Hoyerswerder	M 8–E 8			
	Erzherzogsb.	M 8–E 8	17	Gute Graue	A–M 9
	König Sobieski	M 8–E 8		Leipziger Rettichb.	A–M 9
	Rising Summer	M 8–E 8		Maklone	A–M 9
	Greisenheimer			Madame Treyve	A–M 9
	Köstliche	M 8–E 8		Graue Honigbirne	A–M 9
	Erzbischof Hons	M 8–E 8			
	Solaner	M 8–A 9		Holländische	
	Sommereierb.	M 8–A 9		Feigenb.	A–M 9
	Römische Schmalz.	M 8–A 9		Sommer Apothekerb.	A–M 9
	Rostietzerb.	M 8–A 9	32	Madame Favre	A 9–A 10
	Runde Mundnetzb.	M 8–A 9	27	Kongreßbirne	A 9–A 10

Herbstsorten

Genußreife	**9–A, M 10**	10	Elsa	M 9, A 10
Pflückreife		18	Gute Luise	M 9, A 10
42 Philippsb.	ab A 9			
51 Vienne	A, M 9	**Genußreife**	**9–10**
Holzfarbige Bb.	A 9	Pflückreife	M 9–A 10
Le Brun	M 9			
30 Lucius	A, M 9	35 Marianne	M 9
2 Amanlis	ab A 9	14 Gellert	ab M 9

Marienb.	M 9	25 Charneu	
Punktierter		Pierre Corneille	
Sommerdorn	M 9	Jules d'Airoles	
Graue Herbst Bb.	E 9	Feuchtwanger Bb.	
Rote Bergamotte	E 9	Herzog v. Nemours	
12 Esp. Herrenb.	ab E 9,	(Syn. Walter Scott)	
	A 10	Alexandrine Douillard	
Volkmarserb.	E 9, A 10	20 Hochfeine Bb.	
		49 Tongern	
Genußreife	**10**	13 Forellenb.	
Pflückreife	E 9	Dr. Thiel	
		Weiße Herbst Bb.	
Rote Dechantsb.			
Mad. Ernest Baltet			
Clara Frijs		Pflückreife	ab A 10
Herbstsylvester		16 Grumkow	
Tirlemont		Bacheliers Bb.	
Kaiserlicher Prinz		Dr. Engelbrecht	
Graue Dechantsb.		Präsident Mas	
6 Clairgeau	P ab M 9,	Roosevelt	
	G E 10–12	Herbst Colmar	
		Capiaumont	
Genußreife	**10**	Virginie Baltet	
Pflückreife	E 9–A 10	König Karl v. Würtemberg	
		Řihas Kernlose	
Schwesternb.		Zuckerb.v.Montluçon	
Nationalbergamotte		Emile d'Heyst	
Schmelzende von Thirriot			
Seckelb.		Pflückreife	M 10
43 Pitmaston		44 Poiteau	
Van Marums Flaschenb.		Hardenponts Leckerbissen	
Graf Moltke		Pfeffer v. Salomon	
29 Liegels	G 10–1	Hellmanns Melonenb.	
		Heimburgs Bb.	
Genußreife	**10–11**	Baronin Mello	
Pflückreife	E 9–A 10		
26 Konferenzb.		**Genußreife**	**10–12**
Colomas Herbst Bb.		1 A. Lucas	P E 9, A 10
Mollebusch		48 Six	P A 10
Ulmer Bb.			
Eva Baltet			
Marie Luise		**Genußreife**	**11**
Esperine			
Wilding von Motte		Duderstadts Bb.	P M 10
Lenzener Burgb.		Idaho	P M 10
Grand Champion		Charles Ernest	P M 10
4 Boscs		52 Vereinsdechants.	P M–E 10
21 Hofratsb.			

Genußreife	11–12		Genußreife	12–2
Pflückreife	A, M 10		45 Drouard	P A, M 10
			39 Paris	P A, M 10
3 Blumenbachs			Saint Germain	PE10,A11
36 Napoleons Bb.			Madame du Puis	PE10,A11
28 Le Lectier			Alençoner	
Angoulême			Dechantsbirne	PE10,A11
8 Diels				
Dumonts Bb.				
Hoerenz Bb.			**Genußreife**	**12–3**
Ghelins Bb.			Pflückreife	E 10, A 11
Zéphirin Grégoire				
Abbé Fétel			Grosdemange	
Anjou (Winter Meuris)			Späte Hardenpont (Rance),	
Duchesse Bérèrd			Herzogin v. Bordeaux	
Triumph v. Jodoigne			Jules Guindon	
55 Winterlonchen	P E 10		Luise Goethe	
			Neue Fulvie	

Genußreife	11–1		Genußreife	1–3 und später
40 Pastorenb.	P ab A 10		Pflückreife	E 10, A 11
46 Regentin	P ab A 10			
31 Bonnefond	P ab A 10		37 Nordhäuser	
Kieffer	P ab A 10		Wint.forelle	P ab A 10
Gieser Wildeman	P A, M 10		11 Esp. Bergamotte	P M 10
Millets Bb.	P M 10		23 J. v. Mecheln	
Graf Canal	P M 10		9 Edelcrassane	
56 Winternelis	P M 10		38 O. d. Serres	
Sterckmans Bb.	P M 10		Bergamotte Charozie	
Merveille Ribet	P M, E 10		Gendrons Bb.	
33 Madame Verté	P M, E 10		54 Winterdechantsb.	
19 Hardenponts	PE10,A11		Delbarexquise d'Hiver	
Virgouléuse	P E 10, A 11		Charles Cognée	
			Georges Boucher	G 2–3
			Notar Lepin	G 2–4
Genußreife	**12–1**		Beurré d'avril	G 3–4
General Totleben	P M 10		Belle des Abrés	G 3–6
Naghins Bb.	P M, E 10			
Léon Grégoire	P M, E 10			
22 J. d'Arc	P E 10, A 11			

Kochbirnen

Weniger für den Frischverzehr geeignet, dafür hervorragend für Kompotte aus frischen Früchten in der angegebenen Verarbeitungszeit. V= Verarbeitungszeit

Kuhfuß	P M 9	V	9–10	Baronsb.	P E 10	V	12–4
Michelsb.	P E 9, A 10	V	9–3	Brederode	P M, E 10	V	12–5
Kampervenus	P A–M 10	V	10–1	Belle			
Trockener				Angevine	P M, E 10	V	12–6
Martin	P M 10	V	11–1	Großer			
Veldenzer	P M 10	V	11–3	Katzenkopf	P M 10	V	12–6
Provisiepeer	P M 10	V	11–3	Saint Remy	P M, E 10	V	1–5
Queenb.	P M, E 10	V	11–4				

Wuchsstärken, Ertragsbeginn, Anfälligkeiten und Standorteignung

Diese Übersicht dient nur der Groborientierung. Die genaueren Angaben befinden sich bei der Beschreibung der einzelnen Sorte. Die einzelnen Zahlen bedeuten: 1–4 die Wuchsstärke der Sorte auf Sämling oder Cydonia A: 1 = schwach, 2 = mittelstark, 3 = stark, 4 = sehr stark, 5–7 ist die Zahl des Ertragsbeginns: 5 = früh, ab 3., 4. Standjahr, 6 = mittelfrüh, ab 5., 6. Standjahr, 7 = spät, nach dem 6., 7. Standjahr und später.
Werden die gleichen Zeichen in zwei Gruppen angeben, bedeutet es : schwach bis mittelstark, früh bis mittelfrüh. Die Anfälligkeit für Schorf ist 8, für Holzfrost = 9, für Blütenfrost = 10.
Wird kein + oder − gesetzt, sondern ± oder · . bedeutet es nicht allgemein anfällig, nur örtlich, mehr oder weniger. Eine absolute Frosthärte und Schorfwiderstandsfähigkeit gibt es unter den Sorten kaum, wie sich im Anbau von den verschiedenen Standorten und aus der Vergangenheit erwiesen hat.
Standorteignung 11 ++ = nur für wärmste Lagen und Böden, bevorzugt für Wandobstbau, 11 + = für wärmere Lagen und Böden, 12 = für mittlere Böden und bis zu mittleren Höhenlagen von 300–350, auch bis 400 m über NN, 13 = noch für Gebirgslagen, Rauhlagen, Grenzlagen des Tafelbirnenanbaus geeignet.

Nr.	Sorte	Wuchs				Ertrag			Anfällig			Standort		
		1	2	3	4	5	6	7	8	9	10	11	12	13
1	A. Lucas	+	+			+			∓	±	+	+	+	
2	Amanlis			+	+	+	+		±	−	−			+
3	Blumenbachs		+			+			±	+	−	+	+	
4	Bosc		+				+	+	±	+	−	+	+	
5	Bunte Juli	+				+			−	±	−	+	+	
6	Clairgeau	+				+			−	+	−	+	+	

Nr.	Sorte	Wuchs				Ertrag			Anfällig			Standort		
		1	2	3	4	5	6	7	8	9	10	11	12	13
7	Clapps			+		+	+	+	±	±	−	+	+	
8	Diels			+		+	+		+	+	+	++		
9	Edelcrassane		+			+	+		±	+	+	++		
10	Elsa		+			+	+		−	−	−	+	+	+
11	E. Bergamotte		+			+	+		+	+	−	++		
12	E. Herren		+			+	+		∓	+	+	+	+	
13	Forellenb.		+				+	+	+	+	±	+	+	
14	Gellert			+	+				+	+	−		+	
15	Giffard		+				+	+	±	+	+	+		
16	Grumkow		+	+			+	+	+	−	−	+	+	
17	Gute Graue				+			+	−	−	+		+	+
18	Gute Luise		+			+	+		+	+	+	+	+	
19	Hardenponts		+			+	+		+	+	±	++		
20	Hochfeine		+				+	+	±	±	±	+	+	
21	Hofrats		+	+			+		+	−	+		+	+
22	J. d.'Arc	+	+			+	+		∓	±	−	++		
23	J. v. Mecheln	+				+	+		∓	−	−	+	+	
24	J. Guyot	+				+			−	±	±		+	
25	Charneu			+				+	±	+	±		+	
26	Konferenz		+			+			−	−	±	+	+	
27	Kongreßbirne		+			+	+		−	+	+	+	+	
28	Le Lectier		+	+				+	±	+	+	++		
29	Liegels		+	+			+		+	±	±	+	+	
30	Lucius			+	+		+		−	−	−		+	
31	Bonnefond		+			+			±	±	±	++		
32	M. Favre		+			+	+		−	±	±	+	+	
33	M. Verté	+	+				+		±	±	+	+	+	
34	Marillat		+				+		−	±	+		+	
35	Marianne		+			+	+		−	−	−		+	+
36	Napoleons	+	+			+	+		+	±	±	+	+	
37	Nordhäuser		+				+		+	+	±	+		
38	O. d. Serres		+			+	+		±	+	+	++		
39	Paris		+			+	+		−	∓	±	+		
40	Pastorenb.			+		+	+		±	∓	±	+	+	
41	Petersbirne			+			+		−	−	−		+	+
42	Philippsb.		+	+		+			−	−	−		+	+
43	Pitmaston		+				+		±	∓	∓	+	+	
44	Poiteau			+		+			+	−	−		+	+
45	Drouard	+	+			+			±	∓	−	+	+	
46	Regentin	+				+			+	+	+	+	+	
47	R. d. Neufville	+				+			−	∓	∓	+	+	
48	Six	+	+			+			∓	+	+	+	+	
49	Tongern	+				+			−	±	±	+	+	
50	Trévoux		+				+		∓	−	−		+	
51	Vienne	+	+			+	+		∓	+	+		+	
52	Vereinsdech.		+				+	+	−	−	±	+	+	
53	Williams	+	+			+			+	+	−	+	+	
54	Winterdech.		+				+		+	+	+	++		
55	Winterlonchen		+	+			+		±	−	−	+	+	
56	Winternelis	+				+	+		±	+	+	+	+	

Befruchtungsbiologie

Birnen waren es, die Schlüssel zu den entscheidenden Erkenntnissen der Befruchtungsbiologie der Obstgehölze lieferten. Der engliche Pfarrer SWAYNE in Dyrham führte schon 1822 Bestäubungsversuche an schlecht tragenden Birnenbäumen aus. Er entdeckte damals, daß eine Birnensorte, mit eigenem Pollen bestäubt, unfruchtbar bleibt. Er erkannte aber diese Tatsache in der ganzen Tragweite noch nicht. Der Amerikaner MERTON B. WAITE lieferte in seiner 1894 erschienenen Schrift über „Die Bestäubung der Birnenblüten" (The pollination of pear flowers) den Nachweis, daß die Birnenblüten, um Früchte zu bilden, auf den Blütenstaub anderer Birnensorten, also auf Fremdbestäubung innerhalb der Art, angewiesen sind.

Diese epochale Entdeckung von WAITE war eigentlich das Nebenprodukt seines Forschungsauftrages über die Verbreitung des Birnenmehltaus, indem er Birnenblüten eintütete und damit erreichte, daß sich aus diesen Blüten keine Früchte bildeten. Den sicheren Beweis im großen lieferten ihm die 22 000 Bäume 'Bartlett' ('Williams') auf der Chesnut Farm bei Scotland im Staate Virginia, die im geschlossenen Bestand nach 18 Jahren kaum nennenswerte Erträge brachten. Allein die Bäume, die um einige Bäume einer anderen Sorte standen, spendeten volle Erträge.

Nach WAITE dauerte es noch einige Jahrzehnte, ehe die Praxis seine Ergebnisse verwendete. Seit 1926 wurden in Halle unter ROEMER die Forschungen fortgeführt, nachdem man in England, Schweden und der Schweiz schon vorher auf diesem Gebiet arbeitete. Wer sich eingehender über Blühen und Fruchten unterrichten will, sei auf RUDLOFF, C. F. und H. SCHANDERL: Die Befruchtungsbiologie der Obstgewächse (1950), auf KOBEL: Lehrbuch des Obstbaus (1954), auf die *Physiologie der Obstgehölze* (1978) und auf BLASSE (1976) verwiesen.

Die Birnen verhalten sich befruchtungsbiologisch ähnlich wie Äpfel. Sie brauchen eine als Pollenspender geeignete diploide Sorte mit dem Chromosomensatz 2 n = 34 zur Bestäubung, die eine Befruchtung auslösen kann. Triploide Sorten mit dem Chromosomensatz 3 n = 51 sind für die Befruchtung ungeeignet. Die Übertragung des Blütenstaubes geschieht durch Bienen und andere Insekten und, wie von WESTWOOD/STEPHEN/CORDY nachgewiesen, auch durch den Wind.

Bei Birnen findet sich stärker ausgeprägt als bei einigen Apfelsorten die Neigung, ohne vorherige Befruchtung samen- und embryolose Früchte auszubilden. Sie werden als Jungfernfrüchte oder parthenokarpe Früchte bezeichnet. Einige Sorten, wie 'Le Brun', 'Jules Guyot', 'Trévoux', neigen stark zur Parthenokarpie, andere weniger. Sie kann nach blütenschädigenden Spätfrösten stärker als im normalen Blühverlauf auftreten. Die sortentypische Fruchtform verändert sich dabei gewöhnlich. Seit R. EWERT (1907) sind zahlreiche Untersuchungen und Beobachtungen zu diesem Verhalten angestellt worden. KOBEL (1954) führt dazu die umfangreiche Literatur auf. Die Hoffnung, überhaupt einmal Sorten zu erhalten, die vorwiegend ohne Bienenbeflug, bei jeder Witterung wirtschaftlich bedeutende Fruchtansätze bringen, hat sich noch nicht erfüllt. Auch die Versuche mit Spritzungen von Gibberellinsäure, um die Parthenokarpie künstlich zu steigern, wirkten teils bei 'Triumph von Vienne', nicht aber bei

'Vereinsdechantsbirne', wo sie als mögliche Ertragssteigerung sehr erwünscht gewesen wäre. Bei dieser Sorte wiesen HORNUNG, U. und G. LIEBSTER als Ursache der nicht befriedigenden Fruchtbarkeit Entwicklungsstörungen der Samenanlagen nach.

Botanisch-morphologisch stellt der Blütenstand (Infloreszenz) der Birne eine Doldentraube von sieben und mehr Einzelblüten dar, der des Apfels eine Trugdolde. Die Früchte beider Arten sind botanisch gesehen Sammelbalgfrüchte, keine echten Früchte, da sie sich aus dem fleischig werdenden Blütenboden (Blütenachse) entwickeln. Dieses Fruchtfleisch der Blütenachse umhüllt die fünf, im unteren Teil zum Stiel hin miteinander verbundenen pergamentartigen Fruchtblätter (Carpelle) als Kerngehäuse mit den Samen.

Orte der Blütenbildung (Topographie) finden sich wie beim Apfel am Neuwuchs meist an Kurztrieben, an Terminalknospen, aber auch terminal und lateral an Langtrieben. Da jede Blütenstandsachse im unteren Teil eine Blattknospe enthält, durch die der Kurztrieb weiterwächst, kann sie mehrere Jahre als Blütenträger dienen.

Die Anlage und Umbildung einer Knospe zur Blütenknospe, die Blütenknospendifferenzierung, beginnt im Vorjahr des Blühens, von Ende Juni, Anfang Juli an und ist bis zum Ende der Vegetationsperiode abgeschlossen.

Die Blühzeit kann von Mitte April bis Mitte Mai liegen. Sie setzt bei etlichen Sorten vor der Apfelblüte ein und erstreckt sich bis in die Apfelblüte hinein. Die Blühzeiten der Birne überschneiden sich bei den einzelnen Sorten stärker als beim Apfel, so daß eine wechselseitige Bestäubung weitgehend gesichert ist. Birnenblüten neigen stärker zu Spätfrostschäden, sie sind allgemein frostempfindlicher als Apfelblüten.

Im Gegensatz zum Apfel ist nicht immer die Terminalblüte am weitesten entwickelt. Zum Blühbeginn sind die Einzelblüten unterschiedlich weit ausgebildet. Durchweg bilden sich aus einem Blütenstand der Birne mehr Früchte als beim Apfel.

Die Aufblühfolge des Blütenstandes untersuchten RUDLOFF und WUNDRIG und stellten an den untersuchten Sorten 3 Gruppen fest.

Zur 1. gehörten: 'A. Lucas', 'Clapps' und 'Stuttgarter Geißhirtle'. Hier blühte die Terminalknospe immer als 1. auf, war den anderen in der Entwicklung voraus, dann öffneten sich die basalen, zuletzt die subterminalen Knospen.

Bei der 2. Gruppe erfolgt die Aufblüte allmählich von der Basis zur Spitze. Die Terminalknospe blühte spät auf, gefolgt von 1–2 Blüten des oberen Kreises. Hierzu gehörten: 'Gute Graue', 'Sparbirne', 'Vereinsdechantsbirne'.

Bei der 3. Gruppe begannen die basalen Knospen, dann die Terminale und zum Schluß subterminale. Das geschah bei: 'Blumenbachs', 'Clairgeau', 'Esperens Bergamotte', 'Geheimrat Dr. Thiel', 'Hardenponts', 'Le Lectier' und 'Williams'.

Im Gegensatz zum Apfel, wo bei 'Litauischer Pepping' von SCHANDERL Selbstfruchtbarkeit nachgewiesen wurde, auch bei anderen Sorten wie 'Ontario', 'Johannes Böttner' wurde sie beobachtet, sind nach dem jetzigen Stand der Erkenntnisse alle Birnensorten auf Fremdbefruchtung angewiesen.

Die zahlreichen, zuviel produzierten Blüten veranlassen 3 Fruchtfallperioden. BLASSE gliederte diese in die 1. Fallperiode bis etwa 3 Wochen nach der Blüte, hier werden alle nicht befruchteten Blüten abgestoßen, bei 'Clapps', 'Lucas' und 'Williams' als Frühabwerfern sind es 61 %. 24 % sind es dann in der 2. Periode, 4–5 Wochen nach der Blüte, dem Junifall, der durch Wasser- und Nährstoffmangel gefördert wird.

Die 3. Periode erfolgt etwa 8–9 Wochen nach der Blüte.

Unfruchtbarkeit zweier diploider Sorten (Intersterilität), die beim Apfel nicht selten ist, kennen wir bis heute bei Birnen nur von einigen Sorten, vielleicht bilden sie alle auch eine einzige Intersterilitätsgruppe. Es sind die Sorten:

Gute Luise x Williams	Esperens Herrenbirne x Seckle
Gute Luise x Seckle	Esperens Herrenbirne x Gute Luise
Williams x Seckle	

Es bedeuten: fr = früh, mfr = mittelfrüh, msp = mittelspät, sp = spät blühend

Diploide, als Pollenspender geeignete Sorten und ihre relative Blühzeiten

3	Blumenbachs	mfr–msp	29	Liegels	fr
4	Boscs	sp	31	M. Bonnefond	mfr
5	Bunte Juli	mfr	32	M. Favre	mfr
6	Clairgeau	mfr	33	M. Verté	msp
7	Clapps	msp–sp	35	Marianne	msp
9	Edelcrassane	mfr	36	Napoleons	msp
10	Elsa	fr	37	Nordhäuser	mfr
11	Esp. Bergamotte	msp	38	O. de Serres *	msp
12	Esp. Herren	mfr	39	Paris	fr–mfr
14	Gellert	msp	41	Petersbirne	mfr
15	Giffard	fr	44	Poiteau	msp
16	Grumkow	mfr–msp	45	Drouard	mfr–msp
18	Gute Luise	msp	46	Regentin	mfr
19	Hardenponts	mfr–msp	48	Six	mfr
20	Hochfeine	mfr	49	Tongern	mfr
22	Jeanne d'Arc	mfr–msp	50	Trévoux	mfr
23	J. v. Mecheln	msp	51	Vienne	msp
24	J. Guyot	msp	52	Vereinsdechant	msp
25	Charneu	mfr	53	Williams	msp
26	Konferenz	mfr	54	Winterdechant	fr
27	Kongreß	mfr–msp	55	Winterlonchen	mfr
28	Le Lectier	mfr	56	Winternelis	msp

* H. KESSLER (1948), ebenso E. v. VAHL (1961) führen 'O. de Serres' als triploide Sorte an.

Andere bekannte diploide Birnensorten sind nach RUDLOFF/SCHANDERL und KOBEL: Bb = Butterbirne
Alexandrine Douillard fr-mfr · Ananasbirne von Courtray mfr. · André Desportes fr-mfr · Anjou (Syn. Winter Meuris, Nec plus Meuris) msp · Bacheliers Bb fr · Baronin von Mello mfr · Baronsbirne · Belle des Abrés fr · Bergamotte Crassane fr · Beuckes Bb · Capiaumont sp · Cayuga · Charles Ernest mfr-msp · Chaumontel mfr · Clara Frijs fr. · Colomas Herbst Bb msp · Dechantsbirne von Alençon msp · Deutsche Nationalbergamotte sp · Emile

d'Heyst mfr · Erzbischof Hons fr · Esperine msp · Eva Baltet msp · Fertility msp · Gansels Bergamotte sp · Geheimrat Dr. Thiel fr · General Totleben sp · Giram · Gorham · Graf Canal · Graue Herbst Bb mfr · Grüne Sommermagdalene msp · Gute von Ezée fr · Herzogin von Bordeaux mfr · Himmelfahrtsbirne msp · Hoyerswerdaer · Julidechantsbirne fr · Kaiserlicher Prinz mfr · Kieffer fr · König Karl von Württemberg mfr · Le Brun mfr · Madame du Puis · Madame Treyve mfr · Marie Luise msp · Monchallard fr · Mollebusch · Mundnetzbirne · Naghins Bb sp · Notaire Lepin sp · Packham · Pfeffer von Salomon · Pultenay · Rihas Kernlose msp · Rising Summer · Römische Schmalzbirne · Roosevelt fr · Rote Bergamotte msp · Rote Dechantsbirne msp · Rudolf Goethe sp · Runde Mundnetzbirne · Russelet von Reims · Salzburger fr · Schmelzende von Thirriot mfr · Seckel mfr · Sievenicher Mostbirne · Solaner · Sommereierbirne · Späte April · St Germain msp · Sterckmans Bb msp · Stuttgarter Geißhirtle mfr · Triumph von Jodoigne mfr · Ulmer Bb · Van Marums Flaschenbirne msp · Vater Baltet mfr · Weilersche Mostbirne fr · Weiße Herbst Bb msp · Wilders Frühe

Die relativen Blühzeiten wurden, soweit Angaben darüber zu finden waren, angeführt. Bei den einzelnen Autoren werden sie auch unterschiedlich bezeichnet, da sie oft von einer Blühzeit in die andere übergreifen. Es gibt auch fehlerhafte Doppelangaben, z. B. werden 'Angoulême' und 'Holzfarbige Butterbirne' (Syn. 'Flemish Beauty') einmal bei den diploiden und auch bei den triploiden Sorten aufgeführt.

Triploide, als Pollenspender ungeeignete Sorten und ihre relativen Blühzeiten

1	A. Lucas	mfr	30	Lucius	fr
2	Amanlis	mfr	34	Marillat	msp
8	Diels	mfr	40	Pastoren	mfr
13	Forellenbirne	msp	42	Philipps	fr
17	Gute Graue	sp	43	Pitmaston	sp
21	Hofratsbirne	mfr	47	R. de Neufville	mfr–msp

Weitere triploide Birnensorten sind:
Charles Cognée fr · Frau Luise Goethe msp · Gestreifte St. Germain · Graf Moltke · Großer Katzenkopf sp · Präsident Mas msp · Belle Angevine fr · Sparbirne msp · Virgouleuse · Windsorbirne · Zéphirin Grégoire

Triploide Mostbirnen:
Aarer Pfundbirne · Appenzeller Wasserbirne · Bäriker · Bayrische Weinbirne · Chriesibirne · Gelbmöstler · Große Rummelter · Große Salzburger · Grünmöstler · Kalchbühler · Knollbirne · Klettgauer Dornbirne · Luxemburger Mostbirne · Marxenbirne · Metzer Bratbirne · Offenbacher Schellerbirne · Palmischbirne · Schweizer Wasserbirne · Sülibirne · Theilersbirne · Welsche Bratbirne · Wettinger Holzbirne ·

Geeignete Pollenspender für die Birnensorten

1	A. Lucas	sind die Birnensorten Nr. 3, 4, 6, 7, 9, 11, 12, 15, 18, 23, 24, 26, 33, 37, 45, 53
2	Amanlis	Nr. 4, 6, 10, 14, 18, 33, 56
3	Blumenbachs	Nr. 4, 7, 11, 18, 25, 44, 53,
4	Boscs	Nr. 5, 7, 15, 19, 23, 25, 26, 33, 44, 52, 53, 54
5	Bunte Juli	Nr. 7, 12, 26, 29, 50, 53
6	Clairgeau	Nr. 3, 4, 11, 14, 18, 19, 28, 33, 36, 39, 52, 53, 54, 56
7	Clapps	Nr. 3, 4, 6, 11, 12, 14, 18, 19, 25, 28, 33, 44, 50, 53
8	Diels	Nr. 3, 4, 5, 6, 14, 18, 19, 24, 25, 26, 28, 33, 39, 44, 52, 53, 56
9	Edelcrassane	Nr. 11, 18, 37, 52, 53, 54
10	Elsa	Nr. 25, 26, 50, 53, André Desportes, Seckel
11	Esp. Bergamotte	Nr. 3, 7, 9, 19, 24, 28, 33, 37, 53, Notar Lepin
12	Esp. Herren	Nr. 10, 53, André Desportes, Julidechantsbirne
13	Forellenbirne	Nr. 18
14	Gellert	Nr. 6, 7, 11, 15, 18, 19, 23, 25, 28, 33, 44, 52, 53, 54
15	Giffard	Nr. 3, 11, 24, 39, 50, 53
16	Grumkow	Nr. 6, 28
17	Gute Graue	Nr. 7, 11, 14, 18, 33, 39
18	Gute Luise	Nr. 5, 7, 11, 25, 26, 46, 50, 52
19	Hardenponts	Nr. 3, 4, 6, 7, 9, 11, 14, 25, 33, 39, 50, 53, 56
20	Hochfeine	Nr. 3
21	Hofratsbirne	Nr. 3, 4, 18, 23, 28, 33, 50, 53
22	J. d'Arc	Nr. 9, 11, 19, 25, 52, 53
23	J. v. Mecheln	Nr. 18, 50, 53
24	J. Guyot	Nr. 12, 25, 28, 33, 50, 53, 54
25	Charneu	Nr. 4, 5, 6, 7, 10, 14, 18, 28, 39, 44, 49, 53
26	Konferenz	Nr. 4, 5, 12, 18, 25, 52, 53
27	Kongreßbirne	Nr. 3, 12, 18, 28, 49, 50, 53
28	Le Lectier	Nr. 7, 14, 25, 53
29	Liegels	Nr. 12, 18, 23, 52
30	Lucius	Nr. 33
31	M. Bonnefond	nicht untersucht
32	M. Favre	nicht untersucht
33	M. Verté	Nr. 4, 6, 11, 14, 19, 25, 38, 39, 49, 52, 53
34	Marillat	Nr. 6, 11, 12, 24, 26, 29, 53
35	Marianne	Nr. 7, 14, 18, 25
36	Napoleons	Nr. 3, 6, 9, 18, 45, 53
37	Nordhäuser	Nr. 29, 53
38	O. de Serres	Nr. 3, 12, 33, 52, 53
39	Paris	Nr. 4, 5, 7, 14, 23, 25, 28, 33, 44, 53
40	Pastoren	Nr. 7, 11, 14, 18, 23, 25, 28, 50, 53
41	Petersbirne	nicht untersucht
42	Philippsbirne	Nr. 5, 7, 14, 18, 25, 53
43	Pitmaston	Nr. 7, 9, 11, 14, 18, 33, 50, 53
44	Poiteau	Nr. 4, 7, 12, 14, 18, 25, 28, 53
45	Drouard	Nr. 3, 6, 7, 14, 28, 39, 53
46	Regentin	nicht bekannt
47	R. de Neufville	Nr. 6. 7, 12, 14
48	Six	Nr. 7, 18, 32, 39, 50, 53
49	Tongern	Nr. 33, 52, 53, 54
50	Trévoux	Nr. 4, 5, 14, 24, 28, 33, 45, 53
51	Vienne	Nr.. 7, 11, 18, 24, 33, 39, 44, 49, 50, 53, 54

52	Vereinsdech.	Nr. 4, 5, 7, 9, 12, 14, 17, 19, 23, 25, 26, 44, 45, 50, 53, 56,
53	Williams	Nr. 3, 5, 6, 7, 9, 10, 12, 14, 15, 23, 24, 25, 26, 27, 33, 39, 44, 52, 54
54	Winterdechants	Nr. 9, 14, 52
55	Winterlonchen	nicht bekannt
56	Winternelis	Nr. 4, 6, 14, 52, 53, 54

Ertragsverhalten

Einzelangaben über Birnenerträge finden sich verstreut auch in der älteren Literatur. Werden brauchbare Vergleichszahlen aus Versuchen gesucht, dann zeigt sich, daß bei weitem nicht das reiche Zahlenmaterial wie bei Äpfeln zur Verfügung steht. Neben den Beiträgen in Zeitschriften enthalten die periodisch erschienenen Jahresberichte der Obstbauinstitute und Lehranstalten, wie Berlin-Dahlem, Geisenheim, Proskau, Ertragszahlen aus den Pflanzungen ihrer Institute.

Zum Ertragsbeginn der Birne gegenüber dem Apfel ist festzustellen, daß Birnen allgemein einige Jahre später als Äpfel mit dem Ertrag einsetzen. Das gilt sowohl für die Sorten auf Cydonia A wie auf Sämling. Bei günstigen Apfelkombinationen kann mit Erträgen vom 2. Standjahr an gerechnet werden. Bei Birnen allgemein nicht vor dem 4. Standjahr auf Cydonia A, auf Sämling ab 6. und später. Bei Sorten mit sortentypischem, spätem Ertragsbeginn, wie 'Gellert' auf Sämling, kann sich der Ertrag auf guten Böden, wie in der Magdeburger Börde und dazu bei falschen, strengen Schnitten, bis zum 15. Jahre und noch länger verzögern. Das Vollertragsstadium kann dann, auch ohne alternieren, sehr hohe Erträge gleichmäßig guter Qualitätsfrüchte bringen. Nicht nur Mostbirnen, auch Tafelbirnen auf Sämling können sehr alt, über 100 und mehr Jahre werden und bei guter Kronenpflege noch beste Früchte wie von jüngeren Bäumen erzeugen. Jungbäume tragen früher und bringen hohe Erträge, wenn sie eine Zeit unbeschnitten bleiben.

Einblicke über das Ertragsverhalten von Birnen vermitteln die folgenden Übersichten. Für die vollständigen Sortennamen wurden Kurzformen gewählt. Die Nr. vor dem Namen ist die Nr. der Sortenbeschreibung dieses Buches.

1. Standort Berlin Dahlem

A. Birnenhalbstämme auf Sämling, 10 m x 9 m, 1903 gepflanzt, 12 Ertragsjahre: 1908–1919, Durchschnittserträge je Baum und Jahr in kg.

53	Williams	37,5	6	Clairgeau	25,75
18	Gute Luise	32,75	8	Diels	12,5
45	Drouard	23			

B. Birnenbüsche auf Cydonia, 5 m x 4,5 m, 1903 gepflanzt, 12 Ertragsjahre: 1908–1919, Durchschnittserträge je Baum und Jahr in kg

53	Williams	43,5		Angoulême	
8	Diels	37		(gepfl. 1908)	18,5
11	Esp. Bergamotte	35	33	Verté	11,75
18	Gute Luise	28	28	Le Lectier	
	Angoulême	19		(gepfl. 1908)	11,5

C. Birnen als Verrier-Palmetten mit 10 Ästen auf Sämling, 4 x 4 m, 1904 gepflanzt, 12 Ertragsjahre: 1908–1919, Durchschnittserträge je Baum und Jahr in kg

6	Clairgeau	8		18	Gute Luise	4,25
8	Diels	5,75		46	Regentin	3,75
45	Drouard	5		33	Verté	1,25
	Arenberg	4,75				

2. Standort Bachern-Dachau bei München

500 m NN, Obstanlage ZIESCHE; Birnen, Unterlage nicht angegeben, wahrscheinlich Sämling, Petersbirne als h, andere Sorten als Busch, 1910 gepflanzt, Erträge in einzelnen Jahren von 1920–1927 angegeben, 8 Erntejahre, Durchschnittsertrag je Baum und Jahr in kg; Guyot in 2 verschiedenen Quartieren

	Le Brun	51,8		39	Paris	26,69
6	Clairgeau	47,87		42	Philippsb.	25,06
24	Guyot	45,13		24	Guyot	23,97
51	Vienne	41,44		53	Williams	12,26
41	Petersbirne	30,81		20	Hochfeine	11,12
44	Poiteau	28,85				

3. Standort Marquardt

G. STOLLE (1955) berichtet über Birnenspindeln auf Sämling. Pflanzung 1944, 2 x 3 m, dadurch strenger Schnitt notwendig, ab 1951 exakte Ertragsaufzeichnungen, in allen 3 Erntejahren Knospenschäden durch Winter- und Spätfrost und Birnenknospenstecher. Nach dem Schadwinter 1953/54 keine Schäden an den Sämlingsunterlagen, alle Bäume auf Cydonia in der Anlage restlos erfroren. Für die 3 Erntejahre sind Umrechnungen in dz/ha angegeben; Erträge der Jahre 1952, 1953, 1954 in kg je Baum; Baumzahl je Sorte 76, von Nr. 14 und Nr. 15 je 38, von Nr. 4 und Nr. 33 je 36

Nr.	Sorte	1952	1953	1954	Durchschnitt kg/je Baum	der 3 Jahre dt/ha
1	Lucas	13,61	2,43	15,86	10,63	177,2
51	Vienne	8,76	8,21	6,27	7,75	129,2
53	Williams	5,78	5,35	9,87	7,0	116,9
24	Guyot	8,49	4,02	7,82	6,78	113,2
50	Trévoux	8,39	3,63	5,34	5,79	96,5
33	Verté	4,68	6,48	5,70	5,62	93,7
6	Clairgeau	6,50	4,45	4,76	5,24	87,4
15	Giffard	5,50	1,56	8,47	5,18	86,4
39	Paris	4,76	1,92	3,39	3,36	56,0
4	Bosc	2,49	3,0	2,78	2,76	46,0
25	Charneu	3,03	1,01	1,14	1,73	28,8
7	Clapps	1,60	0,89	1,94	1,48	24,7
52	Vereinsdech.	2,03	1,58	0,70	1,44	24,0
14	Gellert	1,03	–	–	0,34	5,7

4. Standort Naumburg

H. AUMÜLLER berichtet über zehnjährige Anbauerfahrungen von Birnenspindeln auf Sämling und Cydonia A. Die Bäume auf Cydonia A erlitten auch ohne Bodenbedeckung im Winter 1953/54 keine Wurzelfrostschäden. In Prussendorf (MEIER 1955) und in Marquardt (STOLLE 1955) erfroren alle nicht bedeckten Birnen auf Cydonia. Im Januar 1954 waren am Standort Naumburg 22 Frosttage mit Temperaturen unter −14 °C bis −20,5 °C, im Februar 25 Frosttage von −14 °C bis −19 °C. Pflanzung Herbst 1945, Baumzahlen der einzelnen Sorten unterschiedlich, von 17 bis zu 61 Bäumen; Ertragsübersicht in Einzeljahren von 1949 (5. Standjahr) bis mit 1958 in dz/ha je Sorte; Winterfrostschäden 1954 gering, 1956 stark, 1957 Blütenfrostschäden bei 'Angoulême' und 'Paris'; die angegebenen Erträge sind Durchschnittserträge je Jahr in dt/ha, A vom 5.–9. Standjahr, B vom 10.–14. Standjahr

		A	B			A	B
auf Sämling							
24	Guyot	105	198	45	Drouard	109	141
53	Williams	86	171	34	Marillat	71	96
auf Cydonia							
1	Lucas	113	174		B. d. Abrés	81	125
33	Verté	62	165	7	Clapps	46	125
	Angoulême	100	154	39	Paris	20	71
37	Nordhäuser	111	141	52	Vereinsd.	44	66

5. Standort Weihenstephan

H. KETTNER und H. HÖGE Erfahrungen mit Tafelbirnenanbau in Weihenstephan. Durchschnittliche mittlere Jahrestemperatur + 7,7° C, Mai-September +15,1 °C. Frostschäden nach Winter 1962/63, Nov. bis −10 °C, Dez. bis − 23° C, Jan. bis − 27,4° C, Februar bis − 26,4° C und März bis − 18,2 ° C. Die Reaktion der einzelnen Sorten: 'A. Lucas' unbedeutende Schäden; 'Konferenzbirne' sehr widerstandsfähig, im Herbst 1963 höchste Erträge; 'Gellert' unwesentliche Holzfrostschäden, aber Blüten sehr anfällig, 1963 Fehlernte; 'Vereinsdechantsbirne' hohe Holzfrostwiderstandsfähigkeit, aber Blütenschäden, daher 1963 geringe Ernte; 'Boscs' sehr holzfrostanfällig, 80 % waren zu roden, frostanfälligste Sorte des Versuches; geschädigt auch die anderen Sorten 'Clapps', 'Charneu', 'Trévoux', 'Vienne' u. 'Williams'. Sie reagieren dann auf normale Winter recht empfindlich. Auch Spätfröste beeinträchtigen die Erträge; nur einige Sorten schon im 2. u. 3. Jahr geringe Anfangserträge, auch noch im 4. und 5. Standjahr geringe, erst ab 6. Standjahr Vollertrag.

Birnen auf Cydonia A mit Zwischenveredlung 'Gellert',

Pflanzung 3 x 3 m, Durchschnittserträge dt/ha

		4. u. 5.	6.–12.	4.–12. Standjahr
26	Konferenz	26	200	121
53	Williams	71	136	91
1	Lucas	81	108	77
25	Charneu	39	109	70
50	Trévoux	53	94	64
52	Vereinsd.	5	94	56
51	Vienne	41	75	51
14	Gellert	5	57	34
7	Clapps	0	26	15

6. Standort Wurzen

Versuch der Zentralstelle für Sortenwesen, Auswertung G. PÄTZOLD (1976). Zum Standort der Versuchsfläche: 135 m über NN, eben, leicht windgeschützt; Bodenformgesellschaft: Löß-Schwarzerde/Berglehm-Braunerde. Leitbodenform: Decklöß-Parabraunerde.
Begleitbodenform: Lehm-Braunstaugley. Natürliche Standorteinheit: D 7, Bodenwertzahl 56, Grundwasser bei etwa 3 m, Klima nach PELZL ostdeutsches Binnenlandklima, nach BOER mäßig trocken, mäßig warm, schwacher maritimer Einfluß, untere Lage des mittelsächsischen Hügellandes; mittlere Niederschläge 545 mm, Jahresdurchschnittstemperatur + 8,9° C.
Pflanzjahr März 1963, Pflanzmaterial 2jährig, Baumform Spindel, Stammhöhe 40 cm; 4,5 x 2,5 m Abstand; Baumzahl je Unterlage 3 Bäume mit 2 Wiederholungen; Unterlagen Sämling und Cydonia A; Pyrus betulifolia durch Ausfälle nicht auswertbar; von den 16 Sorten hier 8 ausgewählt; Pflegemaßnahmen optimal; im 6. Standjahr Mittellast auf 200–300 cm begrenzt; im 9. Standjahr Totalausfall durch Blütenfrostschäden; erfaßt wurden Einzelbaumerträge, im 11. Standjahr das Kronenvolumen; in der folgenden Übersicht Einzelbaumdurchschnittsertrag in kg in den einzelnen Standjahren, Rangfolge der Sorte nach dem Durchschnittsertrag 3.–12. Standjahr.

		3.–5.	6.	7.	8.	10.	11.	12.	3.–12.
auf Sämling									
26	Konferenz	0,0	21,9	20,5	0,0	23,4	6,6	19,8	10,2
46	Regentin	1,2	15,0	3,5	24,7	15,8	11,1	16,5	9,8
1	Lucas	0,0	6,5	21,1	0,0	34,3	19,9	0,0	9,1
33	Verté	0,0	3,7	16,9	18,2	36,4	5,5	0,0	9,0
22	J. d'Arc	0,5	5,8	6,9	0,0	21,2	9,8	2,2	5,2
51	Vienne	0,0	0,4	0,0	0,0	38,1	0,0	6,9	5,0
5	B. Juli	0,0	0,2	1,4	11,4	7,5	6,8	2,1	3,3
14	Gellert	0,0	0,0	0,0	0,0	1,3	0,0	0,0	0,1

		3.–5.	6.	7.	8.	10.	11.	12.	3.–12.
	auf Cydonia A								
1	Lucas	0,5	21,1	28,1	26,3	49,2	16,7	0,8	15,9
33	Verté	0,1	6,8	35,9	15,4	65,2	2,1	1,1	14,1
14	Gellert	0,0	14,1	18,9	40,3	45,6	3,4	4,4	14,1
26	Konferenz	2,6	18,0	20,4	32,2	31,9	4,6	14,7	13,8
46	Regentin	9,2	17,8	25,7	11,1	32,4	0,6	9,9	11,9
22	J. d'Arc	2,2	14,6	4,1	13,3	26,8	3,3	5,7	7,8
51	Vienne	0,0	2,0	2,2	1,6	26,1	0,0	3,9	4,0
5	B. Juli	0,0	1,7	1,8	8,0	12,1	2,5	1,9	3,1

Übersicht über Größe m³ Kronenvolumen (KV) und m² Kronengrundriß (KG) im 11. Standjahr mit Durchschnittsertrag 10.–12. Standjahr je Baum in kgm³KV und kgm²KG

		Sämling		Cydonia		Sämling		Cydonia	
		m³KV	kgm³	m³KV	kgm³	m²KG	kgm²	m²KG	kgm²
26	Konferenz	4,49	3,70	3,38	5,05	2,64	6,29	2,17	7,86
1	Lucas	7,16	2,52	3,81	5,83	3,74	5,21	2,40	9,26
33	Verté	6,67	2,10	4,03	5,66	3,56	3,92	2,27	10,05
22	J. d'Arc	4,04	2,74	2,56	4,66	2,14	5,17	1,51	7,91
46	Regentin	4,84	2,99	5,84	2,45	2,65	5,46	2,99	4,78
51	Vienne	5,45	2,75	3,90	2,56	3,58	4,19	2,36	4,24
5	B. Juli	2,97	1,84	3,56	1,54	2,04	2,68	2,05	2,68
14	Gellert	9,04	0,05	6,32	2,82	3,56	0,12	3,07	5,80

Die Ausdeutung und Auswertung dieses Versuches im einzelnen kann hier nicht erfolgen. In seiner Gesamtheit hat er Gültigkeit für die Leipziger Tieflandsbucht.

7. Standort Marhof

bei Wesseling im Bezirk Köln auf der Rheinniederterrasse der Kölner Bucht, 55 m über NN mit 628 mm Jahresniederschlag im 62jährigen Mittel. K. WITTE berichtet über den einzigartigen langjährigen Versuch mit 'Alexander Lucas' direkt auf Cydonia (10 Bäume) und auf Cydonia mit Zwischenveredlung (24 Bäume), der 30 Standjahre, 1932–1961, mit 23 Erntejahren, 1939–1961, umfaßt. Standort ist sandiger Lehm, Typ basengesättigte Braunerde, etwa 80 cm mächtig, aufgelagert auf Rheinsand und -kies. Die Pflegemaßnahmen wurden optimal durchgeführt, durch zu strenge Erziehungsschnitte der Büsche setzte der Ertrag erst ab 8. Standjahr, 1939 ein. Abstände 5 x 5 m. Erfaßt wurden:
a) der Einzelbaumertrag von 23 Erntejahren in kg/Baum: 'Lucas' auf Cydonia Baum 1–10 im Jahresdurchschnitt 70,6 kg (= 282,2 dt/ha), geringster Ertrag Baum Nr. 6 mit 57 kg (228 dt/ha) und Baum Nr. 9 höchster Einzelbaumertrag 89,6 kg (358 dt/ha)
b) 'Lucas' auf Cydonia/Zwischenveredlung Baum 1–24 im Durchschnitt der Jahre 75,0 kg (300 dt/ha), geringster Ertrag Baum Nr. 5 mit 54,6 kg (218 dt/ha) und höchster Ertrag Baum Nr. 23 mit 99,9 kg (400 dt/ha).

52

Angeführt werden noch die Erträge der einzelnen Jahre vom 8.–30. Standjahr als Durchschnittseinzelbaum – Erträge der beiden Kombinationen in kg/Baum und dt/ha. Da im Marhof in den 23 Jahren die absoluten Erträge des Einzelbaumes genau erfaßt wurden, wäre dieses Material als Einblick in den Ertragsverlauf einer Sorte mit den Alternanzneigungen von hohem Belegwert, gleichzeitig könnte es positive und negative Mutanten offenbaren.

Die Erträge und die Güte der Früchte zu steigern und die Gesundheit des Baumes zu erhalten, bleiben die Ziele aller Pflegemaßnahmen. Voraussetzungen für Erfolge bilden optimale Kombinationen Unterlage – Edelsorte für den entsprechenden Standort. Über neue Möglichkeiten der Ertragssteigerung durch Behandlung mit Geramid Neu an den Sorten 'Lucas', 'Gellert', 'Guyot', 'Konferenzbirne', 'Lucius', 'Verte', 'Vienne' und 'Williams' berichtet G. LIEBSCHER (1968). Ein Mehrertrag von 46,5 % war nur bei 'Vienne' zu erzielen.

Birnensortenkunde

Allgemeine Sortenmerkmale, Erläuterungen zu den Beschreibungen

Erläuterungen zu den Beschreibungen der Sorten Nr. 1 bis 56. Ihnen liegt das Schema Seite 76 zugrunde.

Der Sortenname

Der richtige Name für jedes Ding, in unserem Falle für Birnenfrüchte und -bäume, bildet die Voraussetzung jeder Verständigung über den Wert der Sache, hier der einzelnen Birnensorte. Die Standortansprüche, die Wuchs- und Ertragsleistung des Baumes, seine Widerstandsfähigkeit gegen Krankheiten und Witterungseinflüsse, die Erntezeit der Früchte, ihre Lagerung und Genußreifezeit, sind untrennbar mit dem richtigen, echten Namen der Sorte verbunden. Der Sortenname bildet auch die juristische Grundlage für Handelsverträge über Bäume und Früchte von Sorten.

Seit 1948 werden in der DDR, einst von der Deutschen Wirtschaftskommission Hauptverwaltung Land- und Forstwirtschaft, dann vom Ministerium für Land- und Forstwirtschaft und in der Folge von der Zentralstelle für Sortenwesen der DDR, Sortenlisten für landwirtschaftliche Kulturpflanzenarten mit den für Anzucht, Handel und Anbau zugelassenen Sorten herausgegeben. Diese Sortenlisten gründen sich gesetzlich auf die Anordnung über die Prüfung und Zulassung zur Vermehrung und zum Vertrieb von Kulturpflanzensorten in der DDR vom 24. Juli 1973 § 16 Abs. 3 Gesetzblatt Teil I Nr. 37.

Die in den Sortenlisten verwendeten Sortennamen, teils in der ursprünglichen, vollständigen Namensform, teils als bewährte Handelssynonyme in Kurzform, bilden die gültigen Sortennamen in der DDR. In den jährlich erscheinenden Sortenlisten werden die neu zugelassenen Sorten oder die gestrichenen mit ihrer Auslaufzeit veröffentlicht und geschützte Sorten besonders gekennzeichnet. Die Sortenschutzverordnung in der DDR enthält das Gesetzblatt Teil II, Nr. 18 vom 12. 4. 1972.

Die Grundlage für die Behandlung der Sortennamen und ihre Anführung gibt der „Internationale Code der Botanischen Nomenklatur" mit dem 1954 erschienenen Anhang III „Internationaler Code der Nomenklatur für Kulturpflanzen" (ICNCP). In den Ergänzungen von 1961 von KRÜMMEL werden Beispiele der Namensbehandlung entsprechend den Nomenklaturregeln gegeben. Der älteste feststellbare, regelmäßige legitime Name ist der korrekte Name. Als Synonyme, Doppelnamen gelten nur Namen, die örtlich, in Bezirken, Ländern für den korrekten Namen verwendet werden. So ist von 'Köstliche von Charneu' der legitime, korrekte Name 'Legipont'. Synonyme sind 'Köstliche von Charneu' (in DDR und BRD), 'Bürgermeisterbirne' (in Hamburg, Niedersachsen). Für 'Gellerts Butterbirne' ist der legitime, korrekte Name 'Beurré Hardy'.

54

Für Übersetzungen oder Transkriptionen des originalen, ursprünglichen Namens gilt die erste feststellbare legitime Übersetzung als korrekter Name. 'Colorée de Juillet' ist die originale Namenform für 'Bunte Julibirne', dies ist damit der korrekte deutsche Name. Alle Birnensorten, die aus Frankreich oder Belgien stammen, haben neben dem übersetzten deutschen Namen die originale französische Namensform. Für 'Hochfeine Butterbirne' ist 'Beurré Superfin' die originale Namensform.

Handelssynonyme sind unverwechselbare, genügend gekennzeichnete Kurzformen des ursprünglichen, vollständigen legitimen Namens. Sie werden in dieser Form in etlichen Staaten im Handel und der Obstbaupraxis, nicht jedoch in fachlichen, wissenschaftlichen Arbeiten, als gültige Hauptnamen der Sorte gebraucht. In der DDR wird z. B. 'Elsa' für 'Herzogin Elsa', 'Gute Luise' für 'Gute Luise von Avranches' in den Niederlanden 'Comice' für 'Doyenné du Comice' ('Vereinsdechantsbirne') verwendet.

Mit den in der Praxis beliebten Kurzformen ergeben sich Hindernisse bei der alphabetischen Aufführung der Namen in obstbaulichen Werken. Die 'Herzogin Elsa' steht dann unter E, 'Elsa', die 'Gräfin von Paris' unter P, 'Paris', bzw; unter C, wenn die originale Namensform 'Comtesse de Paris' benutzt wird, die 'Frühe von Trévoux' nicht unter F, sondern unter T usw.

Typen oder Mutanten von bekannten Sorten können einen eigenen Namen tragen, unabhängig von der Muttersorte wie 'Starkrimson Pear' (Rotmutante 'Clapps') oder erwünschter in Verbindung zu ihrem Namen wie 'Supertrévoux' und 'Dubbele Conference'.

Erhalten Neuzüchtungen einen Namen, der schutzfähig sein soll, so muß es seit dem 1. 1. 1959 ein Phantasiename sein, da Personen-, Orts- und Ländernamen für den Namen- oder Sortenschutz nicht verwendbar sind.

Herkunft

Die Angaben zur Sortenherkunft wurden bei jeder Sorte, soweit es möglich war, genau überprüft, Irrtümer berichtigt und nicht einfach von anderen Autoren übernommen. Darlegungen, die den Raum bei der Sortenbeschreibung überschritten, sind in den Ergänzungen zur Herkunft ab Seite 192 nachzulesen. Hier sei nur bemerkt, daß hin und wieder Literaturangaben zur Sorte sowohl in Pomologien wie in Zeitschriften auf den angegebenen Seiten gar nicht vorliegen. Eine rühmliche Ausnahme bilden die genauen und immer zutreffenden Literaturangaben in der schwedischen Pomologie von CARL G. DAHL.

Frucht

Wie bei den Apfelsorten steht die Beschreibung der Frucht vor der des Baumes. Die morphologischen Merkmale werden wie üblich in äußere und innere getrennt und beschrieben. Zu den äußeren gehören: Größe, Form, Fruchtrelief, Kelchgrube, Kelch, Stielgrube, Stiel, Fruchtschale mit Grund- und Deckfarbe, Schalenpunkte und Berostungen.

Die inneren Merkmale umfassen das Fruchtfleisch, Kelchhöhle, Staubblätterreste, Gefäßbündelstränge, Kernhaus mit den Kernhauswänden und den Samen.

Pflückreife

Vor den morphologischen Merkmalen beginnt die Fruchtbeschreibung mit der Zeit der Pflückreife als einer ungefähren Richtzahl, wie sie etwa den auf Seite 37 genannten Standorten der Bezirke der DDR entspricht. Sie ist nie auf den Tag genau für die verschiedensten Standorte festzulegen. Der Witterungsverlauf des Jahres, die Unterlage (Cydonia oder Sämling), die Standorteinflüsse, die Lage, die Pflegemaßnahmen, das Baumalter und andere Faktoren beeinflussen sie. Wie stark die Pflückreife einer Sorte lokal streuen kann, sei mit 'Gellert' belegt, die DUHAN in warmen Lagen bereits „im Laufe des August" angibt, JUNGE nennt für Geisenheim Anfang bis Mitte September. Ebenda für 'Robert de Neufville' die Pflückzeit Anfang bis Mitte August, diese war im Leipziger Gebiet nie vor Anfang bis Mitte September baumreif.

Die alte Faustregel der Praktiker gilt noch immer: „Frühsorten so früh als möglich, Spätsorten so spät wie möglich zu ernten." Viele Selbstversorger machen es gerade umgekehrt, sie ernten Frühsorten zu spät und Spätsorten zu früh. Bei Sommersorten garantiert die Ernte kurz vor der Baumreife fast immer saftige, schmelzende Früchte, zu spät geerntete dieser Gruppe werden mehlig, ohne aromatisch zu sein. Spätreifende Wintersorten, die windfest hängen, sollten immer so spät wie möglich geerntet werden, frostfreie Tage und Nächte vorausgesetzt, nicht vor Ende Oktober, Anfang November, da Fruchtgewicht, Zucker- und Aromabildung noch bedeutend zunehmen. Leider picken die Meisen vor allem süßfleischige Sorten wie 'Josephine von Mecheln' an und entwerten sie damit für die Lagerung, da diese Pickstellen faulen. Stehen diese Sorten an Wänden, so sind sie leicht mit Kunststoffolie zu schützen. Über freistehende Bäume können engmaschige Netze gespannt oder einzelne Zweige mit Früchten in leere Kartoffelnetze eingehüllt werden. Dieser kleine Aufwand bei den wenigen Bäumen, die Selbstversorger besitzen, rettet die Früchte für das Lager und damit für den Fruchtverzehr für die Monate Januar bis März.

Genußreife

Mit der Pflückreife fällt die Genußreife bei den frühesten Sommersorten zusammen. Bei etlichen Sorten dauert sie nur 3–5 Tage, dann werden die Früchte einzelner Sorten schneller oder langsamer teigig. Herbstsorten können über Freilagerung s. Seite 70 3–4 Wochen lager- und genußfähig sein. Die Genußreife von Wintersorten kann sich in einem frischen, kühlen, gut lüftbaren, frostfreien Raum, dem Normallager, wie Keller, Lagerschuppen, ohne maschinelle Kühlung, bei dafür geeigneten Sorten über 1–3 Monate erstrecken. Die nach der Pflückreife angegebenen Genußreifedaten beziehen sich nur auf Früchte aus dem Normallager.

Die äußeren Fruchtmerkmale

Fruchtgröße

In Worten wird die typisch-normale Durchschnittsgröße der Sorte angegeben: klein ('Josephine von Mecheln'), mittelgroß ('Marianne'), groß ('Grumkow') und sehr groß ('Margarete Marillat'), in Zahlen von–bis in Millimeter der größ-

56

te Durchmesser der Breite und die Höhe vom Kelch bis zum Stielansatz. Bewußt wurden hier keine Durchschnittszahlen gewählt, da diese die Variabilität verwischen. Anfänger im Sortenbestimmen erhalten in den absoluten Zahlen nachmeßbare Werte für die Sorte. Die Fruchtgröße ist eine veränderliche, schwankende Größe, die verschiedene Faktoren bestimmen: Standort, Klima, Höhenlage, Witterungsverlauf des Jahres, Bodenart, Nährstoff- und Wassergehalt des Bodens, Behangdichte und Alter des Baumes, Baumform und Unterlage sowie der Pflege- und Gesundheitszustand des Baumes. Das Fruchtgewicht wird in Gramm in von – bis Werten angegeben.

Spezifisches Gewicht

Das spezifische Gewicht (die Wichte) eines Körpers gibt an, wievielmal so schwer der Körper als das Gewicht der volumengleichen verdrängten Wassermenge ist. LUSIS (1958) untersuchte biostatistisch die Veränderlichkeit des spezifischen Gewichtes von Apfel- und Birnensorten, um festzustellen, ob es als konstantes, meßbares Merkmal für eine Sorte angegeben werden kann. Seine Versuche ergaben, daß es eine sehr stabile sortenspezifische Eigenschaft darstellt und daß es wünschenswert ist, das spezifische Gewicht für alle Sorten exakt nach der hydrostatischen Methode als Bestimmungsmerkmal zu erfassen. Nach seinen Untersuchungen liegen die in der BRD und in der DDR angebauten Apfelsorten zwischen 0,75 und 0,95. Als spezifisch „leicht" wären Sorten von 0,75 bis 0,83 einzustufen, als „mittelschwer" solche von 0,83 bis 0,86 und als „schwer", die über 0,86. Das Mittel der 24 untersuchten Apfelsorten ergab 0,8496.

Birnen liegen dicht um das spezifische Gewicht des Wassers, um 1,0. Auch bei Birnen ist es sehr sortenstabil und wenig veränderlich. Birnen sind spezifisch schwerer als Äpfel. Die Werte liegen minimal bei 0,9500 und maximal bei 1,0200. Nach LUSIS ergaben die 9 untersuchten Birnensorten die folgenden spezifischen Gewichte:

14	Gellert	0,9690	4	Boscs	0,997
10	Elsa	0,9712	33	Verté	1,0022
7	Clapps	0,9778	9	Edelcrassane	1,0097
19	Hardenponts	0,9909	43	Pitmaston	1,0097
53	Williams	0,9980		Mittel der 9 Sorten	0,9918

Die Ursachen der verschiedenen spezifischen Gewichte zwischen Äpfeln und Birnen und auch unter den Sorten einer Art sind noch nicht eindeutig geklärt, vermutlich liegen sie in histologisch-anatomischen Unterschieden der Früchte. Das spezifische Gewicht beim Apfel wird weder vom Standort noch vom Jahrgang verändert. Bei Äpfeln zeigten sich mit zunehmender Fruchtgröße leichtere spezifische Gewichte, bei Birnen nicht. Bei Proben für die spezifische Gewichtsbestimmung kann bei Birnen die Fruchtgröße unberücksichtigt bleiben, bei Äpfeln sind mittelgroße Früchte der Sorte zu wählen, keine sehr großen. Für den praktischen Obstbau kann das spezifische Gewicht Bedeutung für die Bestimmung des Reifegrades der Früchte am Baum und im Lager erhalten. Für die unmittelbare Sortenbestimmung etwa bei einer Obstausstellung an vorgelegten Früchten ist es insofern nicht geeignet, da die Messung im Labor erfolgt.

Bei den Sortenbeschreibungen werden die spezifischen Gewichte, soweit sie in der Literatur vorlagen, angeführt, sie wurden entnommen DUHAN (1957) und KRÜMMEL/GROH/FRIEDRICH.

Fruchtformen

Durch die Vielzahl der Sorten gibt es auch bei Birnen, wie bei den Äpfeln, eine Fülle von Fruchtformen. Schon die alten Pomologen versuchten die Vielgestaltigkeit auf wenige Formtypen zurückzuführen, um die Vielfalt ordnen zu können. E. LUCAS baute seine Ordnung der Fruchtgestalt auf 12 Formen auf, die er aus der Grundform Kugel entwickelte, indem er sie abplattete oder zur Stielseite kegelförmig auszog.

In diesem Buche werden 3 Typen als Grundformen herausgestellt, das sind einmal die birnenförmigen, zum anderen die apfelförmigen Früchte und drittens, die in geringerer Zahl vorkommenden, einer großen grünreifen Feige ähnlichen, die feigenförmigen. Die letzte, etwas abseitige Form verwendet bereits auch LUCAS. Einige ältere Sorten drückten diese Form schon in ihrem Sortennamen aus, wie 'Feigenbirne von Alençon', 'Holländische Feigenbirne', 'Horvaths Feigenbirne', 'Grüne Feigenbirne' und 'Feigenbirne' als Synonym für 'Nagowitzbirne' und auch für andere Sorten.

In diese 1. Ordnung der Grundformen vermag eigentlich jeder, der eine Birne von einem Apfel unterscheiden kann, die Früchte nach der Form einzuordnen. Als birnenförmig finden sich dann weitere 8 Unterformen, diese Zahl ließe sich leicht vergrößern, wenn dazu der Fruchtbauch und die Stiel- und Kelchseite nach ihrer Form einbezogen würden. Nr. 1–3 enthalten mehr kleinere und mittelgroße, Nr. 4–8 mehr große Früchte.

Von den apfelförmigen kommen eigentlich nur 2 Formen vor, Nr. 9, die mehr oder weniger kugelförmigen und Nr. 10, die flachkugeligen, stiel- oder kelchseits oder an beiden Seiten abgeplatteten Früchte.

Grundformen der Birnen

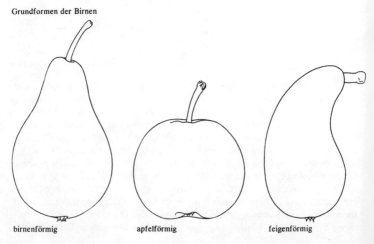

birnenförmig   apfelförmig   feigenförmig

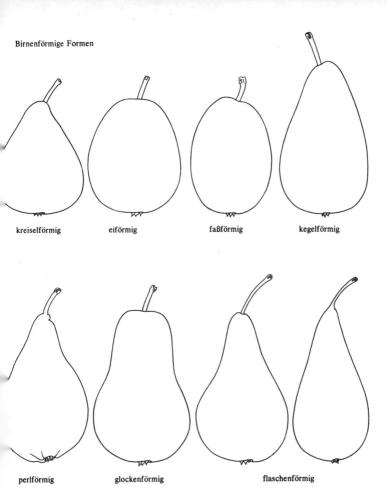

Birnenförmige Formen

kreiselförmig   eiförmig   faßförmig   kegelförmig

perlförmig   glockenförmig   flaschenförmig

Die Zeichnungen zeigen besser als es Worte vermögen die birnenförmigen Früchte Nr. 1 bis 8.

Nr. 1 kreiselförmig, zum Stiel stumpfer oder spitzer (zu ihnen gehören 12 'Esperens Herrenbirne', 23 'J. v. Mecheln')

Nr. 2 eiförmig (29 'Liegels Butterbirne')

Nr. 3 faßförmig (5 'Bunte Julibirne')

Nr. 4 kegelförmig (51 'Triumph von Vienne')

Nr. 5 perlförmig (28 'Le Lectier')

Nr. 6 glockenförmig (36 'Napoleons Butterbirne')

Nr. 7 flaschenförmig dick (4 'Boscs Flaschenbirne')

Nr. 8 flaschenförmig schlank (40 'Pastorenbirne')

Apfelförmige Formen

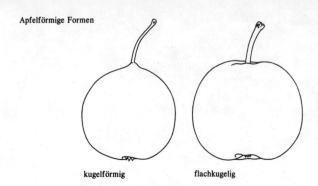

kugelförmig   flachkugelig

Die apfelförmigen Früchte Nr. 9–10
Nr. 9 kugelförmig ('Ulmer Butterbirne', 'Idaho')
Nr. 10 flachkugelig (11 'Esperens Bergamotte', 38 'O. de Serres')
Als feigenförmig groß wäre 6 'Clairgeau' zu bezeichnen.

Obwohl die Birnensorten in ihren Formen ebenso vielgestaltig wie Apfelsorten vorkommen und die Formveränderungen bei der einzelnen Sorte so beträchtlich sein können, daß sie auch erfahrenen Sortenkennern bei der Bestimmung Schwierigkeiten bereiten, so bleiben doch die sortentypischen Grundformen bei Birnen beständiger als bei Äpfeln, da viele Sorten deutlich formverschieden von anderen sind.

Bei Äpfeln müssen wir nach formbeständigen Sorten suchen, wir finden sie eigentlich nur bei flachen, sehr kurzachsigen Sorten wie 'Champagner Renette', 'Königlicher Kurzstiel' oder sehr langachsigen, hochgebauten wie 'Weißer Winterglockenapfel' und 'Nathusius Taubenapfel'. Bei den Birnen sind die apfelförmigen, kurzachsigen, gedrungenen, wenn sie normal ausgebildet sind, als beständig einzustufen. Unter Tonnen von Früchten 'Esperens Bergamotten' und 'Olivier de Serres', wird sich nicht eine langachsige flaschenförmige Frucht wie 'Konferenzbirne' zeigen und umgekehrt ebenso. Anfänger in der Sortenkunde prägen sich am besten zuerst solche unverwechselbaren Formen ein.

Fruchtrelief

Beim Fruchtrelief werden die Vertiefungen und Erhabenheiten der Frucht an den Fruchtseiten, an der Kelch- und an der Stielgrube festgestellt und beschrieben. Die Fruchtseiten können glatt, eben ('Liegels', 'Bunte Julibirne') oder mit schwachen oder deutlich ausgeprägten Beulen behaftet sein ('Tongern', 'Grumkow'); breite, stumpfe Kanten können über die Frucht verlaufen ('O. de Serres'). Der Fruchtbauch kann in der Mitte der Frucht, mittelbauchig ('Hardenponts', 'Poiteau', 'Paris') sitzen, er kann sich im Übergang von der Fruchtmitte zum Kelch befinden ('Amanlis', 'Gellert') odèr deutlich am Kelch gelagert sein ('Boscs', 'Diels', 'Blumenbachs', 'Clairgeau').

Die Kelchgrube kommt bei den einzelnen Sorten in vielen Formen vor, kaum eingesenkt, sehr flach ('Pastorenbirne'), mitteltief eingesenkt ('A. Lucas') oder tief ('Vereinsdechantsbirne'). Die Kelchgrube kann sein: eng ('Regentin'), mittelbreit ('A. Lucas') oder weit ('Hardenponts', 'M. Favre'), glatt ('Paris'), faltig zusammengezogen ('Le Lectier'), grobrippig ('Williams', 'Forellenbirne'), feinrippig ('Bunte Julibirne', 'Clapps'), wulstig, einseitig wulstig ('Poiteau), breitwulstig, faltig ('Vereinsdechantsbirne'), mit Fleischperlen um den Kelch ('Le Lectier', 'Bunte Julibirne', 'Clapps', 'Philippsbirne').

Die Stielgrube fehlt bei vielen Sorten, vor allem bei denen, wo der Stiel wie aufgesteckt, oft mit Fleischwulst, –ring versehen ist ('M. Favre', 'Hochfeine Butterbirne'), oder sie ist nur wenig eingesenkt ('Gellert', 'Williams') oder tiefer ('Trévoux', 'Edelcrassane', 'O. de Serres'). Beide Einsenkungen können eng, mittelweit, weit sein, an der Stielgrube gibt es bei etlichen Sorten Fleischwülste, Fleischringe, aus denen der Stiel gerade wächst ('Elsa') oder durch einen kräftigen einseitigen Wulst schief gedrückt wird ('M. Marillat').

Die Fruchtform der Stielseite kann sein: spitzer ('Konferenzbirne') oder stumpfer ('Marianne') kegelförmig; abgestumpft gerade ('Elsa') oder schief ('Pastorenbirne') kegelförmig; elliptisch ('Liegels'); abgestumpft elliptisch ('Edelcassane'); vom Fruchtbauch zum Stiel kann die Frucht mehr oder weniger eingezogen, verjüngt sein ('Guyot', 'Trévoux', 'Clapps') oder deutlich eingeschnürt, also tiefer als eingezogen ('Hardenponts', 'Williams', 'Poiteau', 'Boscs'). Diese Merkmale der Fruchtseiten, der Kelch- und Stielgrube stellen für das Erkennen der Sorten wichtige äußere Merkmale dar, die in der Rangfolge nur vom Kelch und Stiel übertroffen werden.

Fruchtrelief, Fruchtseiten, Bauchsitz

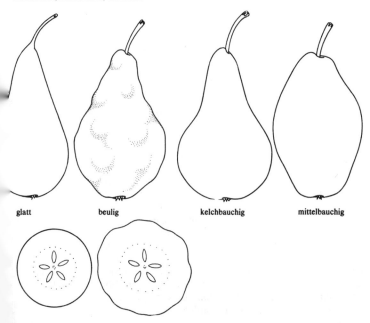

| glatt | beulig | kelchbauchig | mittelbauchig |

Kelch

In der Kelchgrube befinden sich die Reste der einstigen Blüte, äußerlich auffällig als Hauptmerkmal die Kelchblätter, wenn der Kelch offen ist, zeigen sich auch noch die Reste der Staubblätter (Staubgefäße) und Griffel. Der Kelch kann aufsitzend ('Clapps'), wenig ('Paris') oder tiefer ('J. v. Mecheln') eingesenkt sein, er kann sich offen ('Paris'), halboffen ('Diels') oder geschlossen ('Le Lectier') zeigen. Die Blätter können an der Basis getrennt ('Diels') oder verwachsen ('J. v. Mecheln') sein; kurz ('Vereinsdechantsbirne'), mittellang ('Gute Luise'), lang ('Pastorenbirne'); schmal ('R. d. Neufville'), mittelbreit ('Konferenzbirne'), breit ('Gute Graue'), stumpf ('Clapps') oder spitz endend ('Charneu'); glatt ('Poiteau') oder wollig ('Paris'); farbig, gerötet ('Clapps'), gelbgrün ('Giffards'), grün ('Esperens Bergamotte'), braun ('Boscs'), grünbraun ('Amanlis'); aufrecht ('Clapps'), anliegend ('Konferenzbirne'), einen Stern bildend ('Paris'-Sowjetstern, 'Pastorenbirne'-Seestern), aufrecht und zusammengeneigt ('Le Lectier) oder gedreht ('Edelcrassane').

Kelchgruben (a) und Kelchsitze (b)

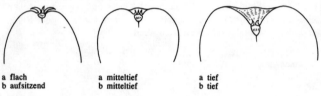

a flach   a mitteltief   a tief
b aufsitzend   b mitteltief   b tief

Kelchblätter Länge, Breite, Form, Stand

kurz, schmal,   mittellang, mittelbreit,   lang, schmal bis
stumpf, hornartig,   spitz, gedreht,   mittelbreit,
aufrecht   halbaufrecht   spitz, aufliegend

Stiel

Neben dem Kelch und den Kelchblättern rangiert der Stiel bei Birnen als ein äußeres Hauptmerkmal vor anderen. Birnenfrüchte ohne Stil wirken wie geköpft, deshalb fordern auch die Gütebestimmungen für Auslese und A-Ware den vollständig erhaltenen Stil. Das gilt auch, wenn Birnen zur Sortenbestimmung vorgelegt werden. Der Stiel charakterisiert die Birnensorte stärker als allgemein der Apfelstiel die Apfelsorte. 'Clapps Liebling' und 'Trévoux' haben jede ihren sortentypischen Stiel, der sie unterscheidet, ebenso wie 'Six Butterbirne' sich von 'Le Lectier' schon durch den Stiel trennen läßt. Extrem gesagt könnte eine Birnensorte, auch wenn die Frucht verzehrt wurde und nur der Stiel übrigblieb, nach diesem, falls er sortentypisch ausgebildet war, in manchen Fällen noch bestimmt werden.

Der Stielsitz sagt ebenfalls über die Sorte viel aus, in einigen Fällen ('M. Favre', 'Hochfeine Butterbirne') fast alles. Er kann sein: gerade oder fast gerade auf der kegelförmigen Frucht aufsitzend, um sich dann leicht zu krümmen('Konferenzbirne', 'Boscs'); schief an der Fruchtmitte der Stielseite stehen ('Pastorenbirne', 'Clairgeau', 'Kongreßbirne'); seitlich der Fruchtmitte aufrecht stehend (M.'Bonnefond'); schief wulstig seitlich stehend ('M. Marillat'); in der Fruchtmitte mit Fleischknopf, Fleischring aufsitzend ('Elsa'); vom Fleischwulst seitlich gedrückt ('M. Favre') oder aufsitzend, wie fleischig aus der Frucht herauswachsend ('Hochfeine Butterbirne').

Nach der Beschaffenheit können Stiele holzig (hart) sein ('Trévoux', 'Williams', 'Paris'), holzig oder fleischig (weich) zur Frucht ('Clapps', 'Poiteau', 'Le Lectier'), fleischig ('Clairgeau', 'M. Marillat', 'Kongreßbirne) und knospig (mit knospenähnlichen Ansätzen behaftet 'Esperens Herrenbirne', 'Esperens Bergamotte', 'M. Favre'); nach der Länge; kurz 10–20 mm ('Anjou'), mittel-

Stielseiten, Stielgruben

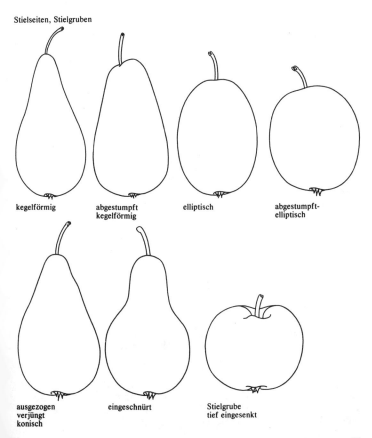

kegelförmig

abgestumpft kegelförmig

elliptisch

abgestumpft-elliptisch

ausgezogen verjüngt konisch

eingeschnürt

Stielgrube tief eingesenkt

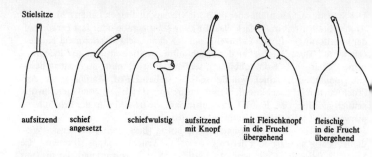

Stielsitze

| aufsitzend | schief angesetzt | schiefwulstig | aufsitzend mit Knopf | mit Fleischknopf in die Frucht übergehend | fleischig in die Frucht übergehend |

lang 20–30 mm ('Gellert'), lang 30–40 mm ('Edelcrassane') und sehr lang, über 40 mm ('General Totleben', 'Ulmer Butterbirne'); nach der Dicke bis 2 mm dünn ('Forellenbirne'), mitteldick 2–3 mm ('Trévoux') und dick über 3 mm ('Clapps'); nach der Farbe: grün ('Esperens Herrenbirne' und 'J. Guyot'), grün an der Frucht, zum Stielende braun ('Pastorenbirne', 'Konferenzbirne', 'Vienne'), gelblichgrün, gerötet ('Forellenbirne'), braun ('Boscs', 'Elsa').

Fruchtschale

Die Fruchtschale wird bei der einzelnen Sorte ausführlich beschrieben nach ihrer Beschaffenheit der Oberfläche als glatt, geschmeidig ('Giffards'), etwas fettig ('A. Lucas'), trocken ('Blumenbachs'), feinrauh bis rauh ('Boscs', 'Gellert', 'Verté'), grieslich, feinnarbig, feingekörnt ('Diels', 'Drouard', 'J. d. 'Arc'), gekörnt ('O. de Serres'); nach ihrer Struktur als: dünn ('Giffards'), mitteldick ('Gellert'), dick, derb ('Diels'); gut kaubar ('Giffards'), mittelfest ('Forellenbirne'), fest ('Petersbirne'), zäh ('Paris'). In der Sortenbeschreibung wird angegeben, ob die Früchte der Sorten mit der Schale oder besser sehr dünn geschält oder unbedingt geschält zur Erhöhung des Fruchtgenusses zu verzehren sind. Sicher hat jeder Mensch seine besonderen Eßgewohnheiten, jedoch gewährt ohne Zweifel das reine Fruchtfleisch einer 'Paris' ohne Schale einen höheren Genuß als mit ihr.

Bei der Schalenfarbe werden Grund- und Deckfarbe unterschieden. Die Grundfarbe ist während der Wachstumszeit der Frucht bis zur Baumreife ein Grün in verschiedenen Tönungen, vom Grasgrün bis zum fahlen Weißlichgrün ('Hardenponts'). Im Stadium der Baum- und Genußreife färbt sich das Grün bei den meisten Sorten in ein Gelb verschiedener Tönungen, von Weißlichgelb bis Rötlichgelb. Bei den Farbbezeichnungen etwa baumreif Gelblichgrün, handelt es sich um ein gelbliches Grün, bei reif Grünlichgelb um ein grünliches Gelb. Bei zusammengesetzten Farben gibt die erste Farbe die Tönung, die zweite die Hauptfarbe an. Die Zusätze wie hell, trüb, stumpf sind jedem verständlich und brauchen keine Erläuterung.

Die Ausbildung der Deckfarbe bei Birnen kann nicht mit der der Äpfel wetteifern. Sie ist bei Birnen, vor allem in kühleren Lagen weniger ausgeprägt, nicht von der Vielfalt der Farbtöne und den Erscheinungsformen wie bei den Apfelsorten. Viele Sorten erhalten im Gebiet der DDR keine Deckfarbe, die sie in südlichen Ländern ausbilden. Das gilt besonders für Wintersorten aus Ungarn,

Rumänien, Bulgarien. Hier kann 'Pastorenbirne' ein kräftiges Orangerot zeigen, und 'Hardenponts', die wir nur als fahl weißlichgrün kennen, lockt mit einem verwaschenen Rot, genauso wie 'Diels Butterbirne', der wir von diesem Rot her glauben, daß sie eine Butterbirne ist. Selbst 'Winterdechantsbirne' und 'Olivier de Serres' zeigen eine braunrötliche und verwaschen kräftig rote Backe als Siegel ihrer südlichen Herkunft. Das Gleiche gilt für Herbstsorten, da sind 'Boscs' und 'Gellert' in Gelb und Rot vertreten.

Wenn wir diese herrlichen Früchte aus Pannonien sehen, werden wir hart daran erinnert, daß wir im Norden, im alten Herzynischen Nebelwald hocken und es dennoch versuchen, diese Birnen neben unseren Eichen und Kiefern anzubauen.

Doch es wachsen auch bei uns genügend farbige Birnen, nicht nur die roten Mutanten von 'Clapps Liebling', 'Williams Christ' und 'Gellert' zeigen rote Deckfarbe, angefangen von der 'Bunten Julibirne' über 'Trévoux', 'Clapps Liebling', 'Gute Luise', 'Clairgeau' bis zur 'Nordhäuser Winterforelle' haben wir zahlreiche Sorten, die eine ansprechende rote Deckfarbe, meist als rotorange, orangerot und auch als hellkarmin besitzen.

Schalenpunkte (Lentizellen) haben die meisten Sorten als auffallend größere oder kleinere braune Punkte, teils grün oder rötlich umhöft ('Hofratsbirne', 'Gute Luise' u. a.).

Die Berostungen treten verschiedenartig auf, als Rostkappe am Stielansatz ('J. v. Mecheln'), als Fläche um den Kelch ('Paris'), als Rostfiguren, landkartenartige Flecken auf der Frucht ('Poiteau'), als Roststriche vom Stiel bis zum Kelch ('Pastorenbirne') und auch als zusammenhängende braune Rostflächen, die die ganze Frucht überziehen ('Verté', 'Gellert').

Die inneren Merkmale

Schneiden wir die Birne längs, vom Kelch zum Stielansatz durch, so werden die inneren Fruchtmerkmale, die Kelchhöhle mit den Resten der Staubgefäße und der Griffel, seltener eine aus der Kelchhöhle tiefer führende Kelchröhre sichtbar, dann die Gefäßbündel, die das Kernhaus mit den Kernwänden und den Samen umfassen.

Beim Apfel bilden diese inneren Merkmale ganz entscheidende, typische Kennzeichen für die Sorte. Bei der Birne sind sie für die Bestimmung längst nicht so wichtig. Hier gilt die Aufmerksamkeit eigentlich allein den Samen. Mit ihnen hat der Sortenkenner das einzige sichere und beständige Merkmal einer Sorte vor sich. 'Boscs Flaschenbirne' und 'Marianne', die äußerlich zum Verwechseln ähnlich sind, lassen sich durch ihre Samen so sicher trennen, daß darauf ein Gutachten aufgebaut werden kann. Das gilt auch für 'Gute Luise' und 'Köstliche von Charneu'. Ihre Samenfarben sind grundlegend verschieden. 'Paris', 'Pastorenbirne' und 'Winterlonchen' lassen sich allein durch die Ausbildung, Farbe und Form ihrer Samen eindeutig trennen.

Es bleibt zu bedauern und ist verwunderlich, daß die alten Pomologen den Wert des Samens als beständiges Fruchtmerkmal nicht erkannt haben. Ihre Kernobstsortenbeschreibungen hätten dadurch ein entscheidendes Gewicht erhalten. Viele uns unbekannte Sorten, die gerade bei Birnen von sehr alten Bäumen stammen, könnten dann noch benannt werden. Größe, Formen und Kuppen der Samen zeigen die Zeichnungen. Eine Beschreibung kann daher

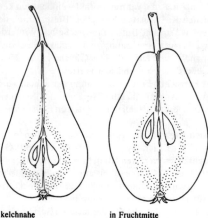

Kernhauslage

kelchnahe   in Fruchtmitte

unterbleiben. Wer als Anfänger Birnensorten wirklich kennenlernen will, sammle die Samen und lege sich eine Sammlung in verschließbaren Glasröhrchen an.

Die Kelchhöhlen sind meist so unscheinbar, daß sie sich als Merkmal bis auf wenige Ausnahmen kaum einprägen. Viele sind kesselförmig, etliche schüsselförmig, einige breit trichterförmig. Betrachten wir sie im Längsschnitt mit dem Kelch nach oben, ähneln in der Form viele einer aufgeblühten Tulpe. Bei 'Le Bruns' Butterbirne öffnet sich die Kelchhöhle zu einer schmalen Kelchröhre ähnlich der von 'Grahams Jubiläumsapfel'. Unterschiedlich hoch stehen die Staubgefäßreste in der Kelchhöhle. Meist sitzen sie ganz hoch wie bei 'J. v. Mecheln', 'Pastorenbirne' und vielen anderen, in der Mitte bei 'Elsa', 'Charneu' und ziemlich tief unten bei 'Philippsbirne'.

Die Formen der Kernhauswände geben die Zeichnungen wieder. Sie sind wohl unterschiedlich, doch keineswegs so einprägsam wie die von Äpfeln. Interessanter bei Birnen ist der Querschnitt durch das Kernhaus, da zeigen sich die

Kernhauswände

schmal   mittelbreit   breit, kelchbauchig, glattkuppig   mit Nase

schmal   mittelbreit   breit, mittelbauchig, glattkuppig   mit Nase

66

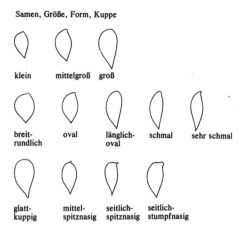

Öffnungen der Wände und ihre Stellung zur Achse fast typischer für eine Sorte als im Längsschnitt.

Die Lage des Kernhauses in der Frucht, ob in der Mitte oder kelchnäher, kann als beständigeres Merkmal zur Bestimmung benutzt werden. Kelchnahe liegt das Kernhaus bei: Boscs, Forellenbirne, Konferenzbirne, Kongreßbirne, Pastorenbirne u. a. In der Fruchtmitte bei: Blumenbachs, Diels, Esperens Bergamotte, Hardenponts, Hochfeine, Hofratsbirne, Mecheln, O. de Serres, Paris, Poiteau, Williams u. a.

Fruchtfleisch

Im Anschluß an die Fruchtschale wird als inneres Merkmal das Fruchtfleisch beschrieben. Die Beurteilung der Geschmackseigenschaften kann nur im Zustand der vollen Genußreife erfolgen. Ein Apfel, der erst ab Januar in seine eigentliche Genußreife kommt, kann notfalls schon im November verkostet werden. Bei der Birne geht das nicht. Eine 'Esperens Bergamotte' ist als Winterbirne im November rübig. Die Angabe der Fleischeigenschaften von Winterbirnen kann nur mit dem Standort verbunden werden, da dieser den entscheidenden Einfluß auf die optimale Fleischbeschaffenheit und die Ausbildung der Inhaltsstoffe ausübt.

Alle Birnensorten unterliegen in der Ausbildung der Fleischgüte dem Standorteinfluß und dem Witterungsverlauf des Jahres. Bei den meisten Sommer- und Herbstsorten wird das nur nicht offenbar, da auch an kühleren Standorten die Wärmemengen bis Ende September noch ausreichen, um geschmackvolle Früchte auszubilden. Die Wintersorten dagegen brauchen wärmste Lagen, um ihre höchste Fruchtgüte zu erreichen. In den Sortenbeschreibungen werden die Standortansprüche der einzelnen Sorten dargelegt und in die Verbindung zur Fruchtqualität gebracht. Die Aussagen über das Fruchtfleisch sind also nur bei voller Genußreife und in Abhängigkeit vom Standort zu beurteilen.

Das Fruchtfleisch wird einmal beschrieben nach der Fleischfarbe als grünlich-weiß ('Poiteau'), gelblichweiß ('A. Lucas'), lachsgelblich ('Konferenzbirne'),

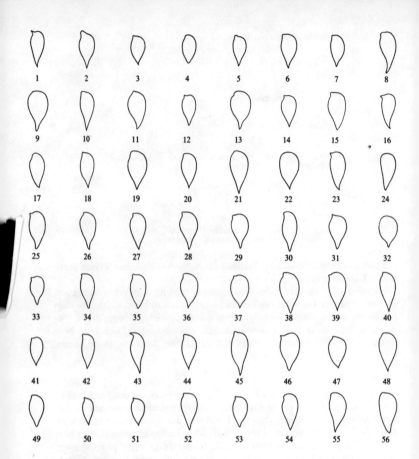

Samen der Birnensorten Nr. 1 bis 56

ferner nach der Festigkeit und Textur: weich ('Amanlis'), mittelfest ('Diels'), fest ('Petersbirne'), feinzellig ('Pitmaston'), grobzellig ('Clairgeau'), vollschmelzend, butterhaft ('J. v. Mecheln'), halbschmelzend ('Tongern'), nicht schmelzend ('Schöne Angevine'); nach dem Saftgehalt: mäßig saftig ('Pastorenbirne'), saftig ('Clapps'), sehr saftig ('Vereinsdechantsbirne') bis zur fast zerfließenden „Trinkbirne" ('Konferenzbirne', 'Napoleons'). Wir können beim Verkosten von Birnensorten nur immer wieder die Vielfalt der geschmacklichen Feinheiten feststellen, die uns die Natur mit diesen einzigartigen Früchten bescherte.

Nach dem beim Verzehren wahrnehmbaren Zucker- und Säuregehalt und dem Verhältnis zueinander wird das Fruchtfleisch als feinsäuerlich, zartsäuerlich, kräftig säuerlich, herbweinig, süßweinig, zartsüß, kräftig süß und nach dem

Fruchtaroma beschrieben. Dieses ist wie der Rosenduft nur schwer zu beschreiben, da viele feinste Geschmacksspuren nicht mit Worten erfaßbar sind. Muskatig, zimtartig sind zwar allgemein verständliche Geschmacksbegriffe, doch letztlich sagen sie wenig über die Kombination von Fleischbeschaffenheit, Saftgehalt, Zucker- Säureverhältnis und Aroma aus, da Gaumen und Zunge die einzelnen Bestandteile als ein Ganzes wahrnehmen. In der Beschreibung kann mit Worten das nur telegrammstilartig, stammelnd aneinander gereiht werden, was in seiner letzten Feinheit und damit seiner Wirklichkeit doch nicht beschrieben werden kann.

Anfälligkeit

Die Früchte sind am Baum, während und nach der Ernte den verschiedenen tierischen, pilzlichen, physiologischen Schäden und mechanischen Beschädigungen ausgesetzt. Die Anfälligkeit der einzelnen Sorte gegenüber diesen Bedrohungen ist unterschiedlich. In den Sortenbeschreibungen sind die betreffenden Anfälligkeiten angegeben. Bei der Ernte sind baumreif schon druckempfindliche Sorten sorgfältig zu ernten und druckfrei zu transportieren. Viele Sorten sind genußreif kaum noch ohne Beschädigungen transportfähig. Birnen mit Druckstellen im Handel haben aber jede Werbekraft für Käufer verloren. Besonders nachteilig wirkt sich bei den meisten Sommer- und Herbstsorten die geringe Haltbarkeit in der Zeit der Genußreife aus. Die einzelnen Sorten gehen unterschiedlich rasch in das Teigigwerden über. Sie sind dann nur noch als Tierfutter verwertbar. Zu früh geerntete Wintersorten welken gewöhnlich. Wespen nagen Sommer- und Herbstsorten an. Meisen picken an den späten süßen Wintersorten ('J. v. Mecheln') und richten dadurch erhebliche Schäden an. Jungfrüchte einzelner Sorten ('Hardenponts') können durch Birnengallmücken Schäden erleiden. Allgemein sind Birnen weniger anfällig für die Obstmade als Äpfel, jedoch werden einzelne Sorten stärker als andere befallen ('J. Guyot', 'Petersbirne', 'Williams' u. a.).

Der Pilzbefall der Früchte mit Schorf verursacht in für den Schorfbefall günstigen Gebieten immer noch gewaltige Schäden. In großen Anlagen dämmen Spritzungen ihn ein. In Haus- und Kleingärten ist die gezielte Bekämpfung meist schlecht möglich. Es gibt zahlreiche Standorte, die keinen Schorf kennen, und wo so schorfanfällige Sorten wie Diels, Forellenbirne, Grumkow, Gute Luise, Liegels, Napoleons, Poiteau gesund bleiben.

Schorfwiderstandsfähiger haben sich an den meisten Standorten folgende Sorten gezeigt: Clairgeau, Gute Graue, J. v. Mecheln, Konferenzbirne, Kongreßbirne, Lucius, M. Marillat, Marianne, Paris, Petersbirne, Philippsbirne, Pitmaston, R. de Neufville, Vienne, Vereinsdechantsbirne. Absolut schorffreie Sorten gibt es nicht. Bei den genannten braucht jahrelang kein Befall aufzutreten und plötzlich, meist durch extreme Witterung bedingt, zeigt er sich. An virösen Fruchterkrankungen können 'Anjou', 'Boscs', 'Gute Luise' und 'Gellert' von der Steinfrüchtigkeit befallen werden.

Ernte

Allgemein ist hier nur darauf hinzuweisen, daß die Ernte der Früchte so sorgfältig wie möglich druckfrei, mit dem vollen Stiel an der Frucht erfolgt und daß langachsige, flaschenförmige Birnen wie Boscs, Grumkow, Konferenzbirne, Le

Lectier, Paris, Pastorenbirne, Pitmaston, Tongern, Winterlonchen u. a. am Stiel anzufassen sind, nicht am Fruchtbauche, da bricht der Stiel an der Frucht ab, Stiel und Fruchtkuchen sind durch Daumen und Zeigefinger zu trennen. Kleinere rundliche Früchte umfaßt die Hand, hebt die Frucht an, und der Zeigefinger trennt Fruchtkuchen und Stiel.

Bei den Sortenbeschreibungen finden sich die genauen Angaben über den Erntetermin, den Fruchthang, die Windfestigkeit der Früchte, die Neigung zum Fruchtfall, die Pflückbarkeit, Pflückleistung und Besonderheiten, falls sie bei der Sorte vorliegen.

In Haus-, Bauern-, auch Siedlergärten stehen oft alte, sehr hohe ernteschwierige Birnbäume, die eigentlich nur von geübten und mit hohen Bäumen vertrauten Pflückern beerntet werden sollten. In jedem Jahr geschehen Ernteunfälle, weil der Unfallschutz nicht beachtet wurde. Zweiholmige Anlegeleitern müssen Eisenspitzen haben, die in das Erdreich dringen und die Leiter im Boden verankern. Leitern sind immer so anzulegen, daß sie beim Rutschen oder Fallen in den Baum hinein und nicht an der Krone vorbei ins Freie stürzen. Rutscht die Leiter in den Baum, dann bleibe der Pflücker an ihr, halte sich an den Sprossen, nicht am Holm fest.

Erntekisten, die der Fruchtaufnahme dienen, sind immer außerhalb der Krone aufzustellen, damit fallende Früchte nicht die gepflückten anschlagen.

Lager

Mit Normallager ist jeder für die Lagerung geeignete Raum ohne maschinelle Kühleinrichtung gemeint. Im Haushalt sind es meist Keller, Schuppen oder bei Kleingärtnern frostfreie, einsturzsichere Erdgruben unter der Gartenlaube. Günstige Normallagertemperaturen über Winter liegen für Birnen aller Sorten von ± 0°C bis + 2° C. Damit wird im Normallagerraum die Kühllagertemperatur −1°C bis +1°, +2° C erreicht.

Als besonderes Normallager wird bei Birnen im Herbst bis zum Frosteinbruch das Freilager empfohlen. Als es noch große Birnenbestände gab, hatte jeder Obster, Obstpächter für die Herbstbirnen ein Freilager an der Nordseite von Gebäuden mit einem regensicheren Vordach. Hier wurden die geernteten Herbstbirnen bis zum Verkauf gelagert, geschützt vor Sonne und Regen, aber der Frischluft und Nachtkühle voll preisgegeben. Wären die Birnen eingekellert worden, hätten sie in kurzer Zeit die Genußreife und damit die Grenze der Lagerung erreicht. Im Freilager lassen sich auch Sorten, die rasch teigig werden, wie 'Elsa', 3–4 Wochen verlustlos lagern. Diese Form der Lagerung bis zum Frosteinbruch sei allen Siedlern, Hausgartenbesitzern und Kleingärtnern, die über solche Lagermöglichkeiten verfügen, besonders empfohlen.

Die Bewohner der neuen großen Wohnblöcke haben in ihrem Balkon, sofern er nicht gerade in südlicher Richtung liegt, doch hier ist auch die Lagerung ab Oktober möglich, ein ideales Freilager. Die Früchte werden zweckmäßig in einheitlichen Flachsteigen übereinander bis zum Dauerfrosteinbruch gelagert. Für Frühfrosttage und -nächte mit Frostgraden bis zu etwa − 4°C genügt es, die Früchte dicht mit Zeitungen abzudecken und den Stapel mit Säcken und Decken zu umhüllen. Auf diese Weise ist Lagerung und sofortige Fruchtentnahme zum Verzehr günstig gelöst. Für Spätherbst- und Frühwintersorten eignet sich diese Lagerung besonders gut.

Herbstbirnen, die in hohen Mengen anfallen, können dem Frischmarkt, der um diese Zeit normalerweise mit Früchten überfüllt ist, durch Lagerung in Kühlhäusern entzogen werden, um sie im Winter und Frühjahr an den Handel zu liefern. Auch für Sommersorten kann eine Kurzkühllagerung der Handelsentlastung dienen. Die einzelnen Sorten eignen sich unterschiedlich, auch im Hinblick auf die Lagerdauer für die Kühl- und die Gas- bzw. CA-Lagerung (Lager in kontrollierter Atmosphäre). Diese beiden Formen erfordern in den Großbetrieben Lagerspezialisten. OSTERLOH/ GRÖSCHNER (1975) behandeln ausführlich dieses Gebiet. In den Sortenbeschreibungen wird die Eignung für Kühllager angegeben. Der Vermerk; „Kühllager nicht geprüft" bedeutet nicht, daß es keine Prüfungen gibt, sondern daß sie dem Verfasser nicht bekannt waren.

Für das Kühllager bis zu 2 Monaten eignen sich: Gute Graue, J. Guyot, Solaner, Trévoux, Tongern, bis zu 3–4 Monaten: Clapps, Williams, Gellert, Boscs, Vereinsdechantsbirne, bis zu 5 Monaten: Anjou, Diels, Gute Luise, Konferenzbirne, Angoulême, Mecheln, Pastorenbirne, A. Lucas, Charneu, Hardenponts, Le Lectier, bis zu 6 Monaten: Nordhäuser Winterforelle, Edelcrassane, Verté, Paris und Winternelis.

Für das CA-Lager haben sich bis zu 6 Monaten bewährt: Clapps, Boscs, Mecheln, Hardenponts, Winterdechantsbirne, bis zu 7 Monaten: Gute Luise, Williams, Konferenzbirne, Packhams Triumph, A. Lucas.

Verwendung

Tafelbirnen sind vorrangig zum Frischverzehr, für häusliche Kompotte und zur Naßkonservierung geeignet. Für industrielle Naßkonserven sind verwendbar: Williams, Gute Luise, Trévoux, Philippsbirne, Schmelzende von Thirriot, Kiefferbirne, Stuttgarter Geishirtle, Sommereierbirne, Herbstbergamotte. Durch den hohen Fruchtanfall werden jetzt auch Clapps, Gellert, Amanlis, Elsa, Charneu u. a. Sorten der industriellen Verarbeitung zugeführt.

Nicht zum Frischverzehr, dafür hervorragend zur Herstellung von Frischkompotten vom Winter bis zum Mai eignen sich die hartfleischigen Kochbirnen: Kuhfuß, Kampervenus, Baronsbirne, Belle Angevine, Großer Katzenkopf, Saint Remy u. a.

In vergangenen Zeiten waren Dörrbirnen ein viel erzeugtes und gern verbrauchtes natursüßes Kompott. Sie wurden ungeschält als „Hutzeln" gedörrt und verwendet und geschält, ganz oder halbiert als feine Delikatesse gehandelt. Aus den alten Sortimenten werden dafür als besonders geeignet angegeben: Graue Herbstbutterbirne, Gute Graue, Jules d'Airoles, Kampervenus, Kleiner Katzenkopf, Mundnetzbirne, Rote Bergamotte, Rotgraue Dechantsbirne, Trockener Martin, Weiße Herbstbutterbirne. Aus den neueren Sortimenten sind es: Amanlis, Boscs, Clairgeau, Gute Luise, Hofratsbirne, Holzfarbige Butterbirne, Leipziger Rettichbirne, Liegels, Napoleons, Poiteau, Sterckmans Butterbirne, Tongern, Williams u. a.

Früher wurden auch Birnen wie Zwetschen in Essig eingelegt. Heute werden Birnenstücke für den Rumtopf und zu Mischmarmeladen verwendet, für Gelee sind sie nicht geeignet. Verflüssigt ergeben die Mostbirnen rein oder im Verschnitt mit Äpfeln leichte alkoholische oder alkoholfreie Getränke, „Moschte" und Moste. Auch Tafelbirnen eignen sich gemischt mit 10 % Ebereschenanteil oder 10 % Holunder gut für Mischmoste. Sehr begehrt sind Birnen-Orangen-Moste, und dem Apfelmost können für den häuslichen Gebrauch Birnensäfte zugesetzt werden. Vorzüglich eignen sich hartreife, süße Birnen ('Liegels') zur Frischmostgewinnung unsterilisiert zum Sofortverbrauch.

Schon die Römer kannten Birnenweine. PALLADIUS im 4. Jh. n.d.Z. beschreibt die Birnenkelterung. Daß auch heute noch aus Birnen hervorragende Aperitifs, Wermutweine, Likörweine, Dessertweine und selbst herbere Tischweine von der Güte von Traubenweinen herzustellen sind, hat der dafür hochbegabte Küfer ALBERT SCHAUSS in Seebenisch-Kulkwitz bei Leipzig bewiesen. Hochprozentige Birnenbrände, Birnengeiste als Getränke und für Pralinenfüllungen werden erfolgreich in verschiedenen Ländern hergestellt.

Baum

Für die einzelnen Sorten geben die Sortenbeschreibungen Auskunft über Wuchsstärke, den Wuchstyp, den Stand der Gerüstäste, den Verzweigungsgrad, die Art des Fruchtholzes, die Kronenform und die Schnittansprüche sowie die Eignung für Obsthecke und Wandobstbau. Die Vorstellungen für einen neuen Wandobstbau sind auf Seite 18 nachzulesen. Umfassendere Darstellungen zum Anbau, zur Pflege und zu den Schnittmaßnahmen, der Kronengestaltung finden sich bei FRIEDRICH (1977) und GROH/KOCH (1979).

Der Ertrag wird im Beitrag über das Ertragsverhalten S. 48 behandelt. Bei der Sortenbeschreibung finden sich Angaben zur Einzelsorte.

Baumformen und Unterlagen sind im Kapitel über Birnenunterlagen S. 33 dargelegt.

Widerstandsfähigkeit

Hier werden die Anfälligkeit des Baumes oder seine Widerstandsfähigkeit gegen Witterungs- und Umwelteinflüsse, Krankheiten, Schädigungen und Empfindlichkeiten gegen Chemikalien beschrieben.

Bei den Schädigungen durch die Witterung steht die Gefahr obenan, daß harte Winter, Polarwinter wie 1879/80, 1928/29, 1939/40 Holzfrostschäden verursachen, die den Baum vernichten. Gegenüber diesen Holzfrostschäden sind die Schädigungen der Blüte durch Spätfröste unbedeutender. Sie vernichten schlimmstenfalls eine Jahresernte. Die Erfahrungen lehrten, daß die einzelnen Sorten unterschiedlich sowohl auf Blüten- wie auf Holzfröste reagieren. Absolut frostharte Tafelbirnensorten gegen Blüten- und Holzfrost gibt es nicht. Zahlreiche, jährlich anders wirkende Faktoren lassen die gleichen Sorten, ja dieselben Bäume die Frostschäden in den einzelnen Jahren verschiedenartig ertragen. Der Standort, die Unterlage, die Zwischenveredlung, der Pflegezustand, die Höhe des Jahresertrages, der Jahreswitterungsverlauf und andere Einflüsse wirken sich hemmend oder fördernd auf Schädigungen aus. In der Tabelle S. 41 sind die Anfälligkeiten für Holz- und Blütenfrost angegeben. In vielen Jahren haben sich als beachtlich holzfrostwiderstandsfähig gezeigt: Elsa, Gute Graue, Grumkow, Amanlis, Paris, Sommereierbirne; unterschiedlich gering geschädigt zeigten sich: Bunte Julibirne, Gellert, Konferenzbirne, Liegels, Marianne, Poiteau, Solaner, Trévoux, Vereinsdechantsbirne, Verté, Winternelis; stark geschädigt waren immer: Boscs, Angoulême, Gute Luise, Kongreßbirne, Le Lectier, Sommermagdalene, Williams; unterschiedliche Schäden

zeigten in den einzelnen Jahren von gering bis stark geschädigt: Alexander Lucas, Clapps, Charneu, Clairgeau, Vienne.
Die Schorfanfälligkeit kann in der Tabelle S. 41 nachgesehen werden. Alle anderen Krankheiten und tierischen Schädlinge sind ausführlich in dem auf wissenschaftlicher Grundlage, allgemeinverständlichen, nun schon klassischem Lehrbuche des Obstbaus von FRIEDRICH (1977) dargestellt. Hier sind auch die neuen Erkenntnisse über die Obstvirosen und Mykoplasmosen nachzulesen. Ihre Auswirkungen auf Birnen werden folgend nach H. KEGLER (1977) Pflanzliche Virologie Bd. 3 übernommen.

Anfällig für:
1. Ringfleckenmosaik der Birne: Charneu, Gellert, Marianne, Poiteau, schwächer auch Boscs, Clapps, Paris, Williams
2. Adernvergilbung und Rotfleckigkeit der Birne: A. Lucas, Boscs, Gellert, Konferenzbirne, Nordhäuser Winterforelle, Williams
3. Birnenknospenfall: Gellert, Vereinsdechantsbirne, William Bovey
4. Rauhrindigkeit: Charneu, Clara Frijs, Konferenzbirne, Poiteau
5. Rindenrissigkeit: Gellert, Poiteau, latende Träger Charneu, Williams
6. Rindennekrose: Clapps, Gellert, Schraderhof
7. Stammnarbung: Anjou (Syn. Winter Meuris, Nec plus Meuris), Boscs, Gellert, Old Home, Williams, Winternelis
8. Gummiholzkrankheit: Abate Fétel, Jules Guyot, Marienbirne
9. Steinfrüchtigkeit: Anjou, Boscs, Gellert, Gute Luise, weniger anfällig Konferenzbirne, Verté
10. Blasiger Rindenkrebs: Enisaika, Esperens Herrenbirne, Gellert, Konferenzbirne, Laxtons Superb, Vereinsdechantsbirne, Williams
11. Birnenverfall durch Mykoplasmen verursacht: Gellert: Konferenzbirne, Paris, Williams. Überträger dieser Krankheit sind Birnenblattsauger *(Psylla pyricola* Först.), sie sind nach dem Austrieb intensiv mit Systeminsektiziden zu bekämpfen.

Birnen sind, wie alle Kernobstarten, besonders hochanfällig für das gefährliche Bakterium Feuerbrand *(Erwinia amylovora)*. Stark anfällig sind: A. Lucas, Clapps, Konferenzbirne, Paris und Williams Christ.

Standortansprüche

Die einzelnen ökologischen Grundlagen der Obstproduktion behandeln FRIEDRICH Obstbau (1977) und KRAMER/SCHURICHT/FRIEDRICH Obstbau (1973). Birnen beanspruchen wärmere Standorte als Äpfel. Sommer- und Frühherbstbirnen sind zwar breit anbaufähig bis zu mittleren Höhenlagen von 300 bis 350 m über NN, einige besonders robuste Sorten dieser Reifegruppen ('Gute Graue', 'Amanlis') gedeihen noch in den Grenzlagen des Birnenanbaus, der örtlich, je nach der mehr oder weniger geschützten Lage, verschieden hoch liegen kann. Dagegen brauchen Wintertafelbirnen zur vollkommenen Ausbildung ihrer höchsten Geschmacksgüte warme und wärmste Standorte im gemäßigten Klima. Die warmgemäßigten Klimagebiete in Europa und Nordamerika, wie Frankreich, Italien, Ungarn, Rumänien und Bulgarien, bilden die europäischen Hauptanbaugebiete der anspruchsvollen Winterbirnen. Nach amerikanischen Erfahrungen müssen Wintertafelbirnen, um hohe Geschmacksgüte zu erlangen, 2 Monate vor der Ernte sehr warme Temperaturen haben.

Für einzelne Sorten wie 'Winterdechantsbirne' und 'Edelcrassane' reichen auch in den Weinbaulagen der DDR in den meisten Jahren die Wärmemengen und Sonnenscheinstunden nicht aus, um sie vollschmelzend zu machen. Zahlreiche andere Winterbirnen gedeihen jedoch recht gut in den Birnenanbaugebieten der DDR. In den Sortenbeschreibungen werden Standortansprüche der einzelnen Sorte angegeben. Wird dazu das Kleinklima der geschützten Wandflächen von den niederen bis zu den mittleren Höhenlagen im Wandobstbau genutzt, so sind beachtliche Mengen Winterbirnen für die Eigenversorgung zu gewinnen. Gewöhnlich bleiben im Wandobstbau auch schorfanfällige Sorten durch den trockneren Standort schorffrei.

Von Nordböhmen, einem alten idealen Hauptanbaugebiet feiner Tafelbirnen, im Norden geschützt durch das Erzgebirge, ziehen sich bewährte Gebiete des Birnenanbaus durch das obere Elbtal, das mittelsächsisch-thüringische Hügelland, die Leipziger Tieflandsbucht, zu den niederen Lagen der Bezirke Halle und Magdeburg aber auch zu Potsdam und Cottbus.

Für den Birnenanbau scheiden Lagen mit hoher Luftfeuchtigkeit und eingeschlossene aus, die den Schorfbefall begünstigen; Spätfrostlagen gefährden die Blüte; und Standorte, an denen im Herbst regelmäßig frühzeitig Nachtfröste auftreten, eignen sich nicht für den Winterbirnenanbau. Alle kalten Standorte fördern die Steinzellenbildung der Früchte um das Kernhaus. Bei Hanglagen muß der Kaltluftabfluß nicht durch den Kältestau begünstigende Faktoren gewärt sein. Freie Lagen, die Herbststürme nicht bremsen, können zu hohen Fruchtverlusten führen.

Birnen auf Sämling wurzeln tiefer als Äpfel und überstehen dadurch Trockenperioden, aber auch trockenere Standorte besser als diese. Birnen reagieren ungünstig auf Staunässe,hohen Grundwasserstand und schlecht durchlüftete Böden. Sie gedeihen auf Sämling wie auf Cydonia gut auf frischen, tiefgründigen, humosen, warmen – nicht heißen, trockenen – natürlich nährstoffreichen Löß- und Mergelböden, auf sandigen Lehm- und lehmigen Sandböden mit mäßiger, aber noch genügender Feuchtigkeit, nicht zu feucht, sonst erfolgen geringes Triebwachstum und schlechter Triebabschluß und damit höhere Holzfrostanfälligkeit.

Birnen auf Cydonia wurzeln flacher, haben ein geringeres Wärmebedürfnis, brauchen aber mehr Bodenfeuchtigkeit bei guter Durchlüftung; auf stark kalkhaltigen Böden neigen sie zur Chlorose.

Anbaueignung

Bei jeder Sortenbeschreibung ist ihre Anbaueignung für industriegemäße Großproduktion, für den Anbau in Klein-, Haus-, Siedler-, Wochenend-, Liebhaber- und ländlichen Gärten angegeben, wobei für die Großproduktion auf günstige oder einschränkende Sorteneigenschaften hingewiesen wird. Für Klein- und Hausgärten gelten Empfehlungen für die Eigenversorgung über einen längeren Zeitraum und für den geringen Platz, der für die Anpflanzung zur Verfügung steht. Die Empfehlung für Siedlergärten und ländliche Gärten berücksichtigt bei den größeren Gartenflächen bei der Sortenwahl neben der

Eigenversorgung den vorteilhaften und erwünschten Verkauf an den Handel mit dem Weiterverkauf an damit hochbefriedigte Verbraucher. Für den Anbau in ländlichen Gärten werden auch wertvolle, aber stärker wachsende Sorten genannt, die sich weniger für Kleingärten eignen. In den Wochenendgärten werden Sorten gebraucht, deren Früchte möglichst auch baumreif noch windfest hängen. Liebhaber wählen Sorten, die ihren persönlichen Wünschen entsprechen, meist sind es besonders wohlschmeckende oder sehr großfrüchtige.

Mutanten

Ähnliche Früchte anderer Sorten

Am Schluß der Sortenbeschreibung werden bekannte Mutanten, Typen der Muttersorte genannt. Auf die besonderen Unterscheidungsmerkmale ähnlicher Früchte anderer Sorten, die mit denen der beschriebenen Sorte verwechselt werden können, wird verwiesen.

Reifegrade der Sortenabbildungen

Die Fruchtaquarelle zeigen bewußt für alle Früchte kein einheitliches Reifestadium. In der einzigen Frucht, die der Bildraum darzustellen gestattete, mußte versucht werden, die sortentypischen Merkmale der vielfältigen Früchte einer Sorte im Hinblick auf die Fruchtform und die Ausbildung der Grund- und Deckfarbe zu zeigen, um dem Betrachter der Bilder die Sorten unterschiedlich einprägsamer zu gestalten.
Einige Sorten wie 'Grumkow' und 'Napoleons Butterbirne' sind im Zustand der Baumreife besser zu erkennen und zu bestimmen als in der vollen Genußreife. Bei anderen Sorten mit Deckfarbe liegt dieser Zeitpunkt bei der Genußreife, wenn das Gelb der Grundfarbe und das Rot der Deckfarbe hell, kräftig, ja leuchtend erscheinen. Bei der Überreife werden die Farben stumpfer, fahler. Um bei der einzelnen Sorte diese Abstufungen deutlicher gestalten zu können, wurde für die Darstellung das Aquarell gewählt, nicht das Farbfoto.
Als Reifestadien wurden die Bezeichnungen gewählt:
baumreif, hier zeigt sich das Grün der Grundfarbe noch nicht so aufgehellt wie bei der genußreifen Frucht; genußreif, Grund- und Deckfarbe sind so aufgehellt und farbig, daß die Frucht als genußreif allgemein kenntlich ist; vollreif, die Früchte haben ihre höchste farbige Ausbildung.

Schema der Einzelsortenbeschreibung

Sortenname · Vollständiger Name · Originale Namensform · Erster Name
Synonyme
Herkunft der Sorte

Frucht Pflückreife Genußreife
Fruchtgröße · Spezifisches Gewicht · Fruchtform · Kelchgrube (Kelcheinsenkung) · Kelch · Stielgrube (Stieleinsenkung) · Stiel · Schale · Beschaffenheit ·
Grundfarbe · Deckfarbe · Schalenpunkte (Lentizellen) · Berostung · Geruch
Fleisch · Farbe · Festigkeit · Textur · Saftgehalt · Zucker · Säure · Aroma ·
Geschmack
Anfälligkeiten der Frucht für Krankheiten · Druckstellen · Welkeneigung ·
Transporteignung
Ernte · Erntetermin · Behandlung · Besonderheiten · Windfestigkeit ·
Fruchthang · Pflückbarkeit · Pflückleistung
Lager · Normallager · Haltbarkeit · Welkeneigung · Besonderheiten ·
Krankheiten · Kühllager maschinengekühlt · CA Lager
Verwendung der Frucht für Frischverzehr · industrielle Verarbeitung · häusliche Verarbeitung

Baum
Wuchsleistung · Gerüstaststellung (Leitaststellung) · Verzweigungsgrad ·
Fruchtholzformen · Kronenform · Schnittanforderungen · Kronengestaltung
· Eignung für Hecke · Wandobstbau · Blüte · Blühdauer · Widerstandsfähigkeit · Orte der Blütenknospenbildung · Parthenokarpieneigung
Ertrag · Ertragsbeginn · Ertragshöhe · Ertragsrhythmus
Baumformen / Unterlagen · Stammlängen · Stammbildner · Zwischenveredlung · Kombinationen
Widerstandsfähigkeit des Baumes gegen Holzfrost · Blütenfrost · Krankheiten
· Schädlinge · Spritzmittel · Rauchschäden
Standort · Standortansprüche an Boden · Klima · Lage
Anbaueignung · Anbauwert · Anbau für Großproduktion · Anbau für kleinere Flächen · für Selbstversorger · Kleingärten · Hausgärten · Siedlergärten
· ländliche Gärten · Wochenendgärten · Liebhabergärten
Mutationen oder Typen der Sorte
Äußerlich ähnliche Früchte anderer Sorten
Hinweis auf die Unterscheidungsmerkmale zu diesen Sorten und den sortentypischen Farbabbildungen in der Sortenliteratur
Reifegrad der abgebildeten Frucht

Übersicht der Abkürzungen

A	Anfang (des Monats, Jahrhunderts)
Abb.	Abbildung
anf.	anfällig
B	Buschbaum
Bb.	Butterbirne
Bf	Baumformen (H, h, Vst, B, Sp, N)
Cyd. A	Cydonia A, Quitte A (Unterlage)
Dep.	Departement (Herkunft, in Frankreich Verwaltungsbezirk)
DF	Deckfarbe (Fruchtschale)
dipl	diploid (Chromosomensatz, Blüte)
druckempf.	druckempfindlich (Frucht)
E	Ende (des Monats, Jahrhunderts)
farb.	farbige (Abb.)
fg.	förmig (Fruchtform)
Fr.	Frucht
fr	früh (Blüte)
Frischvz.	Frischverzehr (Frucht)
frostempf.	frostempfindlich (Baum, Holz, Blüte)
GF	Grundfarbe (Fruchtschale)
geeig.	geeignet, geeigneten
gr	groß (Frucht)
H	Hochstamm
h	Halbstamm
häusl.	häusliche (Verarbeitung, Verwendung)
ind.	industrielle (Verarbeitung)
IP	industriemäßige Produktion
Jh.	Jahrhundert
kast. br.	kastanienbraun (Samenfarbe)
KG	Kronengrundriß (Baum, Ertrag)
KL	Kühllager
kl	klein (Frucht)
KV	Kronenvolumen (Baum, Ertrag)
M	Mitte (des Monats, Jahrhunderts)
m	mittelgroß (Frucht)
mfr	mittelfrüh (Blüte)
msp	mittelspät (Blüte)
N	Niederstamm, Niederstämme (Baumformen, B, Sp)
NL	Normallager
Nr.	Nummer
Samen +	vollkommene Samen dipl. Sorten
Samen−	unvollkommene Samen tripl. Sorten
sgr	sehr groß (Frucht)
s. S.	siehe Seite
Slg	Sämling (Unterlage)
Sp	Spindel (Baumform)
sp	spät (Blüte)

spez. Gew.	spezifisches Gewicht
Stb	Stammbildner (Baumformen)
SV	Selbstversorger
sw	schwarz-weiß (Abbildung, Foto)
Syn.	Synonym, Synonyme (Doppelnamen)
Tfl., Tfln.	Tafel, Tafeln, Abbildung
tripl	triploid (Chromosomensatz, Blüte)
transpempf.	transportempfindlich (Frucht)
transpf.	transportfähig (Frucht)
typ.	typisch, sortentypisch
Ul	Unterlage, Unterlagen
var.	variabel, variiert, veränderlich
Verarb., verarb.	Verarbeitung, verarbeitet
Vir., vir	Virus, virös
Zahlen 1–12	Monate , 1 = Januar, 12 = Dezember (Fruchtreife)
Zwv.	Zwischenveredlung (bei Cydonia A)

Beschreibungen und Bildtafeln der 56 Sorten in alphabetischer Folge

Alexander Lucas

Originale Namensform Beurré Alexandre Lucas

Herkunft Frankreich, um 1870 von Alexandre Lucas im Walde bei Blois an der Loire zwischen Orleans und Tours gefunden, ab 1874 durch Baumschule Gebrüder Transon, Orleans, gehandelt

Frucht *Pflückreife:* ab E 9, A 10   *Genußreife:* 10–12

mittel- bis sehr groß, 70 mm breit, 80 mm hoch, 155–300 g schwer; spez. Gew. 0,991; Form var., birnenfg., breit stumpfkegelfg,. klobig, kelchbauchig, Fruchtseiten eben bis schwach bucklig; *Kelchgrube* flach bis mitteltief, eng bis mittelweit, schüsselfg. oder schwach bucklig, faltig, oft mit Fleischperlen; *Kelch* meist geschlossen, Blätter mittellang, schmal, ineinanderverdreht, am Grunde fleischig verwachsen; *Stielgrube* von flach bis tief, eng, ungleich bucklig, oft feinstrahlig berostet; *Stiel* 20–35 mm lang, 3–4 mm dick, holzig, braun, leicht gekrümmt, am Ende verdickt; *Schale* glatt, etwas fettig oder trocken, mittel- bis dick, mittelfest, vorm Fruchtverzehr besser zu schälen; GF grün, reif grünlichgelb bis schwach rötlichgelb, DF, wenn vorhanden, hellorange bis rötlichorange, hauchartig, gestreift verwaschen; Schalenpunkte zahlreich, dicht, klein bis groß, rostartig, auch grün umhöft; Berostung gering, hellbraun, fein, an Kelch- und Stielgrube; *Fleisch* gelblich-weiß, var. halb- bis schmelzend, schwach körnig, saftig, mild süß, schwach säuerlich, schwach aromatisch, je nach Standort und Jahreswitterung sehr wohlschmeckend bis leer, rübig

Anfällig wenig für Schorf; auch hartreif druckempf., transp. empf.

Ernte unbedingt kurz vor Baumreife, da nicht windfest, baumreif hoher Fruchtfall, Erntetermin jährlich unterschiedlich, Früchte hängen einzeln, gut pflückbar, Pflückleistung sehr hoch

Lager im NL meist bis 12, örtlich und jahrweise auch nur bis M 11; vorzüglich für KL bei − 1°C bis 6 Monate, Kontrollen auf Fleischbräune

Verwendung großfrüchtige Tafelbirne zum Frischvz., häusl. für Kompott und Naßkonserve

Baum Wuchs mittelstark, später schwach; Gerüstäste schräg aufrecht, auch waagerecht, teils schleudernd, später hängend, gut verzweigt; Fruchtholz Fruchtruten, -spieße, -sprosse; Kronenform hochpyramidal; nach Erziehungsschnitten jährlich überwachen, später Fruchtäste verjüngen, Fruchtruten lang belassen; für Hecke geeig.

Blüte mittellang während, frostempf., Blütensitze an Fruchtruten und Kurzholz; gewisse Neigung zur Jungfernfrüchtigkeit

Ertrag auf Cyd. A früh, ab 4. Standjahr, später sehr hoch, auf Slg mittelfrüh, ab 6. Jahr, später hoch, regelmäßig, im Wechsel von höheren und geringeren Erträgen

Bf / Ul auf Slg für alle Stammlängen geeig., N bevorzugen, gut auch auf Cyd. A mit Zwv.

Widerstandsfähigkeit Holz gegen Frost mäßig, Blüte gering, gegen Schorf allgemein gut; anf. für Feuerbrand, für Viren s. S. 73

Standort breit anbaufähig bis in mittlere Höhenlagen, bevorzugt für wärmere, nährstoffreiche, genügend feuchte, leichte bis schwerere Böden, nicht für kalte, nasse

Anbaueignung an geeig. Standorten eine Hauptwintersorte für Großproduktion für NL und KL; Sortenblöcke nur 2 Reihen mit Alexander Lucas, dann als Befruchtersorten 'Boscs' und 'Konferenzbirne'; auch für SV und Siedler eine Hauptsorte, vorrangig vor Frühsorten anzubauen, zur Umveredlung entbehrlicher Sorten gut geeig, in mittleren Höhenlagen auch am Wandspalier

Ähnliche Früchte können haben Lucius, Philippsbirne, Diels, Angoulême s. S. 219

Reifegrad der abgebildeten Frucht genußreif

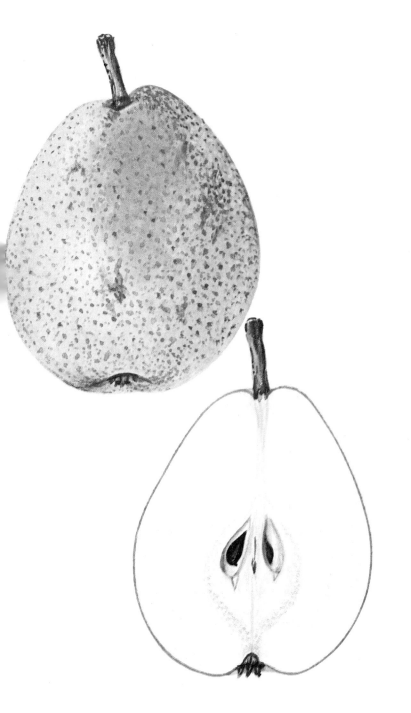

Amanlis Butterbirne 2

Originale Namensform Beurré d'Amanlis
Synonyme Hängebirne, Wilhelmine und viele andere
Herkunft Belgien oder Frankreich s. Seite 192
Frucht *Pflückreife:* ab A 9   *Genußreife:* 9–10
mittel- bis groß, auch sehr groß, var., 50–80 mm breit, 60–95 mm hoch, 100–250 g schwer; Form var. birnen-, kegel- oder glockenfg., mittelbauchig, zum Kelch abgeflacht, zum Stiel eingezogen, verjüngt; Fruchtseiten eben oder schwach uneben, oft ungleichseitig; *Kelchgrube* flach, eng, faltig, etwas wulstig; *Kelch* groß, offen, sternfg., Blätter lang, mittelbreit, gelbgrün oder grünbraun, an Basis verwachsen; *Stielgrube* flach, auch fehlend, eng, ungleich wulstig; *Stiel* 30–50 mm lang, 2,5–3 mm dick, holzig, gekrümmt, zum Ende verdickt und braun, zur Frucht fleischig verdickt und typ. grün; *Schale* glatt, trocken, mitteldick, Frucht ohne Schälen verzehrbar; GF trüb gelblichgrün, DF, wenn vorhanden, orangebräunlich verwaschen; Schalenpunkte klein bis mittelgroß, zahlreich, braun; Berostung braun, mehr oder weniger fleckig, netzartig bis flächig; *Fleisch* var., grünlichweiß, zur Schale grün, je nach Standort und Jahreswitterung schmelzend, butterweich, sehr saftig, süß, feinsäuerlich, schwach, angenehm aromatisch, auch feinkörnig, weniger saftig, fad, ohne ausgeprägte Süße und Säure
Anfällig örtlich für Schorf, vom Kernhaus her rasch teigig, dann faulend, kurze Genußreife
Ernte baumreif, bis dahin windfest, hartreif gut transpfg., Fruchthang paarig bis dicht traubig
Lager im NL 8–10 Tage; KL nicht geprüft
Verwendung Tafelbirne für Frischvz., für Kompott, Naßkonserve, gute Dörrfrucht, ind. hartreif für Saft
Baum Wuchs sehr stark, bald hängend, Triebkraft lange während; Gerüstäste aufrecht, bald waagerecht, gut verzweigt; Fruchtholz sind Ruten und Spieße; Kronenform groß breitpyramidal; nach Erziehungsschnitten nur auslichten, hängende Äste auf jüngere aufrechte entfernen; für Obsthecke möglich, Fruchttruten nicht schneiden
Blüte kurzwährend, witterungs- und frostunempf., Blüten an Fruchttruten und Spießen
Ertrag auf Cyd. A früh, auf Slg mittelfrüh, bald hoch bis sehr hoch, jährlich, Massenträger
Bf/Ul auf Slg für H, h, Vst, direkt auf Cyd. A für alle N, auch hier noch starkwüchsig
Widerstandsfähigkeit beachtlich hoch gegen Holzfrost; anf. für Schorf, Krebs
Standort breit anbaufähig, für alle Standorte, an denen noch Birnen gedeihen, auch trockenere, besonders für Gebirgslagen, hier auch sichere Erträge, ohne die Fruchtgüte von wärmeren Lagen
Anbaueignung einst weit verbreitet, heute im Handel noch anfallend, nachteilig die kurze Genußreife zur Zeit des großen Herbstbirnenanfalls; nicht für Großproduktion als Tafelbirne, da zu gering lagerfähig, als Massenträger für ind. Versaftung auch auf größeren Flächen an extremen Standorten möglich; für SV und Siedler in wärmeren Lagen entbehrlich, in höheren Lagen als widerstandsfähige, ertragssichere Sorte noch bedeutungsvoll; für Liebhaber der saftigen, köstlichen Früchte beschränkt zur Aufveredlung auf einen Ast einer anderen Sorte. Es besteht eine in der Schale gestreifte Mutante, die 'Gestreifte Amanlis'.
Ähnliche Früchte können haben Diels, Gute Graue, Triumph von Vienne s. Seite 220
Reifegrad der abgebildeten Frucht vollreif

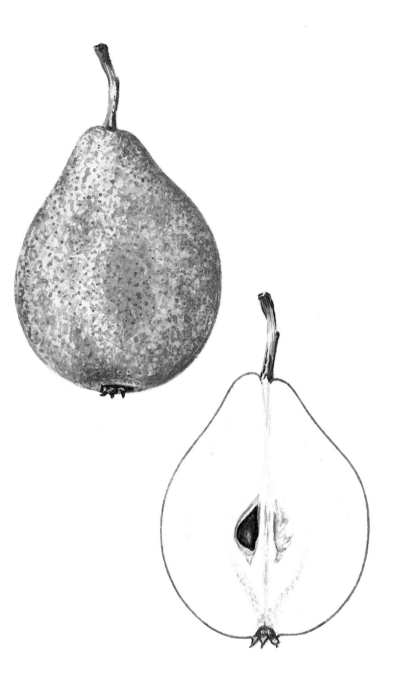

Blumenbachs Butterbirne 3

Korrekter Name Soldat Laboureur
Herkunft Belgien, 1820 von Esperen gezüchtet s. Seite 192
Frucht *Pflückreife:* ab E 9–M 10 *Genußreife:* A 11–M 12
normal mittelgroß, von alten, reich behangenen Bäumen kleiner, 60–70 mm breit,
75–90 mm hoch, 120–190 g schwer; Form var. birnenfg., glockenfg., mittel- bis kelchbauchig, stielwärts eingezogen, stumpfkegelfg.; Fruchtseiten meist ungleich, beulig;
Kelchgrube flach, eng, etwas wulstig, oft berostet: *Kelch* mittelgroß, offen oder halboffen, Blätter mittellang, breit, spitz endend, umgebogen, am Grunde verwachsen; *Stielgrube* flach bis mitteltief, eng, ungleich wulstig, berostet; *Stiel* 20–30 mm lang, 3–4 mm dick,
gerade oder vom Fleischhöcker seitlich gedrückt, holzig, dunkelbraun, wenn knospig,
dann dort grün bleibend; *Schale* glatt, trocken bis feinrauh, mitteldick, fest, Fruchtvz.
mit Schale möglich, geschält wird Genuß erhöht; GF typ. weißgrün, reif aufgehellt
weißlichgelb, ein Farbton wie ihn nur wenige Sorten zeigen, z. B. 'Kaiserlicher Prinz';,
DF fehlend, nur örtlich blaßrötlich gehaucht, verwaschen; Schalenpunkte zahlreich, rostbraun; Berostung fleckig, netzartig, teils auch flächig; *Fleisch* gelblichweiß, halbschmelzend, feinkörnig, ums Kernhaus steiniger, saftig, süß, feinsäuerlich, typ. melonenartig gewürzt
Anfällig an kalten, nassen, höheren Standorten für Schorf, Steinzellenbildung und Fruchtrisse
Ernte genau mit Beginn der Baumreife, mit ihr setzt Fruchtfall ein, nicht früher, dazu ver-
leidet die weißgelbe Schalenfarbe, der späteste Erntetermin garantiert Fruchtgröße, hohen Zucker- und Aromagehalt; Früchte trotz heller Färbung fest, gut pflückbar und
transpfg.
Lager im NL bei + 4°C 4–8 Wochen, genußfähig noch fest, nicht gleich teigig; KL nicht
geprüft
Verwendung aromatische Tafelbirne zum Frischvz., häusl. für Kompott, Naßkonserve,
Dörrfrüchte
Baum Wuchs mittelstark; Gerüstäste aufrecht, später hängend, mäßig verzweigt, besetzt
mit Fruchtsprossen, -spießen und mittellangen -ruten; Kronenform breitpyramidal; nach
Erziehungsschnitten jährlich überwachen und rechtzeitig verjüngen; für Obsthecke und
Wandobstbau geeig.
Blüte langwährend, wenig frost- und witterungsempf., Blüten am Kurzholz und an Frucht-
ruten
Ertrag früh, auch auf Slg, mittel bis hoch, regelmäßig
Bf/Ul auf Slg für alle Baumformen mit Stb möglich , N als Vst und B bevorzugen; auf Cyd.
A für Sp direkt verträglich
Widerstandsfähigkeit gegen Holzfrost gering, örtlich anf. für Schorf
Standort breit anbaufähig, von den Küstenbezirken bis zu mittleren Höhenlagen, auf küh-
leren Standorten Reifeverzögerung, hier als Frühwinterbirne einzustufen; für nährstoffreiche, feuchtere Böden, wärmere Standorte begünstigen Fruchtqualität
Anbaueignung einst weit verbreitet, Früchte im Handel noch anfallend; für Großproduktion entbehrlich; für SV und Liebhaber dieses Birnengeschmacks durch die längere Genußreife wertvoll, für Siedler durch frühe, gute, regelmäßige Erträge zur Handelsabgabe
im Nov., Dez., sofern nicht später reifende Sorten vorgezogen werden
Ähnliche Früchte können haben Diels, Hofratsbirne, Pitmaston, Williams Christ, Kaiserlicher Prinz s. Seiten 219, 220, 221
Reifegrad der abgebildeten Frucht genußreif

Boscs Flaschenbirne 4 *

Originale Namensform Beurré Bosc oder Calebasse Bosc
Synonyme Alexanderbirne, Kaiserkrone, Beurré d'Apremont
Herkunft ungewiß, Frankreich oder Belgien s. Seite 192
Frucht *Pflückreife:* ab M 9–M 10 *Genußreife:* 10–11
mittelgroß bis groß, 64–70 mm breit, 100–122 mm hoch, 120–180 g schwer; spez. Gew. 0,999–1,000; Form var., aber immer typ. lang, birnen-, flaschen-, keulenfg., dick kelchbauchig, zum Stiel typ. schmal kegelfg. verjüngt, in stumpfe Spitze auslaufend; Fruchtseiten gleich oder ungleich, etwas beulig; *Kelchgrube* flach, eng, etwas rippig; *Kelch* klein, offen, Blätter mittellang, schmal, spitz, aufrecht, schwarzbraun; *Stielgrube* typ. fehlend; *Stiel* typ. aufsitzend, auch mit kleinem Fleischwulst, 25–45 mm lang, 3–3,5 mm dick, braun, gedreht, gebogen, verleiht der Frucht eine schlankelegante Form; *Schale* trocken bis rauh, dünn, mürbe, beim Fruchtvz. nicht störend; GF trüb grünlichgelb, oft völlig oder netzartig mit zimtbraunem Rost überzogen, DF fehlt; Schalenpunkte unauffällig; *Fleisch* weißgelblich, halb- bis vollschmelzend, feinkörnig, saftig, süß, schwach mildsäuerlich mit feinem Aroma, sehr wohlschmeckend
Anfällig örtlich für Schorf, mäßig für viröse Steinfrüchtigkeit ums Kernhaus; kupfer-, schwefelempf.
Ernte kurz vor Baumreife, baumreif stark fallend, pflückschwieriger als andere Sorten, unhandlich, nicht am Fruchthals, am Stielende fassen und vom Fruchtkuchen trennen, Pflückleistung hoch; hartreif gut transpfg., wenig druckempf.
Lager im NL bei Freilagerung 3–4 Wochen, genußreif noch 14 Tage, dann vom Kernhaus teigig; für KL bei ± o°C 2–4 Monate, Kontrollen laufend, nicht überlagern, Auslagerungsqualität nach Jahr und Herkunft unterschiedlich
Verwendung großfrüchtige Spitzentafelsorte für Frischvz., häusl. Kompott, Dörrfrucht, Latwerge, ind. nicht für Naßkonserve, da bräunlich werdend
Baum Wuchs mittelstark; Gerüstäste steil aufrecht, nur mäßig verzweigt, später hängend, daran langes Fruchtholz; Kronenform pyramidal; Erziehungsschnitte zur Förderung der Verzweigung, laufend Überwachungsschnitte, später verjüngen, Hängeäste kürzen bis zu aufrechten Trieben; für Obsthecke wenig geeig.
Blüte langwährend, wenig empf., Blütensitze an langen Fruchtruten, später auch am Kurzholz
Ertrag mittelfrüh bis mittelspät, mittelhoch und höher, regelmäßig, immer von guter, gleichmäßiger Qualität
Bf/Ul auf Slg für alle Baumformen geeig., weniger für Sp, höhere Bf mit 'Gellert' als Stb; auf Cyd. A nur mit Zwv. verträglich
Widerstandsfähigkeit Holz gering gegen Frost, Blüte genügend; örtlich anf. für Schorf, Weißfleckenkrankheit und Viren s. Seite 73, empf. gegen Kupfer- und Schwefelmittel
Standort breit anbaufähig bis zu mittleren Höhenlagen, wärmere bevorzugen, für nährstoffreiche, wärmere, auch mäßig trockene Böden
Anbaueignung für Großproduktion mit 'Konferenzbirne' als Befruchter geeig., für SV, Siedler eine wertvolle Herbstbirne, auch zur Aufveredlung; in Südtirol als 'Kaiser Alexander' mit 55% die Hauptsorte im Anbau
Ähnliche Früchte können haben Marianne, Tongern, van Marums Flaschenbirne, Konferenzbirne s. Seite 221
Reifegrad der abgebildeten Frucht vollreif

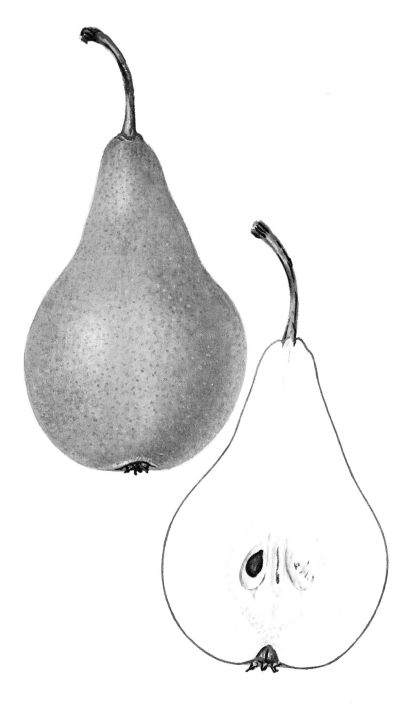

Bunte Julibirne

5 *

Originale Namensform Colorée de Juillet

Herkunft Frankreich, von Boisbunel jun., Baumschuler in Rouen gezüchtet, 1857 erste Früchte, ab 1860 gehandelt

Frucht *Pflückreife:* ab M 7–A 8 *Genußreife:* M 7–A 8

normal mittelgroß, 53 mm breit, 63 mm hoch, 70 g schwer; spez. Gew. 0,98; Form var., gedrungen birnen-, stumpfkegelfaßfg., kelch- oder mittelbauchig, zum Stiel verjüngt; Fruchtseiten eben, meist gleichseitig; *Kelchgrube* flach, weit, eben oder schwach bucklig, feinrippig, oft mit Fleischperlen; *Kelch* halboffen oder offen. Blätter mittellang, schmal, spitz, rötlich, am Grunde getrennt, zurückgeschlagen; *Stielgrube* flach, eng, mit flachen Buckeln, oft schief, strahlig berostet; *Stiel* 15–30 mm lang, 3,5–5 mm dick, grünlich, hellbraun, zur Frucht fleischig, oft von Fleischwulst seitlich gedrückt; *Schale* glatt, trocken, hart, beim Fruchtvz. wenig störend; GF gelbgrün, grünlichgelb, DF trüb rötlichorange, streifig oder verwaschen; Schalenpunkte klein, braun, dicht, teils rot umhöft; *Fleisch* grünlich- oder gelblichweiß, weich, halbschmelzend, saftig, schwach süßsäuerlich, ohne ausgeprägtes Aroma

Anfällig kaum für Schorf, mäßig für Steinzellenbildung ums Kernhaus

Ernte in wärmsten Lagen schon vor M 7, kurz vor Baumreife hartreif pflücken, bis dahin windfest, bei zu später Ernte werden reifende Früchte mehlig, nicht saftig; Fruchthang einzeln und paarweise, gut pflückbar, druckfrei ernten, hartreif gut transpfg.

Lager zum Sofortverbrauch, ohne Lagerung dem Handel zuführen, genußreif etwa 5 Tage haltbar; KL entbehrlich, ohne Bedeutung

Verwendung nur zum Frischvz., früheste mittelgroße Sommerbirne

Baum Wuchs schwach bis mittelstark; Gerüstäste steil oder schräg aufrecht bis waagerecht, gering verzweigt, besetzt mit kurzen Fruchtsprossen und -spießen; Kronenform hochpyramidal; Kronenvolumen im 8. Standjahr auf Slg 8,4 m³, auf Cyd. A 3,0 m³; beim Erziehungsschnitt Verzweigung fördern, jährliche Überwachungsschnitte notwendig, rechtzeitig vor Überalterung verjüngen; Obsthecke möglich, doch für diese Sommerbirne nicht zu empfehlen

Blüte langwährend, wenig witterungsempf., Blütensitze am Kurzholz

Ertrag auf Cyd. A früh, ab 3. Standjahr, oft schon an zweijähriger Sp in der Baumschule; auf Slg ab 5. Standjahr mittelhoch, regelmäßig

Bf/Ul mit Cyd. A verträglich, jedoch zu schwachwüchsig, auch noch mit Zwv.; auf Slg alle Baumformen möglich, doch nur als N zu empfehlen

Widerstandsfähigkeit Holz und Blüten mäßig bis genügend gegen Frost, örtlich unterschiedlich beurteilt; gut gegen Schorf; nicht spritzempf.

Standort breit anbaufähig bis in mittlere Höhenlagen, für Handelsabgabe warme Frühobstlagen bevorzugen, für nährstoffreiche, wärmere, genügend feuchte Böden, nicht für arme, trockene; hier Früchte zu klein und windfällig

Anbaueignung zur Belieferung der Großstädte, Industrie- und Erholungsgebiete vom Handel begehrt; für Großanbau an geeig. Standorten durch geringe Kronengröße, regelmäßige Erträge in Verbindung mit 'Clapps', 'Trévoux' als Pollenspender möglich; für SV entbehrlich, für Siedler dagegen wertvoll zur Handelsabgabe

Ähnliche Früchte können haben Trévoux, s. Seiten 221, 222 oft verwechselt mit Julidechantsbirne s. Seite 201

Reifegrad der abgebildeten Frucht genußreif

Clairgeau 6

Vollständiger Name Clairgeaus Butterbirne
Originale Namensform Beurré Clairgeau
Herkunft Frankreich, Baumschuler Pierre Clairgeau in Nantes erzog den Baum, der 1848 erste Früchte brachte, ab 1851 durch de Jonghe, Brüssel, verbreitet
Frucht *Pflückreife:* ab M 9 *Genußreife:* E 10–A 12
groß bis sehr groß, 60–75 mm breit, 80–120 mm hoch, 150–350 g schwer; Form var., birnen-, feigen-, flaschen-, tropfen-, stumpfkegelfg., oft schief, kelchbauchig, um den Kelch gerundet; Fruchtseiten ungleich, zum Stiel gekrümmt, schwach uneben; *Kelchgrube* flach bis mitteltief, mittelweit, etwas wulstig, rippig, netz-, ringfg., strahlig berostet; *Kelch* mittelgroß, offen, Blätter mittellang, -breit, spitz, gedreht, gerötet, an Basis zusammen; *Stielgrube* fehlt; *Stiel* durch Fleischwulst meist typ. seitlich aufsitzend, 15–25 mm lang, 4–6 mm dick, holzig oder fleischig, am Ende breit verdickt, braun, am Ansatz Rostkappe; *Schale* glatt, trocken glänzend, mitteldick, fest, etwas zäh, vorm Fruchtvz. zu schälen; GF gelblichgrün, reif hell grünlichgelb. DF kupferrot, bräunlichrot, orangerot, leuchtend oder trüb verwaschen; Punkte zahlreich, braun, grün, rot umhöft, Berostung unreif bronze, reif zimtbraun, fleckig, auch flächig überziehend; *Fleisch* var., je nach Standort, Jahreswitterung, Erntetermin, gelblichweiß, halbschmelzend, grießig bis körnig bis rübig, saftig, süß, säuerlich mit typ. mehr oder weniger ausgeprägtem Aroma
Anfällig für Steinzellenbildung ums Kernhaus, var. Fruchtgüte, kaum für Schorf
Ernte Zeitpunkt beeinflußt Fruchtgüte, genau einhalten, jährlich und örtlich var., kurz vor Baumreife, mit ihr Fruchtfall einsetzend, baumreif gut transpfg., genußreif nicht, durch Größe pflückschwieriger, trotzdem hohe Pflückleistung
Lager im NL je nach Standort genußreif von M 10 – A 12, nicht welkend, laufend Kontrolle auf Teigigwerden und Fäulnis; KL nicht geprüft
Verwendung Schaufrucht, Tafelbirne zum Frischvz., häusl. zu Kompott, Dörrobst; ind. für Saft
Baum Wuchs schwach; Gerüstäste typ. steil aufrecht, fast parallel zum Mittelast, direkt daran kurzes Fruchtholz, später auch Fruchtruten, gering verzweigt; Kronenform klein, spitzpyramidal, ähnlich Pyramidenpappeln, rutenbesenartig; Erziehungsschnitte zur Förderung der Verzweigung, nur oberste Knospen treiben aus, rechtzeitig verjüngen, durch hohen Ertrag rasch vergreisend; für Hecke und Wandobstbau gut geeig.
Blüte mittellang, wenig witterungs- und frostempf., Blütenknospen schon an vorjährigen Trieben lateral, terminal am Kurzholz
Ertrag sehr früh, schon am vorjährigen Trieb, hoch, regelmäßig, normal nur große Früchte
Bf/Ul nur für N auf Slg; mit Cyd. A direkt nicht verträglich, auch mit Zwv. zu kurzlebig
Widerstandsfähigkeit anf. für Holzfrost, örtlich gering für Schorf
Standort für warme, geschützte Lagen, geschützt bis zu mittleren Höhenlagen, für nährstoffreiche, genügend feuchte Böden, bevorzugt für Wandobstbau
Anbaueignung einst weit verbreitet, auch im Straßenobstbau, heute noch Fruchtanfall im Handel; nicht für Großproduktion wegen var. Erntetermin und Fruchtgüte, positiv dafür sind Kleinkronigkeit, früher, jährlicher Ertrag und die großen farbigen Früchte für Spätherbst, Frühwinter; für SV an kühleren Standorten entbehrlich, für Siedler an warmen, zur Handelsbelieferung; für Liebhaber am Wandspalier
Ähnliche Früchte können haben Abbé Fétel, van Marums Flaschenbirne s. Seiten 197, 221, 222
Reifegrad der abgebildeten Frucht genußreif

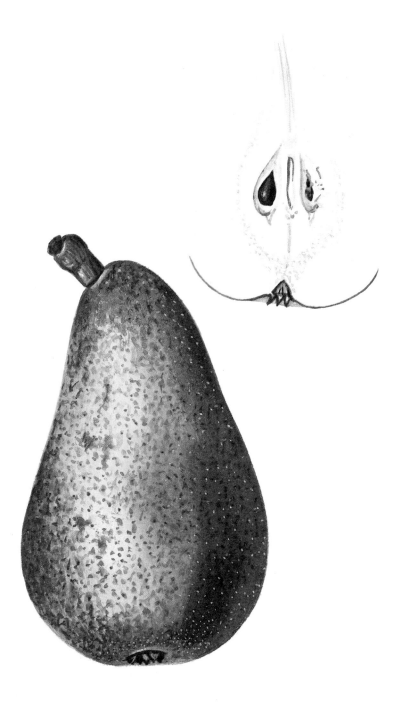

Clapps Liebling

Originale Namensform Clapp Favorite und Clapp's Favourite
Herkunft USA s. Seite 192
Frucht *Pflückreife:* A–E 8 nach 'Trévoux' *Genußreife:* 8–A 9
mittel bis groß, 55–75 mm breit, 75–95 mm hoch, 110–190 g schwer; spez. Gew. 0,99;
Form birnen-, breitkegelfg., mittel- bis kelchbauchig, zum Stiel verjüngt, oft spitz endend;
Fruchtseiten fast eben, auch schwach breitkantig, gleichseitig; *Kelchgrube* seicht, mittelweit, feinrippig, -wülstig, mit Fleischperlen; *Kelch* aufsitzend, halboffen oder offen, Blätter
kurz, mittellang, schmal, hornartig, oft an Basis verwachsen; *Stielgrube* meist fehlend,
sonst flach, eng, oft mit ringartigen, ungleichen Wülsten, darauf der typ. 5 mm dicke,
20–35 mm lange, braune, fleischig vedickte *Stiel,* meist gerade; *Schale* glatt, trocken,
hart, grießig, dick, Frucht ungeschält noch eßbar; GF hell gelblichgrün, hell bräunlich-
gelb, DF trüborange bis gelblichrot, gefleckt, streifig verwaschen; Schalenpunkte dicht,
klein, rostartig, ohne und mit hellem Hof, dadurch getüpfelt, rot punktiert wirkend;
Berostung meist fehlend; *Fleisch* gelblichweiß, fast schmelzend, ums Kernhaus feinkörnig, saftig, süß, mild säuerlich, mehr oder weniger aromatisch
Anfällig örtlich für Schorf, genußreif rasch teigig, druckempf.
Ernte hartreif, 5–8 Tage vor Baumreife, bis dahin windfest und gut transpfg., nur so vollsaftig werdend, baumreif fallend, folgernde Reife am Baum; gut pflückbar, hohe Leistung
Lager normal ist Sofortverbrauch, Handelsbelieferung nur hartreif, dort genußreif verkaufen; für KL hartreif am Erntetag einlagern, bei −1°C 9–10 Wochen, Nachreife bei +18°C
in 8 Tagen; KL Zweckmäßigkeit jeweils prüfen
Verwendung Tafelbirne für Frischvz., mit und nach 'Trévoux', vor 'Jules Guyot'; für ind.
und häusl. Naßkonserve, geschält I A Dörrfrucht, bei Überangebot für Saft
Baum Wuchs stark; Gerüstäste steil aufwärts, später typ. bogenförmig hängend, meist typ.
verzweigt, Seitenholz mit Fruchtsprossen, -spießen und -ruten gut besetzt; Kronenform
breitpyramidal; nach Erziehungsschnitten nur auslichten und verjüngen; für Obsthecke
möglich
Blüte langwährend, wenig frost- und witterungsempf., Blütensitze am Kurzholz
Ertrag früh und mittelfrüh, auf Cyd. A und Slg ab 4., 5. Standjahr, später hoch, regelmäßig
Bf/Ul auf Slg für alle Baumformen möglich, auf Cyd. A verträglich, doch besser mit Zwv.
Widerstandsfähigkeit Holz gering bis mäßig, Blüten gut gegen Frost; örtlich , z. B. in Kü-
stengebieten teils stark anf. für Schorf, für Feuerbrand, für Viren s. Seite 73
Standort breit anbaufähig bis in mittlere Höhenlagen; günstig für wärmere, mittlere, nähr-
stoffreiche, genügend feuchte, dann auch leichtere, weniger für schwere, kalte Böden
Anbaueignung als frühe, große, farbige, wohlschmeckende und reichtragende Birne ihrer
Reifezeit konkurrenzlos marktgängig, für Großproduktion geeig., wenn nicht lokal schon
Überproduktion vorhanden; begrenzend die kurze Genußreife; für SV und Siedler im
raumbeschränkten Garten den Anbau später reifender Sorten bevorzugen, da im August
reichlich andere Fruchtarten anfallen; eine rotschalige Mutante ist 'Starkrimson Pear';
'Aldingers Frühe Clapps' ist nach des Züchters Angaben eine Kreuzung aus 'Clapps Lieb-
ling' x 'Bunte Julibirne'
Ähnliche Früchte können haben Trévoux s. Seiten 201, 222
Reifegrad der abgebildeten Frucht vollreif

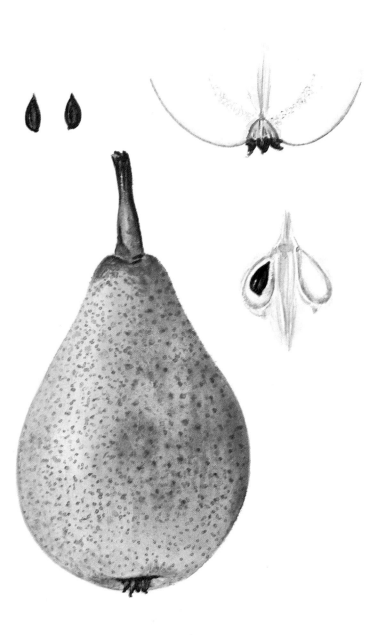

Diels Butterbirne 8

Originale Namensform Beurré Diel
Herkunft Belgien s. Seite 192
Frucht *Pflückreife:* M 10, *Genußreife:* 10–12
von mittel- bis sehr groß, 60–95 mm breit, 75–115 mm hoch, 120–300 g schwer; Form
var., breitbirnenfg., klobig, gedrungen, mittel- oder kelchbauchig, stielwärts verjüngt,
etwas eingeschnürt, stumpfkegelfg. abgeplattet; Fruchtseiten uneben, Hälften nicht
immer gleichseitig; *Kelchgrube* flach, mittelweit, rippig, auch mit Fleischperlen, berostet;
Kelch mittelgroß, halboffen, Blätter rötlichgelb, aufrecht, gedreht, Spitzen zurückgeschlagen, an Basis getrennt; *Stielgrube* mitteltief, eng, auch einseitig wulstig, berostet;
Stiel 20–40 mm lang, 3–4 mm dick, holzig, braun, leicht gekrümmt, zum Ende typ. verdickt, auch zur Frucht dicker als in der Mitte; *Schale* trocken, grieslich, narbig bis rauh,
von warmen Standorten fast glatt, dick derb, fest, vorm Fruchtvz. zu schälen; GF
trüb gelblichgrün, trüb weißgelblich, DF, wenn vorhanden, schwach rötlich verwaschen, von südlichen Standorten hellrot gefleckt, verwaschen; Schalenpunkte groß,
braun, zahlreich; Berostung fleckig, netzartig, auch flächig; *Fleisch* gelblichweiß, halbschmelzend, grießig, fein- bis grobkörnig, saftig, süß, weinsäuerlich bis herb, mit sortentyp. Aroma, an ungeeig. Standorten grob, rübig
Anfällig für Schorf, Steinzellenbildung ums Kernhaus, Rissigkeit, kleinfrüchtig auf trok-
kenen Böden
Ernte kurz vor Baumreife, danach windfällig, doch nicht zu früh, sonst bleiben Früchte rübig; große Früchte pflückschwierig, baumreif gut transpfg., genußreif druckempf.
Lager im NL, je nach Herkunft ab E 10–12, nicht welkend; KL nicht geprüft
Verwendung Schaufrucht und Tafelbirne zum Frischvz., häusl. Kompott, Naßkonserve
Baum Wuchs stark, sperrig; Gerüstäste aufrecht oder drehend geneigt, genügend ver-
zweigt, bald hängend; Fruchtruten mittellang, später auch kurzes Fruchtholz; Kronenform
schmal- bis breitpyramidal; straffe Erziehungsschnitte, laufende Überwachung, rechtzei-
tige Verjüngung; für Hecke und Wandobstbau geeig., Fruchtruten nicht schneiden
Blüte langwährend, witterungs- und frostempf., Blüten an langen Fruchtspießen und
Fruchtruten
Ertrag früh bis mittelfrüh auf Cyd. A und Slg, mittel bis hoch, regelmäßig
Bf/Ul nur für N auf Slg oder direkt auf Cyd. A
Widerstandsfähigkeit gering gegen Holz- und Blütenfrost; anf. für Schorf, Weißflecken-
krankheit
Standort nur für warme, geschützte Standorte, Weinbergslagen, für warme, nährstoffrei-
che, laufend mit Nährstoffen versorgte, genügend feuchte Böden mit intensiver Boden-
pflege; für den Anbau an Südwänden als Wandspalier, keinesfalls für kühlere Lagen und
nasse, kalte Böden
Anbaueignung einst weit verbreitet, heute im Handel noch anfallend, doch jetzt ersetzt
und verdrängt durch 'Alexander Lucas'; in südlicheren Ländern Ungarn, Bulgarien,
Frankreich u. a. im Anbau, hier werden Qualitäts- und Exportfrüchte erzeugt; in DDR
nicht für Großproduktion, allgemein nicht für SV und Siedler, jedoch für Liebhaber für
den Wandobstbau
Ähnliche Früchte können haben Angoulême, Alexander Lucas, Lucius, Philippsbirne
s. Seite 219
Reifegrad der abgebildeten Frucht genußreif

Edelcrassane 9

Originale Namensform Passe Crassane
Synonym Neue Crassane bei Lauche Nr. 89
Herkunft Frankreich, gezüchtet 1845 vom Baumschuler Boisbunel jun. zu Rouen, 1855 erstmals fruchtend. Die Sorten 'Bergamote Crassane', auch 'Die Crassane' genannt (Illustr. Hdb. Nr. 61) ist eine ältere französische Sorte und 'Surpasse Crassane', nach Bivort I, 40, ein Sämling von van Mons, im Illustr. Hdb. Nr. 221 von Jahn beschrieben als 'Die Neue Crassane', sie reifen E 10–11, sind nicht mit 'Edelcrassane' identisch.
Frucht *Pflückreife:* sehr spät E 10, A 11 *Genußreife:* 1–2–3
mittelgroß, groß bis sehr groß, 55–80 mm breit, 60–85 mm hoch, 130–350 g und schwerer; Form var., bergamotten-, stumpfkegelfg., rundlich, dickoval, mittel- bis kelchbauchig; Fruchtseiten meist ungleich, auch uneben durch breite Kanten vom Kelch her; *Kelchgrube* mittelweit, tief, meist wulstig, berostet; *Kelch* mittelgroß, geschlossen oder halboffen, Blätter fleischig oder hornartig, mittellang, schmal, spitz, aufrecht, gedreht, an Basis verwachsen; *Stielgrube* eng, tief, ungleich wulstig, beulig, völlig berostet; *Stiel* typ. 30–40 mm lang, 3–3,5 mm dick, am Ende keulig verdickt, holzig, teils knospig, braun, etwas gekrümmt; *Schale* trocken, rauh, dick, derb, fest, vorm Fruchtvz. zu schälen; GF trübgrün, hellt reif grünlichgelb auf, DF normal fehlend, nur selten gerötet bei Früchten südlicher Herkunft; Schalenpunkte braun, zahlreich; Berostung als Kappe um Stielgrube, sonst fleckig, netzartig bis flächig, bei Fruchtreife zimtbraun; *Fleisch* gelblichweiß, von geeig. Standorten schmelzend, butterweich bis feinkörnig, saftig, süß, edel weinsäuerlich, feinwürzig, sonst halbschmelzend, körnig, grob bis rübig, steinig ums Kernhaus
Anfällig mäßig für Schorf, Fruchtwelke, stark für Steinzellenbildung, für Birnengallmücke
Ernte sehr spät, möglichst A 11, jedoch vor Nachtfrösten, bis dahin windfest, bei früher Ernte Fruchtwelke, Fleisch bleibt hart; auch genußreif noch transpfg.
Lager im NL bei Späternte bis Februar ohne Welke, mundreif lange genußfähig, ohne gleich teigig zu werden; für KL geeig.
Verwendung von besten Lagen und Importen Wintertafelbirne 1. Güte für Frischvz., häusl. Kompott
Baum Wuchs mittelstark; Gerüstäste steil aufrecht, fast parallel zum Mittelast, wenig verzweigt, gut mit kurzem Fruchtholz, Sprossen, Spießen und Quirlholz besetzt; Kronenform schmalpyramidal; nach Erziehungsschnitten laufend überwachen, später Fruchtäste und Fruchtholz verjüngen; für Hecke und besonders gut für Wandobstbau geeig.
Blüte langwährend, frost- und witterungsempf., Blüten am Kurzholz
Ertrag früh bis mittelfrüh, mäßig bis mittelhoch, an geeig. Standorten regelmäßig; Ausfälle bei ungünstiger Blühwitterung
Bf/Ul nur für N auf Cyd. A mit Zw., auch auf Slg als B, Sp
Widerstandsfähigkeit gering gegen Holz- und Blütenfrost; gering anf. für Schorf
Standort nur für warme, nährstoffreiche, dabei genügend feuchte Böden und wärmste, geschützte Lagen, Weinbaulagen, für voll besonnte Südwände im Wandobstbau
Anbaueignung nicht für Großproduktion in der DDR, nicht allgemein für SV und Siedler; für Liebhaber, für geschützte, warme Hausgärten, für Wandobstbau an geeig. Standorten, hier eine wertvolle Winterbirne, die freilich nicht jährlich die Güte der aus Italien, Frankreich, Ungarn stammenden Früchte erreicht.
Ähnliche Früchte können haben Olivier de Serres, Winterdechantsbirne, Winternelis s. Seite 223f.
Reifegrad der abgebildeten Frucht genußreif

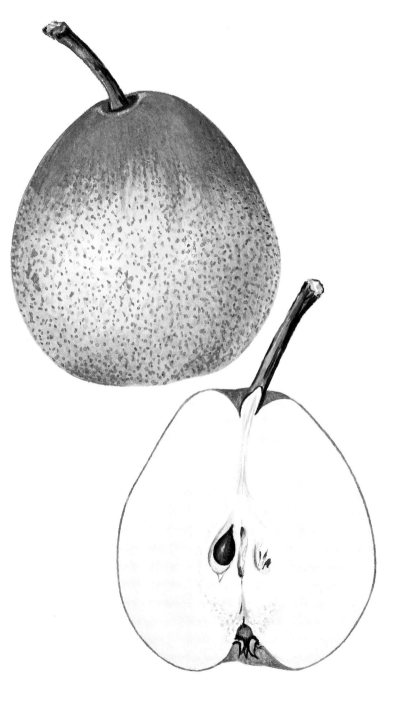

Elsa

Vollständiger Name Herzogin Elsa

Herkunft Deutschland, vom Hofgärtner J. B. Müller, auf Schloß Wilhelma bei Cannstatt (Stuttgart) 1879 gewonnen, seit 1885 im Handel

Frucht *Pflückreife:* M 9– A 10   *Genußreife:* 9–10

mittel bis groß, 69 mm breit, 88 mm hoch, 185 g schwer; spez. Gew. 1,015; Form birnen-, stumpfkegelfg., mittel- bis kelchbauchig; Fruchtseiten eben; *Kelchgrube* flach bis mitteltief, mittelweit, ungleich wulstig, schwach faltig, kranzartig umrostet; *Kelch* offen oder halboffen; Blätter mittellang, schmal, spitz, an Basis abständig; *Stielgrube* mitteltief oder flacher, eng, ungleich wulstig, berostet; *Stiel* typ. 35–55 mm lang, 3,5–4 mm dick, leicht gekrümmt, braun, zur Frucht meist typ. fleischig, verdickt am Fleischring; *Schale* trocken bis rauh, je nach Berostung, hart, dick, ledrig, beim Fruchtvz. störend, daher schälen; GF trüb grünlichgelb bis rötlichgelb, DF typ. trüborange bis kräftig orangerot, gestreift, verwaschen; Schalenpunkte groß, dicht, rostartig; Berostung fleckig, netzartig, zerrissen, auch flächig, Frucht fast ganz bedeckend; *Fleisch* fast weiß, halbschmelzend, teils feinkörnig, saftig, süß, feinsäuerlich mit kräftigem, sortentyp. unverwechselbarem Aroma

Anfällig kaum für Schorf, genußreif vom Kernhaus rasch teigig, äußerlich noch fest wirkend

Ernte etwa 5 Tage vor Baumreife, bis dahin windfest, baumreif fallend, Fruchthang einzeln und paarig, gut pflückbar, Leistung hoch; hartreif gut transpfg., genußreif nicht

Lager im NL 2–4 Wochen, je nach Standorthöhenlage, unbedingt Freilagerung, in Lagerräumen rasch teigig, laufend Reifekontrollen; für KL nicht geeig.

Verwendung aromatische Tafelbirne für Frischvz., Kompott, häusl. und ind. hellbleibende Naßkonserve, geschält als Dörrfrucht, hartreif für Saft

Baum Wuchs mittelstark, später schwach; Gerüstäste steil bis schräg aufrecht, gut verzweigt, später hängend, Seitenholz dicht mit Fruchtsprossen und -spießen besetzt; Kronenform mittel- bis breitpyramidal; nach Erziehungsschnitten jährlich überwachen und rechtzeitig verjüngen, durch hohe Erträge zum Vergreisen neigend

Blüte mittellang während, wenig frost- und witterungsempf., Blütensitze am Kurzholz und kürzeren Fruchtruten

Ertrag früh bis mittelfrüh auf Cyd. A und Slg, hoch, regelmäßig

Bf/Ul auf Slg für alle Baumformen möglich, mit Cyd. A gut verträglich, wegen hoher Erträge aber bald vergreisend, daher besser mit Zwv.

Widerstandsfähigkeit Holz und Blüte beachtlich gut gegen Frost, hoch gegen Schorf

Standort breit anbaufähig bis in Höhenlagen geeignet, die noch für Tafelbirnenanbau möglich sind; für nährstoffreiche, genügend feuchte, möglichst wärmere Böden; in wärmeren Lagen werden beste Fruchtqualitäten erzielt

Anbaueignung einst in Württemberg und Sachsen stark verbreitet im Straßen-, Feld- und Gartenobstbau, von hier noch Fruchtanfall im Handel; heute nicht für Großproduktion zum Frischvz., da Früchte zu kurz haltbar und Anfall zur Zeit der großen Herbstbirnenernte, für Naßkonserve und Saft aber möglich; für SV in höheren Lagen wertvoll, in tieferen entbehrlich

Ähnliche Früchte können haben Amanlis, Gellert, Hofratsbirne, Holzfarbige Butterbirne, Marianne, Marie Luise, Triumph von Vienne s. Seite 224 f.

Reifegrad der abgebildeten Frucht vollreif

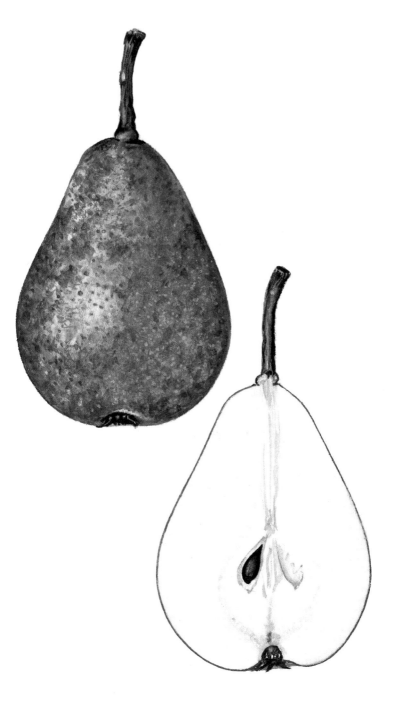

Esperens Bergamotte 11

Originale Namensform Bergamote Esperen
Herkunft Belgien, 1830 von Major a. D. Esperen in Mecheln aus Samen gezogen, von ihm für seine wertvollste Züchtung gehalten
Frucht *Pflückreife:* M–E 10, *Genußreife:* 1–3–4
mittelgroß, bei zu reichem Behang klein, 60–75 mm breit, 55–70 mm hoch, 120–180 g schwer; Form var., apfelfg., kugelig, flachkugelig, typ. bergamottenfg., mittelbauchig; Fruchtseiten meist ungleich, uneben, mit breiten Kanten, auch beulig; *Kelchgrube* mittelweit, -tief, wulstig, teils mit Fleischperlen, oft berostet; *Kelch* mittelgroß, geschlossen oder halboffen, Blätter kahl, hornartig, aufrecht, zur Mitte verdreht oder nach außen umgeschlagen, breit, spitz, am Grunde breit verwachsen; *Stielgrube* eng, wenig tief, oft wulstig, berostet; *Stiel* 20–50 mm lang, 3,5–4 mm dick, holzig, meist knospig, an der Frucht grün, am Ende braun; *Schale* trocken bis feinrauh, fest, dick, ledrig, beim Fruchtvz. zu schälen; GF trübgrün, hellt reif trübgelblich auf, DF seltener, bräunlichrot, marmoriert, verwaschen; Schalenpunkte mittelgroß, zahlreich, grün umhöft; Berostung dicht, typ. braunfleckig; *Fleisch* gelblichweiß bis lachsgelb, von warmen Standorten mittelfest, schmelzend, süß, feinaromatisch, von kühleren halbschmelzend, grießig, noch saftig, gering säuerlich, kaum armomatisch bis fad
Anfällig für Schorf, Steinzellenbildung ums Kernhaus, Kleinfrüchtigkeit, Welke bei zu früher Ernte
Ernte so spät wie möglich, nach M 10 bei Trockenheit nicht mehr windfest, baum- und genußreif gut transpfg.
Lager im NL bei +4 bis +6°C und 98 % rel. Luftfeuchtigkeit ohne zu welken bis März, genußreif nicht gleich teigig; KL nicht geprüft
Verwendung Speisebirne zum Frischvz., von warmen Lagen Tafelbirne für Januar bis März
Baum Wuchs mittelstark, später schwach; Gerüstäste schräg aufrecht, genügend verzweigt, sich willig verzweigend, gut mit Fruchtruten und Kurzholz besetzt; Kronenform pyramidal; nach Erziehungsschnitten laufend überwachen, Verjüngung um Vergreisung zu verhindern; für Hecke und Wandobstbau gut geeig.
Blüte lange blühend, wenig witterungsempf., Blüten an Fruchtruten und am Kurzholz, in Dolden blühend, oft zuviel befruchtet, Früchte dann klein, rechtzeitig ausdünnen
Ertrag früh bis mittelfrüh, regelmäßig, Anfang Juli ausdünnen, nur große Früchte sind wertvoll und wohlschmeckend
Bf/Ul nur für N auf Cyd. A direkt oder besser mit Zwv.; auch möglich auf Slg für B, Sp und Spalierformen
Widerstandsfähigkeit gegen Holzfrost mäßig; anf. für Schorf an feuchten, kalten Standorten
Standort für warme, nährstoffreiche, genügend feuchte Böden, für warme, geschützte Lagen bis 200 m NN, Weinbergslagen, Hausgärten, für warme Sandböden bei reichlichen Nährstoff- und Wassergaben; im Anbau bewährt in den Bezirken Leipzig, Potsdam, Cottbus und den niederen Lagen der Bezirke Magdeburg, Erfurt, Halle, Dresden
Anbaueignung eine gut lagerfähige Winterspeisebirne zum Verzehr mit und nach 'Josephine von Mecheln', mit frühen, hohen Erträgen und größerer Anbaubreite als 'Edelcrassane', 'Winterdechantsbirne' und 'Olivier de Serres' für SV, Siedler, Hausgärten, Wandobstbau, nicht für Großproduktion in DDR
Ähnliche Früchte können haben Wildling von Motte, Olivier de Serres s. Seite 225
Reifegrad der abgebildeten Frucht genußreif

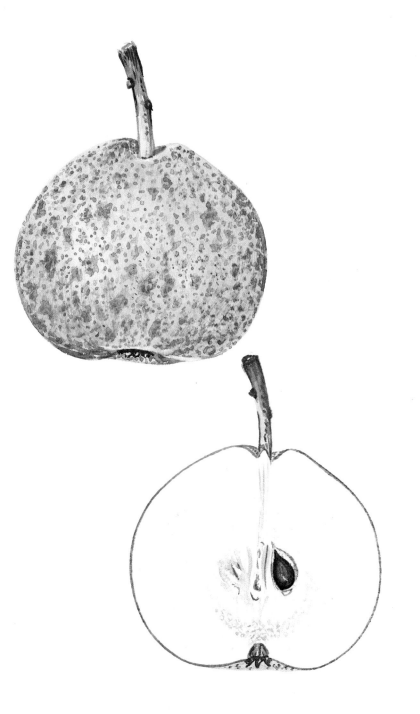

Esperens Herrenbirne 12

Erster Name Belle–Lucrative, so 1831 von Lindley benannt, heute noch Hauptname in England und USA

Synonyme 20 bei MATHIEU

Herkunft wahrscheinlich Belgien s. Seite 192

Frucht *Pflückreife:* E 9– A 10   *Genußreife:* 9–10

klein bis mittelgroß, 55–70 mm breit, 60–70 mm hoch, 65–110 g schwer; Form stumpfkreiselfg., kurzkegelfg., rundlich eifg., mittel- oder kelchbauchig, stielwärts verjüngt, zum Kelch rundlich oder abgeplattet; Fruchtseiten eben; *Kelchgrube* flach, weit, ohne Wülste; *Kelch* klein, offen, Blätter dunkel, hart, schmal, zugespitzt, aufrecht oder sternfg. aufliegend, auch verkümmert, am Grunde getrennt; *Stielgrube* meist fehlend, wenig vertieft, oft mit Fleischwulst, aus dem der Stiel herauswächst, häufig kurzstrahlige Rostkappe; *Stiel* 10–20 mm lang, 3,5–4,5 mm dick, holzig, auch etwas fleischig, oft typ. knospig, grün und braun, gerade oder etwas gekrümmt; *Schale* trocken, samtig, stumpf, auch glatt, kaum mitteldick, eher dünn, fest, Fruchtvz. ohne schälen möglich, geschält wird reiner Fruchtgenuß erhöht; GF gelblichgrün, reif grüngelb, DF normalerweise fehlend, sonst schwach orangebräunlich, verwaschen, gehaucht; Schalenpunkte zahlreich, braun, teils grün umhöft; Berostung braun, fleckig, mehr oder weniger dicht; *Fleisch* grünlichweiß, gelblichweiß, feingrießig, mittelfest, schmelzend, saftig, kräftig edelsüß, süßweinig, köstlich aromatisch, von allen Kennern als geschmackliche Spitzensorte der Frühherbstbirnen beurteilt

Anfällig örtlich mäßig für Schorf; Wespen nagen, Vögel picken die süßen Früchte an

Ernte kurz vor und mit Baumreife, nicht zu früh, folgernde Ernte ist möglich, Früchte hängen teils auch baumreif noch windfest; baumreif nicht druck- und transportempf., jedoch genußreif

Lager im kühlen NL, Freilager gut 14–20 Tage im Sept./Okt. lagerfähig, auch reife Früchte werden erst allmählich teigig; KL nicht geprüft

Verwendung Spitzentafelbirne zum Frischvz., häusl. vorzüglich für Kompott, Naßkonserve, Dörrfrucht

Baum Wuchs mittelstark; Gerüstäste schräg, teils steiler aufrecht, später geneigt bis hängend, genügend bis gut verzweigt, im Alter dicht; Fruchtholz kurze Ruten, Sprosse, Spieße; Kronenform breitpyramidal bis rundlich; nach Erziehungsschnitten laufend überwachen, verjüngen, alte Kronen kräftig auslichten; für Hecke und Wandobstbau möglich

Blüte langwährend, etwas frost- und nässeempf., Blüten am Kurzholz und kurzen Fruchtruten

Ertrag auf Cyd. A früh, auf Slg mittelfrüh, bald hoch und regelmäßig; von einigen Standorten, Rheinland, Hessen, wurden einst geringere Erträge angegeben

Bf/Ul auf Slg für alle Stammlängen möglich, bevorzugt nur für N, besser auf Cyd. A mit Zwv. für B, Sp

Widerstandsfähigkeit Holz genügend gegen Frost, örtlich anf. für Schorf, Blattschorf

Standort breit anbaufähig, einst bis Dänemark, Schweden, auch dort als wohlschmeckende Herbstsorte beurteilt, von der Küste bis in mittlere Höhenlagen, für nährstoffreiche, genügend feuchte Böden, auch für etwas kühlere, windige Lagen

Anbaueignung durch geringe Fruchtgröße nicht für Großproduktion, für SV, Liebhaber als Aufveredlung mit 1–2 Ästen, für Siedler als B auf Cyd. A, für ländliche Gärten als h, Vst oder B auf Slg, in Erholungsgebieten zur Handelsabgabe; in mittleren und höheren Lagen auch als Wandobstbau mit Genußreife bis M 11, vorteilhaft ist dafür auch die folgernde und verzögerte Fruchtreife. Die Früchte können in Größe und Wohlgeschmack als eine im Herbst reifende 'Josephine von Mecheln' angesehen werden, beide besitzen auch die kleinen, schmalen, fast zierlichen Blätter.

Ähnliche Früchte können haben Weiße Herbst Butterbirne, Josephine von Mecheln, Regentin, Winternelis, Liegels s. Seite 225 f.

Reifegrad der abgebildeten Frucht vollreif

Forellenbirne 13

Synonym Herbstforelle

Herkunft ungewiß, s. Seite 193

Frucht *Pflückreife:* ab E 9, A 10 *Genußreife:* E 10–E 11
Frucht mittelgroß, in zwei Formen an einem Baum, kurzachsige Früchte 55–70 mm breit, 60–75 mm hoch; langachsige 55–60 mm breit, 60–95 mm hoch; 115–150 g schwer; Form var., langachsige birnen-, glocken-, flaschenfg.; kurzachsige stumpfkreiselfg., kurz, gedrungen, mittel- bis kelchbauchig, kelchseits abgeplattet, stielseits eingezogen, konisch; Fruchtseiten eben oder feinbeulig, oft mit Längsfurche vom Stiel zum Kelch, meist ungleichhälftig; *Kelchgrube* eng bis mittelweit, tief, meist mit 3 Wülsten; *Kelch* mittelgroß, halboffen oder geschlossen, Blätter gelbgrün, mittellang, spitz, gedreht, zurückgeschlagen oder hornartig kurz, verkümmert; *Stielgrube* eng, flach, etwas wulstig, abgeplattet; *Stiel* 25–35 mm lang, 2–3 mm dick, typ. dünn, an Frucht verdickt grüngelb, am Ende rötlichbräunlich; *Schale* glatt, glänzend, geschmeidig, feinnarbig, mitteldick, mittelfest, geschält gewinnt die Frucht beim Verzehr; GF grün, reif grüngelb bis zitronengelb; DF hell dunkelrot verwaschen, fleckig, streifig; Schalenpunkte klein, zahlreich, grau, typ. forellenpunktartig rot umhöft; Berostung selten, dann fleckig an Seiten und Klechgrube; *Fleisch* weiß, gelblichweiß, unter der Schale auch gerötet, meist nur halbschmelzend, feinkörnig, ums Kernhaus körnig, saftig, erfrischend, süß, weinsäuerlich, an warmen Standorten auch schmelzend, sehr saftig und feinaromatisch

Anfällig stark für Schorf, dadurch Fruchtrisse; Krüppelfrüchte; vollreif bald faulend

Ernte auf warmen Standorten ab E 9, windfest bis Baumreife, dann fallend; auf feuchten schweren Böden ab A 10; baumreif transpfg., genußreif nicht

Lager möglichst Freilager bis Frosteinbruch, laufend Reifekontrollen auf Fäulnis; KL nicht geprüft

Verwendung farbige Tafelbirne für Frischvz., häusl. Kompott, Naßkonserve

Baum Wuchs mittelstark; Gerüstäste bis zum Alter schräg aufrecht, knorrig, kaum hängend, genügend bis gut verzweigt; Fruchtholz sind Ruten, Spieße, Sprosse, Quirlholz; Kronenform breitpyramidal; nach Erziehungschnitten überwachen, starker Schnitt verzögert Ertrag, später auslichten, Krone licht halten, rechtzeitig verjüngen; für Hecke wenig geeignet

Blüte langwährend, etwas frost- und witterungsempf., Blütensitze vorwiegend am Kurzholz

Ertrag auf Slg ab 7., 8. Standjahr; auf Cyd. A mit Zwv. ab 5., 6., später hoch und regelmäßig

Bf/Ul auf Slg alle Baumformen möglich, bevorzugt Vst, B; auf Cyd. A mit Zwv. für B und Sp durch kräftigen Wuchs gut geeig.

Widerstandsfähigkeit Holz genügend gegen Frost; stark anfällig für Schorf

Standort warme, nährstoffreiche, genügend feuchte Böden, hier beste Fruchtausbildung, auch noch für mittlere Höhenlagen, freie bevorzugt, schorffördernde meiden

Anbaueignung durch ansprechende Farbe, Wohlgeschmack einst weit verbreitet, im Handel noch Fruchtanfall; jetzt verdrängt durch 'Nordhäuser Winterforellenbirne'; Forellenbirne nicht für Großproduktion, für SV entbehrlich, auf geeig. Standorten für Siedler, ländliche Gärten, zur Handelsabgabe im Oktober

Ähnliche Früchte können haben Nordhäuser Winterforelle, Sterckmans Butterbirne s. Seite 226

Reifegrad der abgebildeten Frucht genußreif

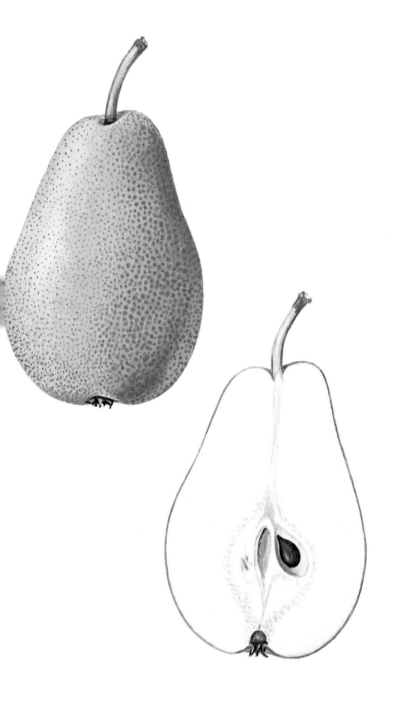

Vollständiger Name Gellerts Butterbirne
Korrekter Name Beurré Hardy
Herkunft Frankreich, s. Seite 194
Frucht *Pflückreife:* ab M 9 *Genußreife:* 9–10
mittelgroß bis groß, 60–70 mm breit, 70–90 mm hoch, 130–200 g schwer; spez. Gew.
0,998; Form var., birnenfg., stumpfkegelfg., abgeschrägt oval, klobig, gedrungen, unregelmäßig, ungleichhälftig, kelchbauchig, kelchseits kugelig, stielseits etwas eingezogen,
verjüngt; Fruchtseiten eben, auch feinbeulig; *Kelchgrube* eng bis mittelweit, flach bis
mitteltief, teils bucklig; *Kelch* mittelgroß, offen, Blätter bräunlich, mittellang, schmal,
spitz, aufrecht, zurückgebogen, oft sternfg.; *Stielgrube* var., eng, flach, auch fehlend,
ungleich wulstig, auch schief; *Stiel* 15–35 mm lang, 3,5–4 mm dick, holzig, braun,
knopfig, oft durch Fleischwulst seitlich; *Schale* trocken, glatt, feinnarbig bis rauh, mitteldick, grießig, beim Fruchtvz. etwas störend, besser zu schälen; GF trüb grünlichgelb,
DF, wenn vorhanden, trübrot getupft, verwaschen; Schalenpunkte dicht, meist von
Rost überzogen und wenig deutlich, klein bis groß, rostartig, rötlich, auch grün umhöft;
Berostung typ. var., trüb grünlichbraun, gelbbraun, Figuren, Flecken, oft die ganze
Frucht überziehend; *Fleisch* gelblichweiß, mittelfest, schmelzend, sehr saftig, harmonisch süßsäuerlich, mehr oder weniger aromatisch, gute Ausbildung auch in Jahren mit
ungünstiger Witterung
Anfällig örtlich für Schorf, wenig für Fleischbräune, Steinzellenbildung; reif druckempf.,
allmählich teigig werdend
Ernte je nach Standort schon ab E 8, A 9, kurz vor Baumreife, mit ihr setzt Vorerntefruchtfall ein, nicht zu früh ernten, sonst geschmacklich leer und Welkeneigung; nur baumreif gut
transpfg.
Lager im NL 3–4 Wochen, Freilager bevorzugen; für KL bei ± 0°C 3–5 Monate gut geeig.,
laufend Kontrollen notwendig
Verwendung Tafelbirne zum Frischvz., ind. und häusl. Naßkonserve, Dörrfrucht, Saft
Baum Wuchs sehr stark; Mittelast steil, Gerüstäste steil bis schräg aufrecht, gering verzweigt, Seitenäste hängend oder waagerecht, dicht mit kurzem Fruchtholz besetzt; Kronenform typ. hochpyramidal; durch Schnitte Verzweigung fördern, den Mittelast unterdrücken, später nur auslichten, falls überbaut, sehr tief köpfen, kurze Rückschnitte zwecklos, da wieder steil durchtreibend; starke Schnitte im Jugendstadium verzögern Ertragsbeginn, fördern Holztrieb; nicht für Hecke und Wandspaliere
Blüte langwährend, wenig empf., Blütensitze Spieße und Sprosse; mäßige Neigung zu
Jungfernfrüchtigkeit
Ertrag sehr spät auf Slg ab 10., 12. Standjahr, Vollertrag hoch, jedes 2. Jahr tragend; auf
Cyd. A etwa ab 6. Standjahr
Bf/Ul auf Slg, auch als Stb für alle Baumformen, sehr starker Wuchs; gut direkt mit Cyd. A
verträglich, deshalb Hauptsorte für Zwv.; N auf Cyd. A als B, Sp auch stark wachsend
Widerstandsfähigkeit Holz und Blüten hoch gegen Frost; anf. für Krebs an nassen Standorten, für Viren . Seite 73
Standort breit anbaufähig von der Küste bis in Höhenlagen, windgeschützte wegen Fruchtfall bevorzugen; für alle Böden
Anbaueignung einst als Hauptherbstbirne empfohlen. Heute nicht, weil zu starker Wuchs,
später Ertragsbeginn, Fruchtfall zur Baumreife und Pflücktermin zur Haupterntezeit der
Äpfel. Für den ländlichen Obstbau, extensive Standorte, für Windschutz- und Landschaftspflanzungen, deren Früchte der Versaftung zugeführt werden, noch vertretbar.
Fruchtgüte, Handelswert von der jetzigen Beurteilung des Anbauwertes nicht betroffen.
Von Gellert ist eine rotschalige Mutante bekannt
Ähnliche Früchte können haben Philippsbirne, Elsa, Hochfeine, Holzfarbige, Colomas,
Gute Graue, Marianne, Verté s. Seiten 224, 226 f.
Reifegrad der abgebildeten Frucht genußreif

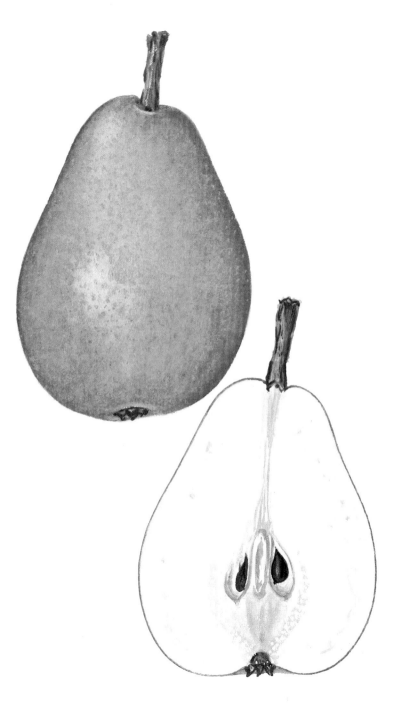

Giffards Butterbirne 15

Originale Namensform Beurré Giffard

Herkunft Frankreich, 1825 vom Baumschuler Nicolas Giffard aus Fouassières (Dep. Maine-et-Loire) am Tiergarten St. Nicolas bei Angers zufällig gefunden

Frucht *Pflückreife:* E 7, A 8 *Genußreife:* A – M 8
mittelgroß, 50–60 mm breit, 65–80 mm hoch, 80–120 g schwer; meist in 2 Formen, birnenfg., mittellang, schlanker, kegelfg. oder kürzer, gedrungener, kreiselfg, mittel- bis kelchbauchig, kelchseits gerundet, stielseits kegelfg.; Fruchtseiten eben, glatt; *Kelchgrube* klein, eng, flach, auch fehlend, teils feinrippig; *Kelch* offen oder halboffen , Blätter gelbgrün, lang, schmal, spitz, aufrecht oder verdreht; *Stielgrube* fehlt; *Stiel* 20–50 mm lang, 2–3 mm dick, holzig, hellbraun, mitteldünn, am Ende verdickt, meist aufsitzend fast gerade oder durch Fleischwulst seitlich; *Schale* glatt, geschmeidig, trocken, dünn, beim Fruchtvz. kaum störend; GF trüb olivgrün, reif grüngelb, DF, wenn vorhanden, rötlichbraun, trüborange, fleckig verwaschen; Schalenpunkte zahlreich, klein, braun, in GF grün, in DF rötlich forellenpunktartig umhöft; Berostung an Fruchtseiten gering, um den Stielsitz als strahlig auslaufende Rostkappe; *Fleisch* gelblichweiß, feinzellig, butterhaft schmelzend, sehr saftig, süß, mildsäuerlich, zartaromatisch, mit Abstand von anderen Sommerbirnen geschmacklich erstrangig, ähnlich der Septemberbirne 'Robert de Neufville'

Anfällig örtlich für Schorf; reif druckempf., vollreif rasch teigig

Ernte nach 'Bunte Julibirne', vor und mit 'Trévoux', kurz vor Baumreife, bis dahin windfest; nicht zu spät, sonst trockener, mehliger; baumreif transpfg., genußreif druckempf.; Früchte rasch dem Handel und Verbraucher zuführen

Lager im kühlen NL etwa 8–10 Tage, nicht zur Lagerung, zum Sofortverbrauch; KL entbehrlich

Verwendung frühe, mittelgroße, hochfeine Sommertafelbirne für Frischvz., häusl. Kompott

Baum Wuchs mittelstark, von Anbauern verschiedener Standorte unterschiedlich von schwach bis stark beurteilt; Gerüstäste von waagerecht bis schräg aufrecht, gut verzweigt, neigt zu dichter Krone; Fruchtholz sind Ruten, Spieße und Sprosse; Kronenform breitpyramidal; Erziehungsschnitte mittellang, um Blütenbildung zu fördern, auch binden, später verjüngen; wenig zur Obsthecke geeig.

Blüte mittellang, frostempf., Blütensitze an kurzen Fruchtruten, Spießen und Sprossen

Ertrag auf Slg mittelspät und später, ab 7., 8. Standjahr gering, später höher, regelmäßig; auch Ertragsangaben von Anbauern unterschiedlich, von früh und hoch bis spät, gering und alternierend

Bf/Ul auf Slg für alle Formen geeig., bevorzugt Vst, B; auf Cyd. A mit Zwv. für B und Sp

Widerstandsfähigkeit Holz und Blüten gering gegen Frost; örtlich anf. für Schorf

Standort falls größere Produktion, dann nur für wärmste Lagen, um früh den Handel zu beliefern; für nährstoffreiche, genügend feuchte, offene Böden, auf ärmeren kleinfrüchtig

Anbaueignung einst im Streuanbau verbreitet, von daher noch Handelsabgabe, meist als unbekannte Sorte, für SV entbehrlich, weil zu rasch teigig, für Großproduktion wenig geeig., da 'Trévoux' und 'Clapps' höhere Erträge liefern; für Liebhaber edler Sorten zur Aufveredlung auf einen Ast eines Mehrsortenbaumes; für Siedler zur Handelsabgabe erwünscht

Ähnliche Früchte anderer Frühsorten kaum mit dieser Augustbirne verwechselbar

Reifegrad der abgebildeten Frucht genußreif

Grumkow 16

Vollständiger Name Grumkower Butterbirne
Herkunft Deutschland, s. Seite 194
Frucht *Pflückreife:* A 10 *Genußreife:* 10–11
groß, 70–80 mm breit, 90–120 mm hoch, 150–250 g schwer; Form birnen-, glockenfg., mittel- bis kelchbauchig, kelchseits breit abgeplattet, stielwärts kegelfg., eingeschnürt, verjüngt; Fruchtseiten typ. beulig, dadurch kantig, eckig wirkend; *Kelchgrube* flach, breit, beulig, wulstig, rippig; *Kelch* offen, groß, Blätter mittellang, schmal, spitz, teils unvollkommen, wenn gut ausgebildet sternfg. aufliegend; *Stielgrube* fehlt, zum Stiel stumpfkegelfg., meist einseitig schief abfallend, teils berostet; *Stiel* aufsitzend, oft mit Fleischwulst, gerade oder seitlich gedrückt, 30–45 mm lang, 3–4 mm dick,holzig, an der Frucht grün, am Ende bräunlich; *Schale* glatt, trocken, feinnarbig, fest, dicht, vorm Fruchtvz. zu schälen; GF fahles Grün, hell weißlichgrün, reif nur gelblichgrün, DF, wenn vorhanden, schwach rötlich, gehaucht, verwaschen; Schalenpunkte klein, braun, zahlreich; Berostung nur kleinere Flecken; *Fleisch* var., grünlichweiß, gelblich, auch lachsgelblich, grobzellig, feinkörnig, mit Steinzellen ums Kernhaus, halbschmelzend, auch schmelzend, saftig, unverwechselbar erquickend weinsäuerlich, wenig süß, feinwürzig
Anfällig für Schorf, Steinzellenbildung, genußreif sehr druckempf., bald teigig
Ernte möglichst spät, A–M 10, doch vor Herbststürmen bis zur Baumreife windfest, danach fallend, hart transpfg.; pflückschwierig, besonders an alten, hohen Bäumen, da grüne Früchte im Laub nicht auffallen
Lager im NL bei kühler Lagerung 3–4 Wochen, Freilager bis Frosteinbruch, Kontrollen auf Fäulnis; KL nicht geprüft
Verwendung weinsäuerliche Tafelbirne für Frischvz., häusl. Kompott, Naßkonserve
Baum Wuchs mittelstark, im Jugendstadium krummwüchsig; Gerüstäste nur bei straffen Erziehungsschnitten schräg aufrecht, sonst bald hängend; Verzweigung genügend, locker, zum Hängen neigend; Fruchtholz Ruten und Kurzholz; Kronenform breitpyramidal; nach Erziehungsschnitten überwachen, hängende Äste auf aufrechte Neutriebe schneiden; nicht für Hecken und Spalierformen
Blüte langwährend, wenig witterungs- und frostempf., Blütensitze sind Fruchttruten, Spieße, Sprosse
Ertrag auf Slg mittelfrüh bis mittelspät, später hoch, regelmäßig
Bf/Ul auf Slg mit Stb für alle Baumformen, ohne Stb krummwachsend; als N für B und Sp auf Cyd. A nur mit Zwv., direkt nicht verträglich
Widerstandsfähigkeit Holz und Blüten gegen Frost genügend bis gut; örtlich anf. für Schorf
Standort einst in nördlichen Bezirken stärker angebaut, doch die Sorte braucht warme, trockene Lagen, die den Schorf nicht begünstigen, hier für tiefgründige, nährstoffreiche, ziemlich feuchte, nicht trockene Böden, nicht für windige Lagen
Anbaueignung von alten Bäumen, sie können über 100 Jahre alt werden, erhält der Handel heute noch große Früchte; jetzt nicht für Großproduktion; für SV, Siedler, auch ländliche Gärten als Herbstsorte entbehrlich; für Liebhaber weinsäuerlicher Sorten zur Aufveredlung geeig.
Ähnliche Früchte können haben Le Lectier, Six, Napoleons, Hardenponts, Poiteau s. Seite 227 f.
Reifegrad der abgebildeten Frucht genußreif

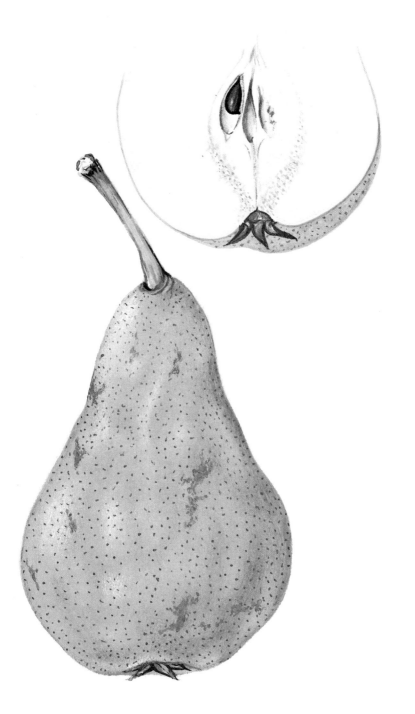

Gute Graue 17

Erster Name unbekannt **Synonyme** zahlreich

Herkunft ungewiß, Frankreich oder Holland, in der Literatur teils verwechselt als 'Beurré Gris' mit 'Grauer Herbstbutterbirne', sehr alte Sorte, wohl schon im 17. Jh. bekannt

Frucht *Pflückreife:* A 9 *Genußreife:* A–M 9

klein bis mittelgroß, 40–50 mm breit, 55–70 mm hoch, 50–75 g schwer; spez. Gew. 1,006; Form birnen-, kreisel-, stumpfkegelfg., mittel – kelchbauchig, zum Stiel verjüngt; Fruchtseiten eben, glatt; *Kelchgrube* flach oder fehlend, etwas bucklig; *Kelch* groß, offen, Blätter lang, breit, lang zugespitzt, fast hornartig, sternförmig, am Grunde getrennt; *Stielgrube* flach oder fehlend, schwach bucklig, teils mit kleinem Fleischwulst; *Stiel* 20–25 mm lang, 2,5–4 mm dick, holzig, braun, gerade oder durch Fleischwulst schräg aufsitzend; *Schale* trocken, rauh, grießig, hart, vorm Fruchtvz. zu schälen; GF gelbgrün, DF, wenn vorhanden, braunrötlich verwaschen; Schalenpunkte dicht, typ. rostartig, heller als GF; Berostung dunkel gelbbraun, überzieht meist flächig die ganze Frucht, *Fleisch* gelblichweiß, feingrießig, schmelzend, saftig, typ., kräftig harmonisch süßsäuerlich, edel aromatisch, von köstlichem Wohlgeschmack

Anfällig selten für Schorf, Neigung zur Steinzellenbildung ums Kernhaus, genußreif rasch teigig

Ernte je nach Höhenlage ab E 8, A 9, M 9, kurz vor Baumreife, bis dahin windfest, dann fallend, pflückschwierig an alten, hohen Bäumen; nur baumreif transpfg., sofort Handelsabgabe

Lager im NL nur kurz lagerfg., etwa 7 Tage, zum Sofortverbrauch; KL nicht geprüft

Verwendung Tafelbirne zum Frischvz., Kompott, Naßkonserve, IA Dörrfrucht, hartreif für Saft

Baum Wuchs sehr stark, lange Triebkraft, lange Lebensdauer, weit über 100 Jahre, im Alter eichenstark; Gerüstäste schräg bis steil aufrecht, dicht mit Seitenholz besetzt, teils hängend, Fruchtholz als Spieße und Sprosse; Kronenform breitrund, sparrig; nach Erziehungsschnitten nur auslichten

Blüte kurzblühend, witterungsempf., Blüten an Spießen und Sprossen

Ertrag spät, nicht vor 10. Standjahr einsetzend, später sehr hoch, Massenerträge, jedes 2. Jahr

Bf/Ul nur für höhere Stammformen, H, h, Vst auf Slg; mit Cyd. A direkt nicht verträglich, mit Zwv. entbehrlich

Widerstandsfähigkeit hoch gegen Holz-, mäßig gegen Blütenfrost; im Jugendstadium lokal anf. für Schorf

Standort breit anbaufähig auf allen nicht zu trockenen Standorten, hier Früchte zu klein und rissig, für tiefgründige Böden, bewährt in Höhen- und Rauhlagen bis zu Grenzlagen des Birnenanbaus

Anbaueignung nicht für Großproduktion, nicht für SV und Siedler in tieferen Lagen, nicht für Straßenobstbau; allgemein für ländliche Gärten mit genügend Raum in höheren Lagen, wertvoll durch Fruchtgüte und Widerstandsfähigkeit, Früchte für Verarbeitung, Fruchtbäume für Landschaftsgestaltung, auch für Grasland verwendbar; einst stark angebaut als wohlschmeckende Sommerbirne, heute noch Fruchtanfall im Handel

Ähnliche Früchte können haben Volkmarserbirne, Amanlis, Elsa, Gellert, Marianne, Robert de Neufville s. Seite 220, 228

Reifegrad der abgebildeten Frucht genußreif

Gute Luise 18 *

Vollständiger Name Gute Luise von Avranches

Herkunft Frankreich, s. Seite 194

Frucht *Pflückreife:* ab A 9–A 10 *Genußreife:* E 9–E 10
mittel bis groß, 55–60 mm breit, 80–95 mm hoch, 100–200 g schwer; spez. Gew. 1,006;
Form birnenfg., meist ziemlich einheitlich kegelfg., kelchbauchig; Fruchtseiten eben
mit flachen Beulen, oft ungleichseitig; *Kelchgrube* flach bis mitteltief, mäßig weit, mit
flachen Buckeln, Falten, auch Fleischperlen; *Kelch* offen oder halboffen, Blätter kurz,
schmal, dunkel, aufrecht, Spitze umgebogen, meist einzelständig, seltener verwachsen,
Staubfäden hochständig; *Stielgrube* fehlt meist, sonst wulstig, flach; *Stiel* 20–35 mm lang,
3–4 mm dick, meist grün an der Frucht, zum Ende braun, kurz gerade, falls länger,
leicht gebogen, aufsitzend, auch mit kleinem Fleischwulst und von ihm zur Seite gedrückt; *Schale* glatt, geschmeidig, mäßig fest, dünn, zart, beim Fruchtvz. wenig störend;
GF trüb grünlichgelb, reif schwach rötlichgelb, DF rötlichbraun, trüb rötlichorange bis
gelblichrot, flächig, Streifung verwaschen; zahlreiche dichte rostartige braune Schalenpunkte, in GF grün, in DF rot umhöft, ähnlich 'Forellenbirne'; geringer netzartiger
Rost und Rostflecken; *Fleisch* gelblichweiß, fein, vollschmelzend, sehr saftig, harmonisch süßsäuerlich, unverkennbar sortentyp. hocharomatisch

Anfällig stark für Schorf, an alten Bäumen kleinfrüchtig; für viröse Steinfrüchtigkeit

Ernte hartreif, kurz vor Baumreife, auf Cyd. A früher als auf Slg, bei zu später Ernte geringere Saftig- und Haltbarkeit; Fruchthang einzeln, paarig, windfest bis zur Baumreife, dann
fallend; gut pflückbar, Leistung hoch, baumreif gut transpfg., genußreif druckempf.

Lager im NL, möglichst Freilager, je nach Herkunft bis E 10, A 11; für KL gut geeig., bei
−1°C 90 % rel. Luftfeuchtigkeit 6–7 Monate; Auslagerung und Nachreife bei +18°C in
4–8 Tagen; Qualität gut aromatisch, Fäulnisverluste 1–2 %, Schwund 3–5 %

Verwendung hocharomatische Spitzentafelsorte für Frischvz., ind. und häusl. Naßkonserve, hartreif für Saft, vorzügliche Delikateßdörrfrucht

Baum Wuchs anfangs mittel bis fast stark, mit Beginn hoher Erträge nur noch schwach;
Gerüstäste schräg bis steil aufrecht, dicht mit Seitenholz besetzt; Fruchtholz kurz, Frucht-
sprosse und -spieße; Kronenform hochpyramidal; nach Erziehungsschnitten auslichten
und laufend überwachen, bei höheren Baumformen Krone rechtzeitg vor Vergreisung
verjüngen; für Hecke und Wandobstbau gut geeignet.

Blüte ziemlich kurzwährend, spätfrostempf., aber wenig witterungsempf. zur Blütezeit;
Blüten an Kurztrieben und lateral an zweijährigen Langtrieben

Ertrag früh, auf Cyd. A ab 4.–5. Standjahr, auf Slg mittelfrüh, ab 6.–7. Standjahr, später
regelmäßig, im Wechsel von sehr hohen und mittelhohen Erträgen

Bf/Ul auf Slg für alle Baumformen; mit Cyd. A direkt möglich, besser mit Zwv.

Widerstandsfähigkeit Holz und Blüten nur mäßig gegen Frost; stark anf. für Schorf und
Weißfleckenkrankheit, für Viren s. Seite 73 , lokal empf. gegen Kupfer-, Schwefelmittel

Standort breit anbaufähig bis mittlere Höhenlagen auf nährstoffreichen, genügend feuchten, bevorzugt wärmeren Böden, nicht für stark kalkhaltige

Anbaueignung möglich für Großflächen, für SV, Wochenend-, Siedler-, Haus- und ländliche Gärten; in Europa weit verbreitete Herbstsorte wegen der hervorragenden Fruchtgüte

Ähnliche Früchte können haben Köstliche von Charneu, Forellenbirne, Gute von Ezée,
Hofratsbirne s. Seite 228 f.

Reifegrad der abgebildeten Frucht vollreif

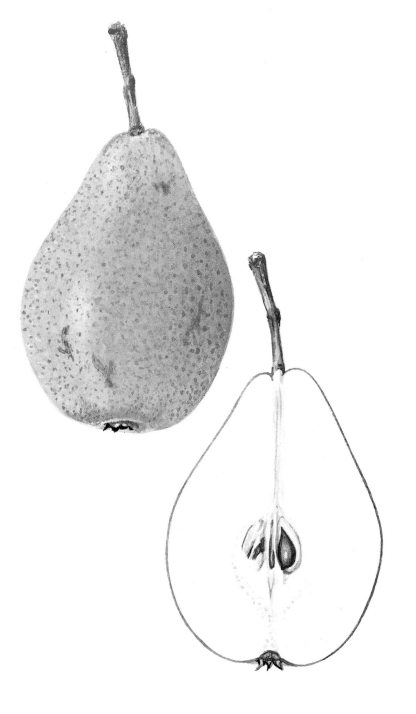

Hardenponts Butterbirne 19

Vollständiger Name Hardenponts Winterbutterbirne
Originale Namensform Beurré d'Hardenpont
Synonyme viele
Herkunft Belgien, seit 1759 bekannt, seit 1810 in Deutschland, Züchter Abbé Hardenpont in Mons
Frucht *Pflückreife:* E 10 *Genußreife:* E 11–1
mittelgroß bis sehr groß, 60–85 mm breit, 80–100 mm hoch, 200–350 g schwer; Form var., birnenfg., typ. stark mittel- bis kelchbauchig, zum Kelch und Stiel eingezogen, auch eingeschnürt, kelchseits abgeplattet, stielseits gerade oder schief abgestumpft; Fruchtseiten ungleich mit Kanten, Furchen, auch beulig; *Kelchgrube* tief, mittelweit, mit deutlichen Rippen; *Kelch* mittelgroß, halboffen, Blätter var., kurz bis mittellang, lange grünbleibend, hornartig, aufrecht, auch gedreht; *Stielgrube* mittel bis tief, eng, wulstig, hellbraun stahlig berostet; *Stiel* 25–50 mm lang, 3,5 mm dick, braun, holzig, etwas gebogen; *Schale* glatt, geschmeidig, dick, fest bis ledrig, vorm Fruchtvz. zu schälen; GF trüb weißlichgrün bis fahl olivgrün, hellt reif gelb auf; DF an DDR Standorten meist fehlend, an südlich warmen örtlich gehaucht verwaschen; Schalenpunkte fein, zahlreich, grün umhöft; Berostung hellbraun, meist nur um Stielgrube; *Fleisch* grünlich-, gelblichweiß, von warmen Standorten feinzellig, vollschmelzend, sehr saftig, erfrischend süßsäuerlich, zart aromatisch, sehr wohlschmeckend, an ungeeig. Standorten grob, rübig; nur eine Kochbirne
Anfällig für Schorf, Jungfrüchte für Birnengallmücke, für Steinzellenbildung, Fruchtrisse, Krüppelfrüchte
Ernte spät, Früchte windfest, einzeln, sorgfältig, druckfrei pflücken; auch baumreif druck- und transpempf.
Lager im NL, je nach Herkunft, bei +4°C bis Januar; im KL und CAL 5–6 Monate
Verwendung aus südlichen Ländern, von warmen Lagen eine der edelsten Wintertafelbirnen zum Frischvz., häusl. Kompott oder Kochbirne
Baum Wuchs mittelstark; Gerüstäste schräg aufrecht, gut verzweigt, Seitenholz reich mit Fruchttruten, -sprossen, -spießen besetzt; Kronenform breitpyramidal; nach Erziehungsschnitten laufend überwachen, Knospen treiben willig aus, Krone licht halten; auch für kurzen Schnitt, gut für Hecke und Wandobstbau
Blüte langwährend, mäßig empf. gegen Spätfröste und Regen, Blütensitze an Fruchttruten und am Kurzholz
Ertrag normalerweise früh, oft verzögert, da nach reichem Blütenbesatz Jungfrüchte plötzlich abgestoßen werden, später mittelhohe, regelmäßige Erträge
Bf/Ul nur für N als B, Sp, Spalierformen auf Cyd. A mit oder ohne Zwv.
Widerstandsfähigkeit gering gegen Holzfrost, Blütenfrost; anf. für Schorf
Standort nur für warme Standorte, Weinbaulagen, für Spaliere an Mauern, für warme, nährstoffreiche, genügend feuchte Böden
Anbaueignung nicht für Großanbau in der DDR; in VR Ungarn, VR Bulgarien, SR Rumänien im Marktanbau für Export; früher, nicht nur in Weinbaulagen stark verbreitet, auch um Berlin, in den Bezirken Magdeburg, Halle, Leipzig, Dresden und anderorts, hier wurden in warmen Jahren gute Erträge mit wohlschmeckenden Früchten erzielt; versagt haben immer Bäume in höheren Lagen, an kalten Standorten; heute für Liebhaber an südlichen Wänden im Wandobstbau erfolgversprechend
Ähnliche Früchte können haben Six, Le Lectier s. Seite 228
Reifegrad der abgebildeten Frucht genußreif

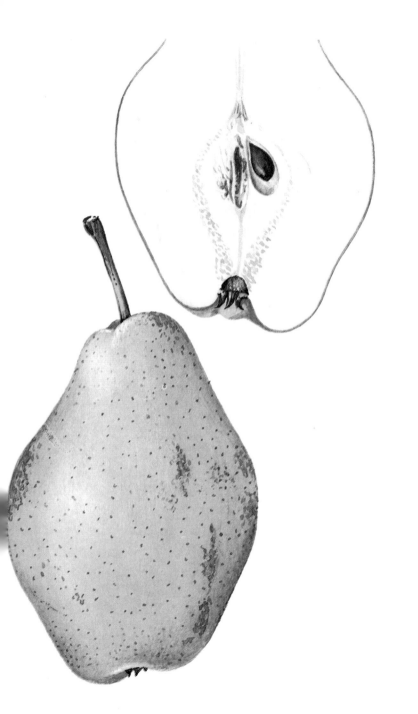

Hochfeine Butterbirne 20

Originale Namensform Beurré Superfin
Herkunft Frankreich, vom Baumschuler Goubault in Mille-Pieds bei Angers 1837 gezogen, erste Früchte 1844
Frucht *Pflückreife:* E 9, A 10 *Genußreife:* ab M 10–M 11
mittelgroß bis groß, 60–75 mm breit, 70–90 mm hoch, 120–250 g schwer; Form breit kreiself., auch ovalrundlich, mittel- bis kelchbauchig, um den Kelch abgestumpft gerundet, stielwärts verjüngt mit typ. fleischigem Übergang in den Stiel; Fruchtseiten eben, kaum schwach beulig; *Kelchgrube* mittelweit, mittel bis tief, schwach wulstig oder rippig, teils mit Fleischperlen, meist berostet; *Kelch* klein, halboffen oder geschlossen, Blätter schmal, spitz, hellbraun, hornartig, aufrecht, zur Mitte geneigt; *Stielgrube* fehlt; *Stiel* 30–45 mm lang, 4–7 mm dick, braun, holzig, an beiden Enden verdickt, an der Frucht typ. fleischig knopfartig verdickt, wie aus dem Fruchtfleisch ausgezogen; *Schale* trocken, glatt, berostet, stumpf, dünn, zart, beim Fruchtvz. kaum störend; GF grün, reif gelbgrün bis grünlichgelb, DF, wenn vorhanden, oft nur in Spuren, bräunlichrot verwaschen; Schalenpunkte klein, braun, zahlreich, unauffällig; Berostung fleckig, netzartig um den Kelch, am Stielansatz, auf den Seiten auch flächig; *Fleisch* grünlich- bis gelblichweiß, butterhaft weich, feinzellig, schmelzend, sehr saftig, vorherrschend fein weinsäuerlich, genügend süß, harmonisch edelaromatisch; von geeig. Standorten eine „hochfeine" Herbstbirne mit typ. delikatem Geschmack
Anfällig örtlich für Schorf, reif sehr druckempf.
Ernte kurz vor Baumreife, bis dahin windfest, druckfrei ernten, nur baumreif transpfg.
Lager im NL, möglichst Freilager, 2–3 Wochen lagerf., vollreif rasch teigig; KL nicht geprüft
Verwendung feine Herbsttafelbirne für Frischvz., häusl. Kompott, Naßkonserve
Baum Wuchs mittelstark; Gerüstäste schräg aufrecht, gut verzweigt, später dicht, hängend; Fruchtholz sind Spieße, Sprosse, Quirlholz; Kronenform breitpyramidal; mäßig schneiden, nach Erziehungsschnitten waagerecht binden, um frühes Fruchten zu erreichen, später auslichten, laufend überwachen; Hecke und Spalierformen möglich, doch wegen der geringen und späten Anfangserträge nicht zu empfehlen
Blüte mittellang während, frost- und witterungsempf., Blütenbildung spät, am Kurzholz
Ertrag mittelspät bis spät auf Slg, im Vollertrag hoch und jährlich, an ungeeig. Standorten Erträge gering
Bf/Ul auf Slg für alle Stammlängen geeig.; auf Cyd. A direkt verträglich, besser mit Zwv., da längere Lebensdauer
Widerstandsfähigkeit Holz und Blüten mäßig gegen Frost; örtlich anf. für Schorf
Standort anspruchsvoll, anbaufähig auf wärmeren Standorten bis 250 m NN Höhenlage, für nährstoffreiche, genügend feuchte Böden; früher in den Bezirken Halle, Magdeburg, auch im Straßenobstbau
Anbaueignung im Handel noch Fruchtanfall von älteren Bäumen. Die sehr wohlschmeckende Sorte hat zwei entscheidende Nachteile für den Anbau, ihr später Ertragsbeginn und ihre Reife im Oktober, wo beste Herbstbirnen reichlich anfallen, daher nicht für Großproduktion, auch SV und Siedler können sie entbehren, für Liebhaber genügt Aufveredlung auf einen Ast
Ähnliche Früchte können haben Neue Fulvie, Madame Favre s. Seite 227
Reifegrad der abgebildeten Frucht genußreif

Hofratsbirne

Originale Namensformen Maréchal de Cour (1842) und Conseiller de la Cour (ab 1853)
Herkunft Belgien, eine der letzten Züchtungen von van Mons, Löwen, nach seinem Sohne, dem Hofgerichtsrat zu Brüssel benannt, erste Früchte 1840
Frucht *Pflückreife:* E 9 *Genußreife:* M 10–M 11
mittel bis groß, 60–75 mm breit, 75–95 mm hoch, 120–150 g schwer; Form birnen-, stumpfkegelfg., kelchbauchig, rundlich um den Kelch, zum Stiel verjüngt, eingeschnürt; Fruchtseiten eben, teils ungleichseitig; *Kelchgrube* flach, eng bis mittelweit, teils berostet; *Kelch* hochsitzend, offen, Blätter braun, feinwollig, hornartig, Spitzen zurückgeschlagen, am Grunde verwachsen; *Stielgrube* oft fehlend, flach, meist mit oft einseitiger Rostkappe; *Stiel* 15–35 mm lang, 3–4 mm dick, holzig, zimtbraun, verdickt am Ende und an der Frucht, leicht gebogen, oft durch kleinen Fleischwulst seitlich gedrückt; *Schale* glatt, trocken, sich auch rauh anfühlend, durch die typ. zahlreichen braunen, grün umhöften Schalenpunkte, vorm Schälen. zu schälen; GF gelbgrün, grüngelb, DF meist fehlend, wenn vorhanden, trüb bräunlichrot verwaschen mit netzartigen Rostfiguren, die Früchte auch dichter überziehen können; *Fleisch* gelblichweiß, mittelfein, halbschmelzend, saftig, ums Kernhaus körnig, säuerlich bis herb, schwach süß ohne typ. Aroma
Anfällig für Schorf, Steinzellenbildung ums Kernhaus
Ernte vor der Baumreife, hartreif, verbessert Fruchtgüte und Saftigkeit; Früchte hängen einzeln und paarig, sehr windfest bis zur Baumreife; gut pflückbar, Pflückleistung hoch; hartreif gut transpfg.
Lager im NL, je nach Herkunft, bis M 11, auch E 11, bei Freilagerung; KL nicht geprüft
Verwendung Speisebirne zum Frischvz., häusl. Kompott, Naßkonserve, hartreif für Saft, gute Dörrfrucht
Baum Wuchs anfänglich und in der Baumschule stark, später mittelstark; Gerüstäste schräg aufrecht, später untere Äste hängend, gut mit Seitenholz besetzt; Fruchtholz sind lange Fruchtruten, diese beim Schnitt erhalten; Kronenform hochpyramidal; nach Erziehungsschnitten überwachen und auslichten, später verjüngen, zur Obsthecke und für Wandobstbau gut geeig.
Blüte langwährend, empf. gegen Spätfrost und Nässe, Blütensitze an Fruchtruten und am Kurzholz
Ertrag auf Cyd. A früh ab 4.–5. Standjahr, auf Slg mittelfrüh, hoch, regelmäßig; örtlich sind auch geringere Erträge erzielt worden
Bf/Ul für N und Spalierformen auf Cyd. A, mit ihr direkt gut verträglich, mittelstarkes Wachstum und früh gute Erträge bringend; für höhere Stammlängen auf Slg
Widerstandsfähigkeit Holz beachtlich hoch gegen Frost, auch als Stb frosthart; anf. für Schorf
Standort breit anbaufähig bis in Höhenlagen auf allen birnenanbaufähigen Standorten mit genügend Nährstoffen und ausreichender Feuchtigkeit im Boden
Anbaueignung einst in Europa weit verbreitet bis Dänemark, Schweden wegen der hohen Erträge, der relativ geringen Standortansprüche und der Frostwiderstandsfähigkeit des Holzes, heute kaum noch vermehrt, da keine Tafelbirne 1. Ranges, daher nicht für Großflächenanbau, aber auch für SV und Siedler entbehrlich, da 'Konferenzbirne' u. a. Sorten dieser Reifezeit sie im Geschmack übertreffen; im Handel örtlich noch anfallend
Ähnliche Früchte können haben Blumenbachs, Gute Luise, Köstliche von Charneu s. Seite 220
Reifegrad der abgebildeten Frucht genußreif

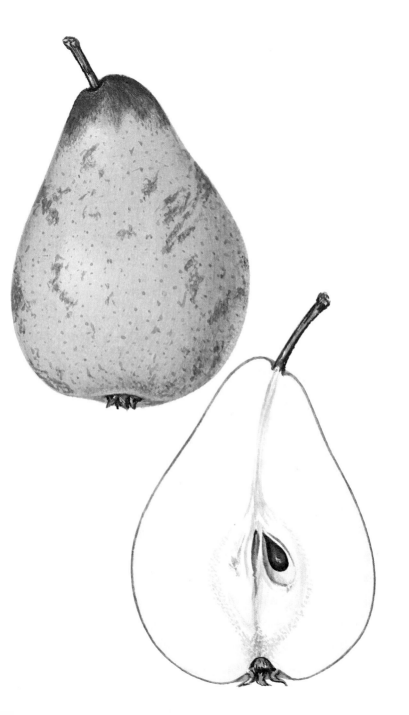

Jeanne d'Arc 22*

Herkunft Frankreich, Baumschuler Arsene Sannier, Rouen, züchtete die Sorte 1885 aus der Kreuzung 'Diels Butterbirne' x 'Vereinsdechantsbirne', 1893 dem Handel übergeben
Frucht *Pflückreife:* E 10, A 11 *Genußreife:* E 11–12–1
mittelgroß 65–68 mm breit, 70–85 mm hoch, 135–160 g schwer; groß 66–73 mm breit, 76–85 mm hoch, 170–220 g; sehr groß 71–79 mm breit, 86–106 mm hoch, 225–300 g und schwerer; Form birnen-, glocken-, breit stumpfkegelfg., dick, kelchbauchig, zum Stiel verjüngt, mäßig eingeschnürt; Fruchtseiten gleich oder ungleich, meist uneben, schwach beulig durch breite Kanten, die vom Kelch zur Stielfläche verlaufen; *Kelchgrube* flach bis mitteltief, mittelweit, meist mit ungleich breiten Wülsten und Falten; *Kelch* offen, Blätter hornartig, 6–7 mm lang, schmal, spitz, oberseits braun, unterseits grün, voll ausgebildet ein fünfstrahliger Stern; *Stielgrube* var., unregelmäßig, flach bis mitteltief, eng bis mittelbreit, umgeben von unterschiedlich hohen Wülsten, teils schief, oft mit Rostkappe; *Stiel* var., 18–30 mm lang, 3,5–5 mm dick, holzig, braun, oft seitwärts geneigt; *Schale* trocken, durch zahlreiche braune Punkte und Berostung stumpf bis fast rauh, mitteldick, fest, vorm Fruchtvz. zu schälen; GF trübgrün, reif gelbgrün, DF meist fehlend, sonst trüb braunrötlich verwaschen, zahlreiche einzelne und zusammenhängende Rostflecke können die GF verdecken; *Fleisch* gelblichweiß, meist vollschmelzend, auch zart grießig, sehr saftig, von geeig. Standorten süß, mildsäuerlich, edelaromatisch, sehr wohlschmeckend
Anfällig örtlich, mäßig für Schorf, genußreif druckempf.
Ernte sehr spät, aber vor Nachtfrösten; Früchte einzeln, paarig, windfest, gut pflückbar; hartreif gut transpfg.
Lager im NL, ohne teigig zu werden gut bis 12, auch länger; für Kl geeig.
Verwendung erstklassige Wintertafelbirne zum Frischvz.
Baum Wuchs mittelstark; Gerüstäste typ. steil aufrecht, fast parallel zum Mittelast, gering verzweigt, Seitenholz gut besetzt mit Fruchtsprossen und -ruten; Kronenform schmal pyramidal; bei Erziehungsschnitten Verzweigung fördern, laufend überwachen, verjüngen; für Hecke und Wandobstbau und auf Cyd. A für dichtere Pflanzenabstände von 2,0 m gut geeig.
Blüte langwährend, wenig frost- und witterungsempf., Blütensitze am Kurzholz
Ertrag auf Cyd. A ab 4. Standjahr mittelhoch, regelmäßig, auf Slg ab 6. Standjahr ebenso
Bf/Ul nur für N, mit Cyd. A verträglich, bessere Triebkraft und Lebensdauer mit Zwv.; für leichtere Böden auch auf Slg geeig., Kronenvolumen bleibt auch hier begrenzt
Widerstandsfähigkeit Holz und Blüten mäßig bis genügend gegen Frost; örtlich geringer gegen Schorf
Standort breit anbaufähig bis zu geschützten Höhenlagen von 400 m NN auf nährstoffreichen, genügend feuchten, wärmeren Böden und Lagen, nicht für nasse, kalte; bevorzugt für warme Standorte, für Weinbaugebiete, hier vorzügliche Fruchtqualität
Anbaueignung an geeig. Standorten zur Produktion auf Großflächen als Wintertafelbirne durch große, windfeste, gut transp.- und kühllagerfg., wohlschmeckende Früchte möglich; für SV, Siedler, in Wochenend- und Hausgärten besonders als Wandobstbau eine vorzügliche Dezemberbirne als Folgesorte nach'Vereinsdechantsbirne'
Ähnliche Früchte können haben Präsident Drouard, Diels Butterbirne, Angoulême, Madame Bonnefond, Napoleons Butterbirne, Alexander Lucas , Blumenbachs Butterbirne s. Seite 223, 229 f.
Reifegrad der abgebildeten Frucht vollreif

Josephine von Mecheln 23

Originale Namensform Joséphine de Malines
Herkunft Belgien, um 1830 von Esperen, Mecheln, gezüchtet, nach seiner Frau benannt
Frucht *Pflückreife:* sehr spät E 10, A 11 *Genußreife:* 1–3
klein, 50–70 mm breit, 60–70 mm hoch, 110–140 g schwer; spez. Gew. 1,00; Form kreiselfg., kelchbauchig; Fruchtseiten eben, seltener schwach beulig, oft ungleichseitig; *Kelchgrube* var. flach bis mitteltief, eng; *Kelch* mittelgroß, offen oder halboffen, Blätter kurz bis mittellang, breit, spitz, hart, schwarzbraun, an Basis verwachsen; *Stielgrube* flach, auch fehlend, teils mit Fleischhöcker, der den Stiel seitwärts drückt, mit typ. Rostkappe; *Stiel* 20–40 mm lang, 3–3,5 mm dick, zur Frucht und zum Ende knopfig verdickt, braun, holzig; *Schale* glatt, trocken, dünn, hart, vorm Fruchtvz. zu schälen; GF gelbgrün, grünlichgelb, DF, wenn vorhanden, schwach orange, blaßrötlich, gehaucht, verwaschen; Schalenpunkte klein, zahlreich, dicht, rostartig; Berostung fleckig, netzartig, teils auch die Frucht flächig überziehend; *Fleisch* lachsgelblich, ähnlich 'Konferenzbirne', fein, butterhaft, vollschmelzend, sehr saftig, süß, kaum säuerlich, feinaromatisch, zuckermelonenartig; genußreif haltbar ohne gleich teigig zu werden
Anfällig örtlich gering für Fruchtschorf, stärker für Blattschorf, kaum für Steinzellenbildung
Ernte sehr spät, Früchte hängen noch E 10 sturmfest und lösen nur schwer vom Fruchtkuchen, bei zu früher Ernte im Lager welkend; Meisen picken im Oktober Früchte am Stiel an, Schutz durch netzartige Stoffe wichtig
Lager bei Späternte sehr gut im NL ohne Welken bis 2, 3, vorteilhaft Lagerung in Foliebeuteln; für KL bei −1°C gut 4–6 Monate
Verwendung hochfeine, vollsaftige Wintertafelbirne zum Frischvz.
Baum Wuchs schwach; Gerüstäste schräg aufrecht, gut verzweigt, später waagerecht und hängend, mit langen Fruchtruten, später auch mit Kurzholz, Fruchtspießen und -sprossen besetzt; Kronenform breitrund, hängend; für Gerüstäste straffe Erziehungsschnitte, Fruchtruten bleiben unbeschnitten, laufende Überwachung, auslichten, rechtzeitig verjüngen, um Trieb- und Fruchtgröße zu erhalten, falsche, kurze Schnitte mindern den Ertrag; für Hecke nicht geeig.
Blüte langwährend, wenig frost- und witterungsempf., Blütensitze an langen Fruchtruten und Terminalknospen vorjähriger Triebe
Ertrag mittelspät auf Slg, mittelfrüh auf Cyd. A mit Zwv. bei sortengemäßen Schnitten, mittelhoch, jährlich im Wechsel von höheren und geringeren Erträgen
Bf/Ul für N auf Slg, als Vst und h mit Stb 'Gellert'; auf Cyd. A nur mit Zwv., sonst bald erschöpft; sehr gut zur Aufveredlung, erfordert genaue, sorgfältige Veredlung
Widerstandsfähigkeit Holz und Blüte beachtlich gegen Frost; anf. für Blattschorf
Standort eine der wenigen Wintertafelbirnen mit großer Anbaubreite von Küstenbezirken bis zu mittleren Höhenlagen, die qualitativ befriedigt; für nährstoffreiche, genügend feuchte Böden; warme Böden und Lagen fördern die Fruchtgüte
Anbaueignung für Großproduktion Früchte zu klein, für SV, Siedler eine Hauptwintersorte für alle Standorte, an denen noch Tafelbirnen gedeihen; auch aufveredelt auf entbehrliche Frühsorten
Ähnliche Früchte können haben Winternelis, Esperens Herrenbirne s. Seite 225
Reifegrad der abgebildeten Frucht vollreif

Jules Guyot

Vollständiger Name Dr. Jules Guyot

Herkunft Frankreich, Züchtung der Baumschuler Gebr. Baltet in Troyes, 1875 dem Handel übergeben

Frucht *Pflückreife:* E 8 *Genußreife:* E 8 – A 9
groß bis sehr groß, 40–70 mm breit, 70–115 mm hoch, 120–190 g schwer; spez. Gew. 1,002; Form lang birnen-, kegelfg., meist kelchbauchig, zum Stiel verjüngt, stumpfkegelfg.; Fruchtseiten beulig, von breiten Kanten überzogen, ungleichseitig; *Kelchgrube* flach, eng mit flachen Wülsten und Falten, teils berostet; *Kelch* groß, offen oder halboffen, Blätter var., hornartig, an Basis gerötet, getrennt, kurz bis lang, schmal, spitz, aufrecht; *Stielgrube* eng, flach, mit einseitigem Wulst, der den Stiel seitwärts drückt; *Stiel* var., aber typ. 20–40 mm lang, 3–7 mm dick, wenn kurz, fleischig, grün, wenn lang, holzig, braun und grün; *Schale* glatt, geschmeidig, hart, etwas grießig, brüchig, Frucht mit Schale verzehrbar; GF gelbgrün, reif weißlichgelb, DF, wenn vorhanden ,hell rötlichorange, flächig, verwaschen, kurz gestreift; Schalenpunkte rostartig, typ. grün umhöft; Berostung gering, gelbbräunlich, als Flecke, netzartig; *Fleisch* gelblichweiß, schmelzend oder halbschmelzend, weich, vollsaftig, mäßig süß, schwach säuerlich, ohne ausgeprägtes Aroma; Güte von angenehm bis leer, fad

Anfällig für Obstmade, wenig für Schorf; nur geringe Zeit genußfähig; Steinzellenbildung seltener

Ernte frühzeitig, vor Baumreife, hartreif nach 'Clapps', unbedingt vor 'Williams', Termin entscheidend für Güte und Absatz, bei später Ernte mehlig, Fruchtfall mit Baumreife; gut pflückbar, Leistung sehr hoch

Lager im NL 14 Tage, nicht überlagern, muß vor 'Williams' verkauft sein; für KL entbehrlich

Verwendung ansehnliche Sommerspeisebirne zum Frischvz.; häusl. für alle Verarb.; ind. hartreif für Saft

Baum Wuchs schwach bis kaum mittelstark; Gerüstäste schräg aufrecht , gering verzweigt; Fruchtholz Sprosse und Spieße; Kronenform pyramidal; Erziehungsschnitte straff, um Verzweigung zu fördern, jährlich überwachen, rechtzeitig Fruchtäste verjüngen, durch hohe Erträge stark zum Vergreisen neigend

Blüte langwährend, wenig witterungsempf., Blütensitze an Sprossen und Spießen; neigt stark zu Jungfernfrüchtigkeit

Ertrag früh, sehr hoch, regelmäßig

Bf/Ul für Vst, B und Sp auf Slg.; mit Cyd. A auch als Zwv. zu schwachwüchsig

Widerstandsfähigkeit Holz und Blüten mäßig gegen Frost; allgemein kaum anf. für Schorf, anf. für Virus Gummiholzkrankheit, bei Spritzungen örtlich kupferempfindlich, anf. für Weißfleckenkrankheit

Standort breit anbaufähig bis in mittlere Höhenlagen, auf besseren Böden, der hohe Ertrag erfordert reiche Nährstoffversorgung und genügend Feuchtigkeit auf leichteren, nicht für Grasland

Anbaueignung für SV entbehrlich, da die zeitlich folgende 'Williams Christ' geschmacklich wertvoller ist; für Großanbau, auch Siedler möglich in Industrie- oder Erholungsgebieten, wo stetiges Birnenangebot des Handels erforderlich und erwünscht ist, zur Überbrückung der Marktlücke zwischen 'Clapps' und 'Williams', positiv für den Anbau sind frühe, hohe, regelmäßige Erträge der äußerlich ansprechenden, großen, gelben Früchte, gute Pflückbarkeit und Pflückleistung, die Kleinkronigkeit und die geringe Anfälligkeit für Schorf

Ähnliche Früchte können haben Williams Christ, Pitmaston s. Seite 230

Reifegrad der abgebildeten Frucht baumreif

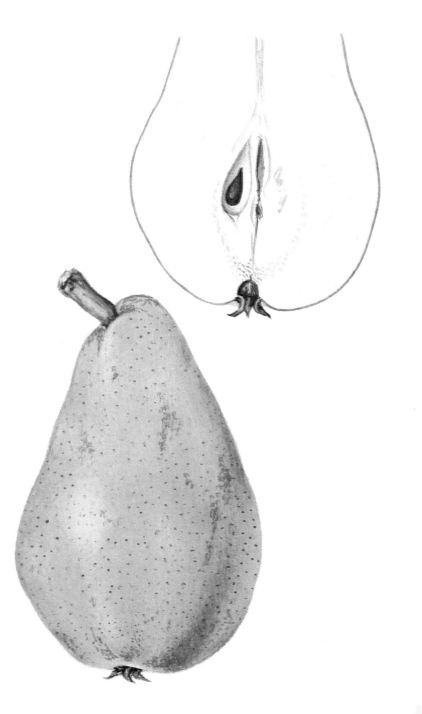

Köstliche von Charneu

Korrekter Name Légipont (in Belgien auch Legipont)

Synonyme Bürgermeisterbirne (Hamburg), Merveille de Charneu, Fondante de Charneu (Frankr.)

Herkunft Belgien, um 1800 von Martin Légipont in Charneu (jetzt Charneux), Provinz Lüttich, gefunden

Frucht *Pflückreife:* ab M 9–A 10   *Genußreife:* 10–E 11

mittelgroß bis groß, 60–70 mm breit, 85–110 mm hoch, 120–190 g, durchschnittlich 150 g schwer; spez. Gew. 0,991; Form var. birnenfg., kelchseits breit abgestumpft, stielseits kegelfg., ungleich eingezogen; Fruchtseiten ungleichmäßig, beulig, kantig; *Kelchgrube* flach, eng bis mittelweit mit Beulen, Buckeln, Falten, netzartig berostet; *Kelch* mittelgroß, offen, Blätter mittellang, spitz, aufrecht, gedreht, zurückgeschlagen oft kronenartig; *Stielgrube* eng, flach, oft fehlend, auch mit Fleischwulst, *Stiel* dann seitlich gedrückt, 20–40 mm lang, 2–3 mm dick; grünbraun gestreift, punktiert, holzig, teils knopfartig an Frucht verdickt; *Schale* glatt, trocken, stumpf, dünn, mittelfest, beim Fruchtvz. wenig störend; GF trüb gelbgrün, reif trübgelb, DF trüborange, gesprenkelt, verwaschen, gestreift; typ. zahlreiche mittelgroße braune Schalenpunkte, in GF grün, in DF rötlich umhöft; Berostung normalerweise gering oder fehlend; *Fleisch* gelblichweiß, weich, buttrig, schmelzend, saftig, kräftig süß, schwach säuerlich, feinwürzig, wohlschmeckend von wärmeren Standorten, von kalten nur halbschmelzend

Anfällig nur örtlich für Schorf, nur gering für Fleischbräune und Steinzellenbildung

Ernte je nach Standort und Jahreswitterung ab M 9, E 9, A 10; normalerweise windfest bis Baumreife, dann fallend, jahrweise auch davor; Fruchthang einzeln, durch grüne Farbe und an hohen Bäumen ernteschwierig; Holz brüchig; baumreif gut, vollreif nicht transpfg.

Lager im NL 4–5 Wochen, Freilager bis Frosteinbruch, eine der wenigen Herbstbirnen, die genußreif nicht gleich teigig, laufend Lagerkontrolle; gut für KL, sofort nach Ernte, bei −1°, ± 0° C bei 88–90 % rel. Luftfeuchtigkeit 5–6 Monate; ausgelagert Nachreife bei + 18° C

Verwendung wertvolle Handelssorte, Tafelfrucht für Frischvz., ind. und häusl. für Naßkonserve, Dörrfrucht, Saft

Baum Wuchs stark, Mittelast sehr stark, gerade, steil aufrecht, den Wuchstyp bestimmend; Gerüstäste untergeordnet, anfangs aufrecht, später waagerecht, im Bogen hängend, mäßig verzweigt; Fruchtholz kurz, Spieße und Sprosse; Kronenform typ. schmalpyramidal, ähnlich einer Fichte oder Pyramidenpappel; nach Erziehungsschnitten dauernd Mittelast unterdrücken, Gerüstäste fördern, hängende auf jüngere aufrechte kürzen; auslichten kaum nötig, da Krone licht, falls Mittelast zu hoch, dann sehr tief köpfen, sonst zwecklos; für Hecke schlecht geeig.

Blüte mittellang während; mäßig frostempf., Blüten am Kurzholz, mäßige Neigung zur Jungfernfrüchtigkeit

Ertrag mittelspät bis spät einsetzend, nicht vor 8. Standjahr, im Vollertrag später hoch, regelmäßig

Bf/Ul auf Slg für alle Baumformen geeig., auf Cyd. A nur mit Zwv. verträglich, allgemein nicht zu empfehlen

Widerstandsfähigkeit gering gegen Holz-, mäßig gegen Blütenfrost; örtlich anf. für Schorf, für Virus s. Seite 73, kupferempf.

Standort breit anbaufähig von Küste bis mittlere Höhenlagen für wärmere, nährstoffreiche, genügend feuchte Böden, für freie, nicht für Frost- und Schorflagen

Anbaueignung als wertvolle Handelsfrucht in Mitteleuropa weit verbreitet; für IP und SV Anbau eingeschränkt durch starken Wuchs, späten Ertragsbeginn; für Siedler- und ländliche Gärten zur Handelsbelieferung unverändert bedeutungsvoll

Ähnliche Früchte können haben Gute Luise s. Seite 229

Reifegrad der abgebildeten Frucht vollreif

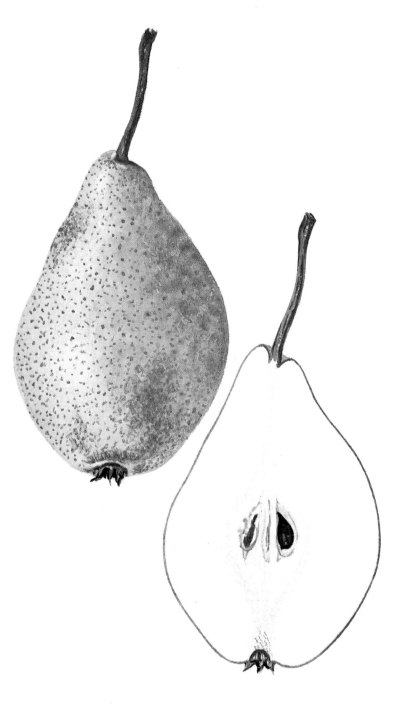

Konferenzbirne

26 *

Originale Namensform Conference
Herkunft England, Züchtung der Baumschule Rivers and Son in Sawbridgeworth; 1. Frucht 1884, ausgestellt und benannt nach der Nationalen Birnenkonferenz in Chiswick, im Versuchsgarten der Königl. Gartenbaugesellschaft vom 21. X.–4. XI. 1885; hier ausgezeichnet mit dem Zertifikat I. Klasse, seit 1894 im Handel
Frucht *Pflückreife:* M 9–A 10 *Genußreife:* 10–11
mittelgroß bis groß, 55–70 mm breit, 90–110 mm hoch, 100–200 g schwer, durchschnittlich 150–160 g; spez. Gew. 1,0; Form lang bis extrem lang birnenfg., flaschenfg., mittel- bis kelchbauchig, zum Stiel kegelfg. verjüngt; Fruchtseiten meist ebenmäßig, glatt; *Kelchgrube* flach, eng, etwas bucklig, auch fehlend; *Kelch* mittel bis groß, offen, Blätter mittel bis lang, spitz, aufrecht oder aufliegend, teils zurückgeschlagen, meist an Basis verwachsen; *Stielgrube* fehlend oder wulstig, den Stiel seitlich drückend; *Stiel* 25–45 mm lang, 2,5 mm dick, zur Frucht grün, in sie übergehend, zum Ende braun; *Schale* glatt, geschmeidig, rauh bei Berostungen; dick, fest, grießig, vollreif abziehbar, vorm Fruchtvz. zu schälen, da störend; GF trüb grünlichgelb, reif trübgelb, DF, wenn vorhanden, hellorange gehaucht; Schalenpunkte klein, braun, kaum auffällig, Berostung graubraun fleckig, um den Kelch auch geschlossen flächig; *Fleisch* von der Schale her grünlich- bis gelblichweiß, zum Kernhaus lachsgelblich, weich, vollschmelzend, zuckermelonenartig, sehr saftig, süß, kaum säuerlich, schwach, angenehm würzig; Fruchtgüte in allen Jahren gleich gut
Anfällig kaum für Schorf, kaum für Steinzellenbildung, kaum für Fleischbräune und Druckstellen, vollreif rasch teigig
Ernte je nach Standort ab M 9 bis M 10, bis Baumreife windfest, dann fallend, einzeln und paarig hängend, wie 'Boscs' am Stielende fassen und pflücken, Pflückleistung hoch; hartreif gut transpfg., genußreif sehr druckempf.
Lager im NL bis A 11, aus Höhenlagen bis E 11; Spitzensorte für KL und CAL bei ± 0°C bis Febr./März, wird ausgelagert schnell genußreif; laufende Kontrollen, kann plötzlich zusammenbrechen
Verwendung Tafelbirne für Frischvz. vom NL und KL; häusl. für Verarb., Naßkonserven trüben, setzen Fleisch ab; bei Überangeboten ind. hartreif nur für Saft
Baum Wuchs mittelstark; Gerüstäste steil und schräg aufrecht, genügend verzweigt, Seitenholz teils waagerecht, später hängend; Fruchtholz dicht besetzt, Spieße und Sprosse; Kronenform hochpyramidal; nach Erziehungsschnitten laufend überwachen, rechtzeitig verjüngen; gut zur Aufveredlung, für Hecke und Wandobstbau
Blüte mittellang während, mäßig frostempf., Blütensitze am Kurzholz und lateral an Vorjahrstrieben, neigt zur Parthenokarpie
Ertrag sehr früh, ab 4. Standjahr, Umveredlung schon im 2. Jahr, im Vollertrag sehr hoch, jährlich; zu hohen Behang ausdünnen
Bf/Ul für alle Baumformen geeig., bevorzugt auf Slg und Cyd. A mit Zwv. als N
Widerstandsfähigkeit hoch gegen Schorf, Holz genügend, Blüten mäßig gegen Frost; anf. auf nassen Standorten für Krebs, für Feuerbrand, für Viren s. Seite 73, empf. gegen Kupfer- und Schwefelmittel
Standort auf allen birnenanbaufg. Standorten von der Küste bis zu Grenzlagen des Birnenbaus, für nährstoffreiche, genügend feuchte Böden
Anbaueignung Hauptsorte für IP, für KL; Hauptsorte für SV; stark verbreitet in Westeuropa, in Holland auch die großfrüchtige Mutante die 'Dubbele Conference' von Testers de Meulemeester
Ähnliche Früchte können haben Abbé Fetel, Boscs, Marianne, Paris s. Seite 221
Reifegrad der abgebildeten Frucht vollreif

130

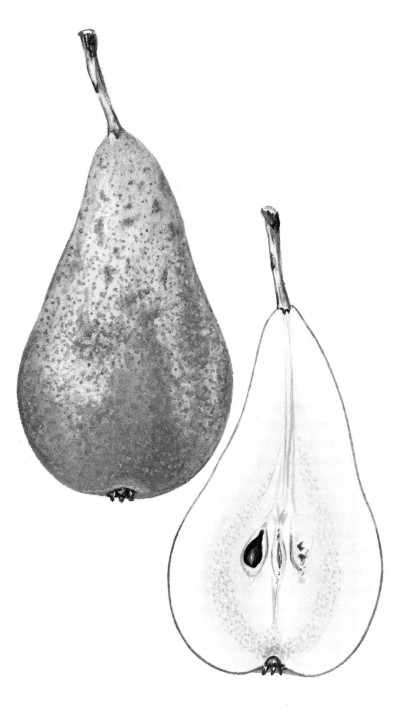

Einstiger vollständiger Name Andenken an den Kongreß
Originale Namensform Souvenir du Congrès
Herkunft Frankreich, gezogen um 1852 vom Obstzüchter Morel in Lyon-Vaise, 1. Frucht 1863, seit 1867 im Handel, benannt nach dem internationalen Pomologenkongreß in Paris 1867
Frucht *Pflückreife:* ab A 9 *Genußreife:* M 9–A 10
groß und sehr groß, 65–85 mm breit, 90–115 mm hoch, 180–400 g schwer; Form var., breit stumpf kegelfg., birnenfg., klobig, mittel- bis kelchbauchig, zum Kelch flach rundlich, zum Stiel verjüngt; Fruchtseiten uneben, teils stark beulig; *Kelchgrube* weit, mitteltief, wulstig, faltig, strahlig berostet; *Kelch* klein, halboffen bis offen; Blätter braun, schmal, kurz, hart, aufrecht; *Stielgrube* meist fehlend, ausgefüllt vom Stiel, oft mit strahliger Rostkappe; *Stiel* 10–25 mm lang, 4–5 mm dick, braun, holzig oder fleischig, von einem starken Wulst oder Wülsten umgeben, die ihn seitwärts drücken; *Schale* trocken, glatt bis stumpf, dünn, Fruchtvz. ungeschält üblich, schälen durch Beulen erschwert; GF gelbgrün, reif grünlichgelb, DF orangerot geflammt, streifig, gefleckt, verwaschen; Schalenpunkte klein, wenig auffällig, in GF grün, in DF rot umhöft; Berostung als Kappe am Stielsitz, auch Kelch, sonst fleckig; *Fleisch* gelblichweiß, feinkörnig, halbschmelzend, bei optimaler Ernte saftig, süß, kaum säuerlich, dadurch auch fad süß ohne ausgeprägtes Aroma; von ungeeigneten Standorten trocken, mehlig, fad bis rübig
Anfällig meist nur gering für Schorf; sehr druckempf., reif rasch teigig, bei Spärernte mehlig, Neigung zu Krüppelfrüchten
Ernte unbedingt 5 bis 8 Tage vor Baumreife, sobald erste gesunde Früchte fallen, nicht windfest, Fruchtfall schon vor Baumreife einsetzend; nur baumreif transpfg., sehr druckempf., wegen Größe pflückschwierig
Lager im NL bei kühler Lagerung 10–12 Tage, nicht für Lagerung, zum Sofortverbrauch, möglichst Freilager; für KL ohne Bedeutung
Verwendung Speisebirne, Schaufrucht zum Frischvz., häusl. Kompott, Naßkonserve
Baum Wuchs mittelstark; Gerüstäste schräg aufrecht, mäßig verzweigt, Fruchtholz kurze Ruten, Spieße, Sprosse; Kronenform pyramidal; dauernde Überwachungsschnitte, kurz, um straffes Gerüst zu erhalten, das die großen Früchte trägt, Ertragsregulierung durch Schnitte, Schnittziel ist, nur große Früchte zu erhalten; Wandobstbau möglich, doch dafür nicht wertvoll genug
Blüte kurzwährend, frost- und witterungsempf., Blütensitze an Fruchttruten und Kurzholz
Ertrag auf Slg früh, mittelhoch, fast regelmäßig
Bf/Ul nur für N als Vst, B, Sp auf Slg, mit Cyd. A direkt schlecht, nur mit Zwv. lebensfähig
Widerstandsfähigkeit Holz und Blüten gering gegen Frost; mäßig anf. für Schorf auf kalten Standorten
Standort breit anbaufähig auf wärmeren, windgeschützten Birnenstandorten, die klimatisch etwa dem Leipziger Tiefland entsprechen, auf warmen Standorten bessere Fruchtgüte; bis zu mittleren Höhenlagen für nährstoffreiche, feuchte Böden
Anbaueignung wegen der großen farbigen Früchte früher als Marktsorte weit verbreitet, im Handel jetzt noch anfallend; die großen Früchte überblenden die fehlende, innere Fruchtgüte; nicht für Großproduktion und SV, höchstens für Siedler, ländliche Gärten zur Handelsabgabe, da Käufer immer große Früchte begehren
Ähnliche Früchte können haben Margarete Marillat s. Seite 231
Reifegrad der abgebildeten Frucht vollreif

Le Lectier

Herkunft Frankreich, um 1882 vom Gärtner August Lesueur, Orleans aus Kreuzung 'Williams Christ' x 'Glücksbirne' ('Bergamote Fortunée'), ab 1889 durch Baumschule Transon, Orleans gehandelt, benannt nach dem französ. Pomologen des 17. Jhd.

Frucht *Pflückreife:* A–M 10 *Genußreife:* 11–12
groß, sehr groß von Spalieren, 70–85 mm breit, 90–115 mm hoch, 160–300 g schwer; Form länglich birnen-, flaschenfg., unregelmäßig, mittel- bis kelchbauchig, spitz in den Stiel auslaufend, zum Kelch abgestumpft, verjüngt mit typ. Kanten zur Fruchtmitte; Fruchtseiten uneben, beulig, kantig, ungleichmäßig; *Kelchgrube* wenig tief, eng, mit Fleischperlen, durch Rippen und Wülste typ. zusammengezogen; *Kelch* klein, geschlossen; Blätter hornartig, spitz, verdreht übereinander; *Stielgrube* fehlt; *Stiel* 25–40 mm lang, 4–5 mm typ. dick, braun, holzig oder fleischig, aufsitzend, auf Fleischwulst in die Frucht übergehend, Stielende meist gedreht; *Schale* glatt, geschmeidig, glänzend, trocken, dünn, brüchig, Frucht ungeschält gut verzehrbar; GF fahl weißlichgrün, reif weißgelb; DF fehlt; Schalenpunkte klein, unauffällig, grün umhöft; Berostung vom Stiel strahlig auslaufend, fleckig, zerstreute Rostfiguren; *Fleisch* grünlichweiß bis gelblichweiß, von geeig. Standorten fein, zart, schmelzend, vollsaftig, mäßig süß, edel weinsäuerlich, ohne stärkeres Aroma, von ungeeig. halbschmelzend bis rübig, ums Kernhaus körnig, steinig, säuerlich bis herb

Anfällig stark für Druckstellen, Steinzellen ums Kernhaus, reif bald teigig, Fruchtfäule, mäßig für Schorf

Ernte möglichst spät, örtlich var., schon E 9 bis M 10, druckfrei, transpempf., Früchte schon vor Baumreife fallend

Lager im NL 4–5 Wochen, Freilager bis Frosteinbruch; ab Fruchtreife laufend Kontrollen auf Teigigwerden, Fäulnis; reif nicht mehr transpfg.; KL nicht geprüft

Verwendung feine Tafelbirne für Frischvz., häusl. Kompott

Baum Wuchs stark; Gerüstäste steil aufrecht, gut mit Seitenholz besetzt, später hängend, daran Fruchtruten und -spieße; Kronenform schmalpyramidal; nach Erziehungsschnitten Seitentriebe waagerecht binden, Fruchtruten nicht schneiden, falsche, starke Schnitte verzögern und verringern Ertrag; geeig. für Obsthecke und Spalierformen

Blüte langwährend, witterungs- und frostempf., Blüten an Fruchtruten und -spießen

Ertrag spät, mittelhoch, dann regelmäßig, Ertrag begünstigt durch nahe Pollenspender; Einveredlung von 'Williams' in die Krone dafür bewährt

Bf/Ul nur als N auf Slg oder Cyd. A direkt oder mit Zwv, auch für Spalierformen

Widerstandsfähigkeit Holz und Blüte gering gegen Frost, örtlich nur mäßig anf. für Schorf

Standort nur für warme, tiefgründige, nährstoffreiche, genügend feuchte Böden, für warme, windgeschützte Lagen, für Spalieranbau an Gebäudemauern

Anbaueignung nicht für Großflächenanbau, für SV und Siedler nur bei geeig. Standort, für Hausgärten, Liebhaber dieser edlen Frühwinterbirne; war früher sehr verbreitet, im Handel aus Altbeständen noch anfallend; bewährt im SV Anbau in den Bezirken Leipzig, Cottbus, Potsdam und den tiefen Lagen der Bezirke Dresden, Halle, Erfurt, Magdeburg

Ähnliche Früchte können haben Six, Grumkower, Hardenponts s. Seite 227

Reifegrad der abgebildeten Frucht baumreif

Liegels Butterbirne

29

Vollständiger Name Liegels Winterbutterbirne
Korrekter Name unbekannt
Synonyme zahlreich, Amorette (Berlin)
Herkunft unsicher s. Seite 194
Frucht *Pflückreife:* ab M 9 bis A 10 *Genußreife:* E 10–A1–A 2
mittelgroß 60–75 mm breit, 65–75 mm hoch, 80–150 g schwer; Form eifg., mittelbauchig, gerundet am Kelch, stielwärts etwas verjüngt; Fruchtseiten glatt, eben oder schwach kantig; *Kelchgrube* sehr flach, weit, auf ihr der offene, mittelgroße *Kelch* mit den braunen, harten, typ. sternfg. Blättern aufliegend; *Stielgrube* eng, wenig tief, etwas wulstig, teils mit Rost; *Stiel* 20–30 mm lang, 2,5 mm dick, zur Frucht grün, zum Ende braun, gerade oder schräger, fast aufsitzend; *Schale* glatt, geschmeidig, mitteldick, vorm Fruchtvz. besser zu schälen, erhöhter Fruchtgenuß; GF grasgrün, reif gelbgrün, grünlichgelb, DF, wenn vorhanden, fahl rötlich gehaucht, verwaschen; Schalenpunkte braun, zahlreich, weit gestreut; Berostung gering, fleckig an Stielgrube; *Fleisch* gelblichweiß, schmelzend, weich bis mittelfest, sehr saftig, kräftig delikat süß, ohne merkliche Säure mit typ. köstlichem, unverwechselbarem Gewürz, eine der wohlschmeckendsten Winterbirnen
Anfällig sehr stark für Schorf
Ernte an warmen Standorten ab M 9, sonst E 9, A 10, optimalen Erntezeitpunkt, jährlich unterschiedlich, auf den Tag genau einhalten, da baumreif stark fallend; auch hartreif druckempf.
Lager im NL gut bis Dez./Jan. ohne Welken; Freilager bis Frosteinbruch; Früchte reifen folgernd, auch hartreif schon wohlschmeckend; Kontrollen auf Fäulnis und Lagerschorf; für KL geeig.
Verwendung erstklassige Tafelbirne für Frischvz., häusl. für Kompott, dieses graurötlich; hartreif schon sehr süß, vorzüglich für häusl. Frischmost im Gemisch mit sauren Äpfeln, speziell 'Gelber Edelapfel'
Baum Wuchs mittel bis stark; Laubaustrieb typ. rötlich; Gerüstäste schräg aufrecht, später hängend, gut verzweigt, Seitenholz dicht mit Fruchtruten, Spießen, Sprossen besetzt; Kronenform breitpyramidal bis breitrundlich; nach Erziehungsschnitten ständig überwachen, auslichten, verjüngen; für Hecke und Wandobstbau gut geeig.
Blüte langwährend, frost- und witterungsempf., Blütensitze kurze Fruchtruten, Spieße, Sprosse, Quirlholz
Ertrag auch auf Slg früh, ab 5.–6. Standjahr; auf Cyd. A ab 4., alljährlich, im Vollertrag sehr hoch
Bf/Ul auf Slg für alle Baumformen möglich, für H, h, Vst, B, Sp; H und h können sehr groß und alt werden; N als B, Sp, Spalierformen auf Cyd A mit Zwv.
Widerstandsfähigkeit Holz und Blüten gegen Frost genügend; stark anf. für Schorf
Standort breit anbaufähig an wärmeren Standorten, die klimatisch dem Leipziger Tiefland entsprechen, bis zu 250, 300 m NN, nicht für feuchte, den Schorf begünstigende Lagen; für nährstoffreiche, genügend feuchte Böden, in mittleren Höhenlagen als Wandobstbau
Anbaueignung in ČSSR um Dux, Brüx, Marktanbau, einst waren etwa 50 % der Birnen Liegels, früher Export als 'Amoretten' nach Berlin; heute ist für Großproduktion der Erntetermin nachteilig, fällt mit Haupterntezeit der Äpfel zusammen, dazu Windfälligkeit der Früchte; für SV, Siedler, ländliche und Hausgärten, Liebhaber als N eine geschmacklich einzigartige Birne mit langer Genußreife; einziger Nachteil ist die starke Schorfanfälligkeit
Ähnliche Früchte können haben Alexander Lucas, Regentin, Esperens Herrenbirne, Philippsbirne s. Seite 226
Reifegrad der abgebildeten Frucht genußreif

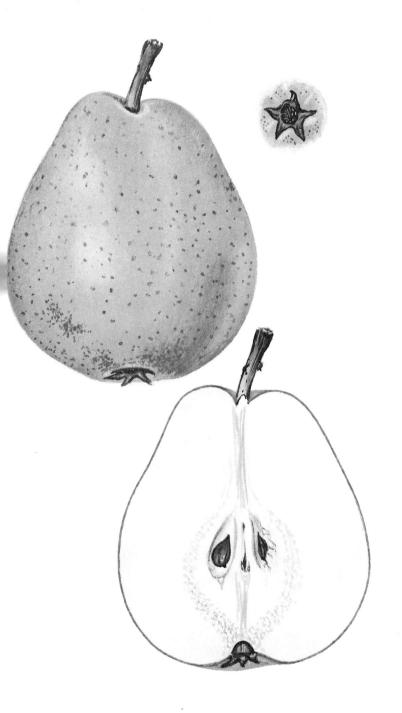

Vollständiger Name Minister Doktor Lucius

Herkunft Deutschland, in Gruna bei Leipzig (Rötha) von Unbekanntem aus Samen gezogen, 1884 von Baumschule Späth in den Handel gebracht, benannt nach dem damaligen preußischen Minister für Landwirtschaft s. Seite 194

Frucht *Pflückreife:* A-M 9 *Genußreife:* 9–M 10

groß, 65–75 mm breit, 75–100 mm hoch, 150–250 g schwer, spez. Gew. 1,009; Form var., birnenfg., glockenfg., rundlich bis oval, kelchbauchig, kelchseits kugelig, zum Stiel stumpf kegelförmig; Fruchtseiten eben, glatt; *Kelchgrube,* wenn vorhanden, flach, eng, etwas bucklig, oft mit Fleischperlen; *Kelch* flach eingesenkt oder aufsitzend, mittelgroß, offen, Blätter kurz, schmal, hart, hornartig, aufrecht, kurz zugespitzt, am Grunde getrennt; *Stielgrube* flach bis mitteltief, eng, mit ungleichseitigem Fleischwulst, meist berostet; *Stiel* 30–35 mm lang, 3–3,5 mm dick, teils holzig, braun, teils knospig, gerade oder leicht gekrümmt; *Schale* glatt, geschmeidig, nicht fettig, hart, vorm Fruchtverzehr zu schälen; GF grünlichgelb, reif rötlichgelb, DF, wenn vorhanden, hellorange, verwaschen; Schalenpunkte auffallend, rostbraun, klein bis mittelgroß, dicht, zahlreich; Berostung gelbbraun, an Kelch und Stielgrube netzartig, flächig; *Fleisch* gelblichweiß, halbschmelzend, feinkörnig und gröber, ums Kernhaus auch steinig, saftig, nur mäßig süß, vorwiegend frisch säuerlich bis herb, nur schwach aromatisch

Anfällig kaum für Schorf, für Steinzellen ums Kernhaus, druckempf., vollreif bald teigig

Ernte kurz vor der Baumreife, danach bald fallend, gut pflückbar, Leistung hoch; baumreif gut transpfg., genußreif nicht

Lager im NL möglichst frei lagern 9–M 10, normale Verbrauchszeit bis A 10, oft nur bis E 9, nicht welkend, teigig oder mehlig, wenn überlagert; KL nicht geprüft

Verwendung große, säuerliche Speisebirne zum Frischvz., häusl. für Kompott, Naßkonserve, ind. für Versaftung

Baum Wuchs stark; Gerüstäste schräg aufrecht, dicht mit Seitenholz besetzt, daran Fruchtruten, -spieße und Kurzholz; Kronenform hochpyramidal oder hochkugelig; nach Erziehungsschnitten laufend überwachen, auslichten, später verjüngen

Blüte langwährend, wenig witterungsempf.; Blütensitze schon am vorjährigen Trieb, an langen und mittleren Fruchtruten und -spießen

Ertrag früh, hoch bis sehr hoch, regelmäßig, Massenträger

Bf/Ul für alle Bf geeig., auf Slg. für H, h, Vst, B direkt auf Cyd. A und mit Zwv. möglich

Widerstandsfähigkeit gegen Holz- und Blütenfrost genügend; nur in ungünstigen Lagen anf. für Schorf

Standort breit anbaufähig auf wärmeren, genügend feuchten, nährstoffreichen Böden, bewährt in Sachsen, im Bezirk Potsdam, nicht für arme, kalte, nasse Böden, hier starke Steinzellenbildung; bis zu mittleren Höhenlagen bis 300 m NN, darüber als Spalier im Wandobstbau möglich

Anbaueignung nachteilig für die Sorte ist die Reifezeit während des großen Birnenanfalls im Herbst mit geschmacklich edleren Sorten, als Massenträger für ind. Verarb. zu Saft wäre Anbau auf größeren Flächen möglich; für SV entbehrlich, ebenso für Siedler, sofern nicht in Erholungsgebieten der örtliche Handel die erfrischend säuerlichen, großen Früchte wünscht

Ähnliche Früchte können haben Philippsbirne, Alexander Lucas, Williams Christ, s. Seite 219

Reifegrad der abgebildeten Frucht baumreif

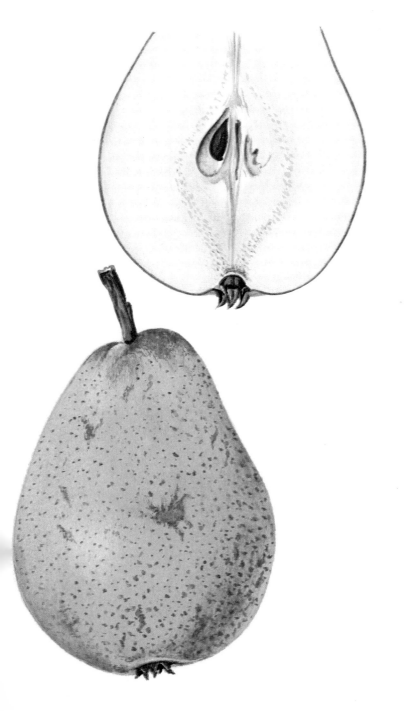

Madame Bonnefond

Herkunft Frankreich, 1848 vom Notar Bonnefond in Villefranche (Dep. Rhône) gezüchtet, 1867 von den Baumschulen Liabaud und von Rollet in Villefranche in den Handel gebracht

Frucht *Pflückreife:* ab A 10   *Genußreife:* E 11–12–1
mittelgroß, auch groß 60–75 mm breit, 75–100 mm hoch, 110–200 g schwer; Form var. länger oder kürzer birnenfg., teils flaschenfg., kegelfg., mittel- bis kelchbauchig, zum Kelch rundlich, stielwärts eingezogen bis eingeschnürt verjüngt; Fruchtseiten ungleich, uneben, mehr oder weniger beulig; *Kelchgrube* flach, mittelweit, beulig, auch wulstig, fleckig berostet; *Kelch* mittelgroß, offen, Blätter grünbraun, mittellang, am Grunde verwachsen; auch verkrümmt, hart; *Stielgrube* meist fehlend; *Stiel* 25–40 mm lang, 2,5–3 mm dick, an größeren Früchten oft typ. seitlich der Fruchtmitte – nicht an der Seite – aufsitzend, oft auch aus Fleischwulst, Fleischring herauswachsend, an beiden Enden knopfig verdickt, holzig, meist typ. grün oder grünbraun; *Schale* glatt, trocken, feinnarbig, mitteldick, fest, vorm Fruchtvz. zu schälen; GF trübgrün, reif trüb gelblichgrün, DF meist fehlend, sonst schwach braunrötlich verwaschen; Käufer durch den schmutziggrün wirkenden Ton wenig angesprochen; Schalenpunkte zahlreich, braun, oft grün umhöft; Berostung braunfleckig, getüpfelt oder größere zerstreute Flecken; *Fleisch* gelblichweiß, an der Schale grünlichweiß, feinkörnig, ums Kernhaus körnig, halbschmelzend oder schmelzend, saftig, mäßig süß mit geringer Säure, wenig aromatisch, doch vom geeig. Standort eine wohlschmeckende Winterbirne

Anfällig mäßig für Schorf, sonst wenig krankheitsanf.

Ernte ab A 10 bis M 10, kurz vor Baumreife, Früchte nicht windfest, nicht druckempf., gut pflückbar, Pflückleistung hoch; baumreif gut, genußreif auch noch transpfg.

Lager im NL Freilager bis Frosteinbruch, dann bei +1°, +2° C bis Dez., Jan.; KL nicht geprüft

Verwendung frühe Winterbirne zum Frischvz., häusl. für Kompott und Naßkonserve

Baum Wuchs mittelstark; Gerüstäste schräg aufrecht, durch reiche Erträge hängend, genügend verzweigt, daran dicht das Fruchtholz als kurze Ruten, Spieße, Sprosse; Kronenform pyramidal; nach Erziehungs- laufend Überwachungsschnitte und Fruchtasterneuerungen, um Vergreisung durch hohe Erträge zu verhindern; gut geeig. für Hecke und Spalierformen

Blüte mittellang während, wenig frost- und witterungsempf.; Blütensitze am Kurzholz; Befruchtersorten nicht geprüft

Ertrag sehr früh, sehr hoch, jährlich auf Slg und Cyd. A; bei zu reichem Behang Früchte ausdünnen

Bf/Ul nur für N als B, Sp auf Slg oder auch gut verträglich direkt mit Cyd. A, auch mit Zwv., gut geeig. für Spalierformen

Widerstandsfähigkeit Holz und Blüten gegen Frost genügend; meist schorffrei

Standort breit anbaufähig auf allen wärmeren, für den Anbau von Winterbirnen geeig. Standorten, die in Lage und Klima etwa dem Leipziger Land entsprechen, bis zu Höhenlagen von 250–300 m NN; für nährstoffreiche, bessere, genügend feuchte Böden

Anbaueignung diese ertragssichere Winterbirne ist nur im Streuanbau, verstärkt um Leipzig, zu finden; durch windfällige Früchte weniger für Großproduktion, sehr gut für SV, Siedler, Hausgärten, für Liebhaber des Wandobstbaues; reift mit 'Jeanne d'Arc', 'Präsident Drouard', Früchte können diesen beiden Sorten ähnlich sein s. Seite 230

Reifegrad der abgebildeten Frucht genußreif

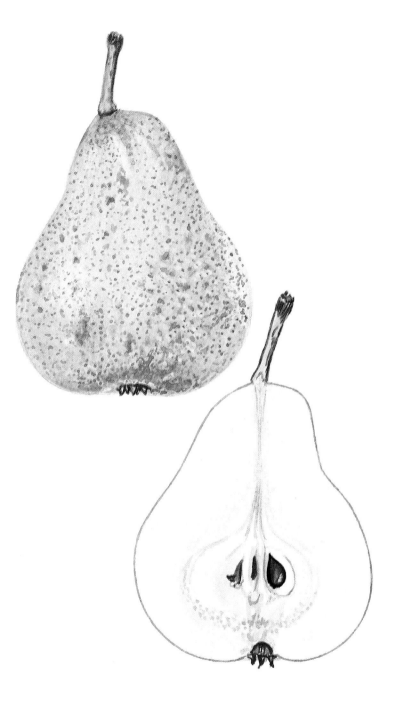

Herkunft Frankreich, gezogen von Favre, Präsident der Sektion füt Obstbaumzucht der Ackerbaugesellschaft zu Chalon-sur-Saône, 1861 erste Früchte, seit 1863 verbreitet durch Baumschule Perrier zu Sennecey-le-Grand im Dep. Saône-et Loire

Frucht *Pflückreife:* M 9   *Genußreife:* 9-A 10

mittelgroß, 65–85 mm breit, 65–85 mm hoch, 120–180 g schwer; Form apfelfg., kugelig, rundlich, zum Stiel teils verjüngt, dickbauchig, mittelbauchig; Fruchtseiten eben, auch schwach beulig; *Kelchgrube* weit, tief, faltig, von Wülsten umgeben, dunkelgrün bis olivgrün; *Kelch* wirkt klein, geschlossen oder halboffen, Blätter gelbbraun, klein, mittelbreit, etwas fleischig, aufrecht, gedreht; *Stielgrube* meist fehlend, sonst flach mit knopfigem, hellgrünem oder hellbraunem Fleischwulst, auf dem der Stiel steht, darauf ohne Absatz herauswächst; *Stiel* 25–40 mm lang, 3,5–5 mm dick, braun, an der Frucht fleischig, glatt oder wulstig, auch knospig, gerade oder schräg stehend; *Schale* var., fast glatt, trocken bis feinrauh, mitteldick, Fruchtverzehr mit Schale möglich, feiner geschält; GF hellgrün, reif hell grünlichgelb, DF meist fehlend, wenn vorhanden, schwach rötlich verwaschen; Schalenpunkte klein, zahlreich, in GF grün, in DF gelb umhöft; Berostung nur Flecken, meist fehlend;

Fleisch gelblichweiß bis weiß, feinzellig, vollschmelzend, sehr saftig, süß mit feiner, teils auch etwas herber Säure, angenehm würzig; an ungeeig. Standorten geschmacklich nicht so harmonisch

Anfällig kaum für Schorf, reif druckempf., vollreif rasch teigig.

Ernte unbedingt vor Baumreife, bis dahin windfest, bei zu später Ernte Geschmacksverluste; baumreif gut transpfg., genußreif nicht

Lager zum Sofortverbrauch, im NL 2–3 Wochen haltbar; KL nicht notwendig

Verwendung feine Tafelbirne zum Frischvz., häusl. für Kompott und Naßkonserve

Baum Wuchs mittelstark, auch stärker; Gerüstäste schräg aufrecht, genügend verzweigt, Seitenholz gut mit kurzem Fruchtholz besetzt; Kronenform schmalpyramidal; straffe Erziehungsschnitte, ständig überwachen, rechtzeitig verjüngen und Fruchtäste erneuern; für Hecke und Spalierform gut geeig.

Blüte mittellang während, witterungsempf., Blütensitze am Kurzholz

Ertrag früh, hoch, regelmäßig auf Slg wie auf Cyd. A, als Aufveredlung meist schon im Folgejahr tragend

Bf/Ul auf Slg für Vst, B; gut mit Cyd. A verträglich für Sp, auch ohne Zwv., mit ihr längere Lebensdauer und stärkerer Wuchs

Widerstandsfähigkeit Holz gegen Frost bisher genügend, Blüten etwas empf., wenig anf. für Schorf

Standort im Tiefland breit anbaufähig auf allen für Birnenanbau geeig. Standorten, für nährstoffreiche, bessere, genügend feuchte Böden, auch bis in mittlere Höhenlagen, in höheren als feine Herbsttafelbirne am Wandspalier

Anbaueignung in VR Ungarn Anbau auf Flächen der Marktproduktion für Inland und Export als eine Spitzentafelsorte im Sept.; in DDR nachteilig für den Anbau dieser geschmacklich vorzüglichen Tafelsorte für Großproduktion, SV, Siedler, daß die Reife in die Zeit des großen Herbstbirnenanfalls fällt; örtlich für SV, Liebhaber, in höheren Lagen als Wandobstbau oder versuchsweise für Standorte, an denen andere Sorten stark schorfanfällig sind

Ähnliche Früchte können haben Hochfeine Butterbirne s. Seite 229

Reifegrad der abgebildeten Frucht vollreif

Madame Verté

33

Herkunft Belgien, um 1810 vom Samenzüchter Kevers in St.-Josseten-Noode bei Brüssel gefunden oder gezüchtet, von ihm nach seiner verheirateten Schwester benannt; es kann sich aber auch um eine Züchtung von van Mons handeln, die bei Kevers aufwuchs

Frucht *Pflückreife:* M-E 10 *Genußreife:* ab E 11-M 1
klein bis mittelgroß, 50–65 mm breit, 55–70 mm hoch, 80–120 g schwer; spez. Gew. 1,015, Form stumpfkreiselfg., stumpfkegelfg., mittel- oder kelchbauchig; Fruchtseiten etwas uneben; *Kelchgrube* fehlend oder flach, eng, faltig bis bucklig; *Kelch* mittelgroß, offen, Blätter kurz, breit, spitz, hornartig hart, meist am Grunde sich berührend; *Stielgrube* fehlend oder flach, meist einseitig bucklig; *Stiel* 12–25 mm lang, 3 mm dick, holzig, braun aufsitzend, gerade oder durch Fleischwulst seitlich gedrückt; *Schale* trocken, rauh, dick, hart, grießig, vorm Fruchtvz. zu schälen; GF trüb gelbgrün, reif gelblichorange, DF, wenn vorhanden, trüborange, flächig, hauchartig; Schalenpunkte bis sehr groß, deutlich sichtbar, dunkel rostartig, sehr dicht; Berostung grau- bis zimtbraun, meist flächig über ganze Frucht; *Fleisch* lachsgelb oder weißlichgelb, halbschmelzend bis schmelzend, feingrießig, körnig ums Kernhaus, saftig, süß, fein weinsäuerlich, zart bis kräftig aromatisch

Anfällig örtlich mäßig für Schorf, Neigung zur virösen Steinzellenbildung, bei zu früher Ernte zum Welken, zum Teigigwerden vom Kernhaus her, zur Fäulnis

Ernte erst bei voller Baumreife, bis dahin windfest, Früchte hängen einzeln, paarig, teils dichttraubig, gut pflückbar, Leistung hoch bei gutem Behang, baumreif gut transportfg.

Lager im NL laufend Kontrollen auf Reife notwendig, Früchte äußerlich noch fest, innen bereits teigig; Genußreife var. je nach Herkunft, aus warmen Lagen schon im Nov., sonst Dez. bis Jan; im KL bei ± 0°C 5–6 Monate, Nachreife in 10–20 Tagen bei +18°C

Verwendung Tafelbirne zum Frischvz., häusl. für Kompott, Naßkonserve, diese süß, rötlich

Baum Wuchs schwach bis mittelstark; Gerüstäste von waagerecht bis schräg, steil aufrecht, gut mit Seitenholz besetzt, daran kurzes Fruchtholz, Spieße, Sprosse, Quirlholz; Kronenform breitpyramidal; nach Erziehungsschnitten laufend überwachen, auslichten und verjüngen; für Hecke und Spalierformen geeig.

Blüte mittellang bis langwährend, wenig witterungsempf.; Blütensitze Spieße und Sprosse

Ertrag örtlich var. mittelfrüh ab 5.–7. Standjahr, mittel bis sehr hoch, regelmäßig; andererorts ohne erklärbare Ursache nur geringe Erträge

Bf/Ul auf Slg für alle Baumformen möglich, bevorzugt für N; auf Cyd. A direkt zu schwachwüchsig, daher nur mit Zwv.

Widerstandsfähigkeit Holz genügend gegen Frost, Blüte mäßig; örtlich anf. für Schorf , mäßig für Virus Steinfrüchtigkeit

Standort als Winterbirne breit anbaufähig von Küste bis zu mittleren Höhenlagen, auf wärmeren, humosen, genügend feuchten, nährstoffreichen Böden, bevorzugt für wärmere Lagen, nicht für kalte, trockene

Anbaueignung für Großflächen bei geeig. Standort durch Erträge, kleine Krone und Eignung für KL möglich; für SV, Siedler, Haus-, Wochenend-, ländliche Gärten, auch am Wandspalier bis 300 m NN, bei geeig. Standort eine sicher ausreifende, würzige Winterbirne

Ähnliche Früchte können haben Gute Graue, Gellert, Marianne, Winternelis, Edelcrassane, Winterdechantsbirne, Olivier de Serres s. Seite 227

Reifegrad der abgebildeten Frucht baumreif

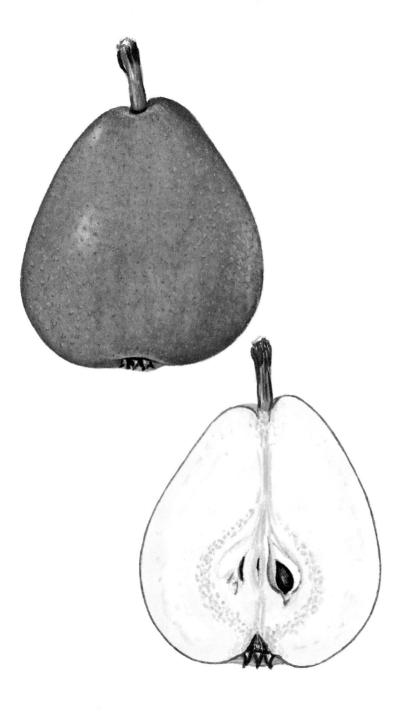

Margarete Marillat

Originale Namensform Marguerite Marillat

Herkunft Frankreich, gezüchtet vom Gärtner Marillat in Craponne bei Lyon um 1870, benannt nach seinerFrau; bald in Deutschland und Europa verbreitet

Frucht *Pflückreife:* ab E 8, A 9   *Genußreife:* 9
groß bis sehr groß, 65–100 mm breit, 90–140 mm hoch, 200–350 g schwer, extrem große Früchte bis 700 g; Form var., birnenfg., langachsig, klobig, stumpfkegelfg., keulenfg., am Stiel oft schief abfallend, mittel- bis kelchbauchig, zum Kelch gerundet, zum Stiel ungleichseitig verjüngt, ähnlich 'Clairgeau'; Fruchtseiten uneben, beulig; *Kelchgrube* var. von flachtellerartig, mittelbreit bis tief, enger, mit Falten, Wülsten, oft strahlig berostet; *Kelch* klein bis mittelgroß, offen, Blätter braun, grau wollig, mittelgroß, aufrecht, am Grunde zusammenstehend; *Stielgrube* meist fehlend, durch Fleischwulst seitlich gedrückt, auch mehrere Wülste, oft zimtfarbig berostete, aus ihr wachsend, oft waagerecht stehend, der kurze, dicke *Stiel,* 12–20 mm lang, 5–8 mm dick, braun, holzig, auch fleischig, oft runzlig, am Ansatz oft verdickt; *Schale* glatt, auch trocken, stumpf bis rauh, fest, fast derb, vorm Fruchtvz, besser zu schälen; GF hell gelblichgrün, reif hell rötlichgelb, DF leuchtend orangerot, geflammt, verwaschen, farbig sehr ansprechend; Schalenpunkte zahlreich, klein bis groß, braun, teils grün umhöft; Berostung zimtbraun an Stiel und Kelchgrube, auf den Seiten fleckig, marmoriert, gesprenkelt; *Fleisch* gelblichweiß, ums Kernhaus gelber, feiner oder gröber körnig, schmelzend, sehr saftig, süß mit feiner Säure, an besten Standorten zartmuskatig

Anfällig wenig für Schorf; Früchte uneinheitlich in Form und Größe, auch Krüppelfrüchte; reif druckempf.

Ernte Fruchtgüte vom genauen Erntezeitpunkt abhängig, vor Baumreife, doch nicht zu früh, wenn GF aufhellt, an warmen Standorten E 8, sonst A 9; durch Größe pflückschwierig, transpfg. nur nach Ernte, genußreif nicht

Lager zum Sofortverbrauch, im kühlen NL 8–14 Tage; KL nicht geprüft

Verwendung großfrüchtige Tafelbirne und Schaufrucht für Frischverzehr, häusl. Kompott

Baum Wuchs mittelstark und stärker; Gerüstäste schräg aufrecht, genügend verzweigt, daran reichlich kurzes Fruchtholz als Spieße und Sprosse; Kronenform schmal- bis breitpyramidal; nach straffen Erziehungsschnitten weiterhin kurz schneiden, um Triebkraft zu erhalten, Vergreisung zu vermeiden, sonst zuviel kleine Krüppelfrüchte; für Hecke und Spalierformen gut geeig.

Blüte langwährend, nicht witterungsempf., Blütensitze am Kurzholz

Ertrag auf Cyd. A früh, bald hoch, regelmäßig

Bf/Ul nur für N, auf Slg als Vst, B oder Sp; mit Cyd. A. direkt, besser mit Zwv., günstig für Fruchtgröße, Ausfärbung und Geschmack

Widerstandsfähigkeit Holz und Blüten genügend gegen Frost; wenig anf. für Schorf

Standort breit anbaufähig auf allen wärmeren, möglichst windgeschützten Birnenstandorten bis zu mittleren Höhenlagen, auf kühleren geschmacklich nicht befriedigend; nur für nährstoffreiche, genügend feuchte Böden, auch für leichtere bei Zufuhr von Nährstoffen und Wasser

Anbaueignung nicht für Großproduktion, für SV entbehrlich, für Siedler zur Handelsabgabe wertvoll, für Liebhaber von Schaufrüchten am Wandspalier gut geeig., wenn dafür nicht besser Wintersorten bevorzugt werden

Ähnliche Früchte können haben Kongreßbirne s. Seite 231

Reifegrad der abgebildeten Frucht genußreif

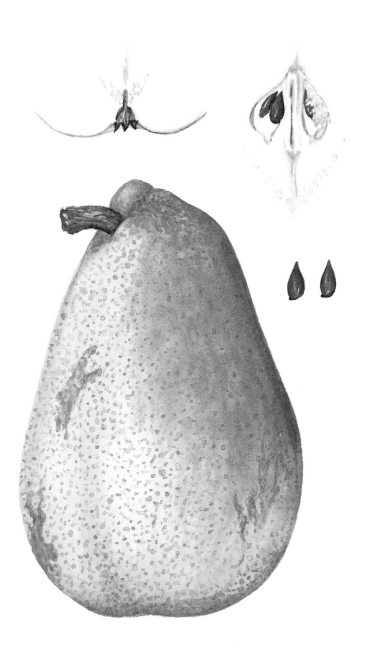

Marianne 35 *

Vollständiger Name Prinzessin Marianne
Synonym Salisbury
Herkunft Belgien, um 1800 von van Mons gezüchtet und von ihm einmal nach der holländischen Königstochter Prinzessin Marianne und später nach dem englischen Botaniker Salisbury benannt; von der Verbreitung an bis heute immer wieder mit 'Boscs Flaschenbirne' verwechselt
Frucht *Pflückreife:* 9 *Genußreife:* 9 – M 10
mittelgroß, 50–70 mm breit, 70–90 mm hoch, 90–150 g schwer; spez. Gew. 1,006; Form birnenfg., flaschenfg., mittel- bis kelchbauchig, stielwärts verjüngt, stumpf bis breit kegelfg.; Fruchtseiten uneben, etwas bucklig, teils auch mit flachen Kanten; *Kelchgrube* fehlend oder flach, eng, teils wulstig; *Kelch* mittelgroß, offen, Blätter mittellang, schmal, zugespitzt, aufrecht, am Grunde getrennt; *Stielgrube* flach, eng, einseitig bucklig, teils abgeplattet, teil mit Fleischknoten, nicht wie 'Boscs' in den Stiel spitz auslaufend; *Stiel* 25–35 mm lang, 3–3,5 mm dick, braun, holzig, etwas gekrümmt; *Schale* trocken bis rauh, dünn bis mitteldick, grießig, Frucht mit Schale eßbar; GF trüb grünlichgelb , trüb rötlichgelb, DF fehlt; Schalenpunkte typ. deutlich sichtbar, rostartig, unregelmäßig, dunkel in GF, heller als Rost; Berostung zimtfarbig, schuppig, flächig, meist die ganze Frucht überziehend; *Fleisch* gelblichweiß, schmelzend oder halbschmelzend, saftig, je nach Standort und Jahreswitterung süßsäuerlich oder vorwiegend säuerlich, mäßig süß, schwach bis zart aromatisch
Anfällig gering für Schorf, für Steinzellenbildung, genußreif rasch teigig
Ernte kurz vor Baumreife, bis dahin windfest, später fallend, je nach Standort ab A 9, M 9, in Höhenlagen E 9, A 10, Früchte hängen paarig, dicht, gut pflückbar, Leistung sehr hoch; baumreif gut transpfg., genußreif nicht
Lager Im NL je nach Standort 14 Tage, in Gebirgslagen 3–4 Wochen, im Sept. unbedingt frei lagern, nicht einkellern; KL nicht geprüft, nach Testen wenig geeig.
Verwendung Tafelbirne für Frischvz., für häusl. Verarb., Kompott, Naßkonserven werden bräunlich, daher nicht für ind. Verarb., nur hartreif für Saft
Baum Wuchs anfangs stark, später mittelstark; Gerüstäste schräg aufrecht, dicht mit Seitenholz besetzt, daran Fruchtholz mittellang als Spieße und Sprosse; Kronenform hochbis breitpyramidal mit hängenden Zweigenden; nach Erziehungsschnitten überwachen, regelmäßig auslichten, später auch verjüngen
Blüte langwährend, wenig witterungs- und frostempf., Blütensitze an mittellangen Fruchtruten und -spießen
Ertrag früh einsetzend, sehr hoch, regelmäßig, Vollernten wechseln im Folgejahr mit mittelhohen
BF/Ul für alle Bf auf Slg, vorwiegend für H, h, Vst, B; mit Cyd. A direkt nicht verträglich, mit Zwv. nicht zu empfehlen, da Erträge auch auf Slg früh einsetzen
Widerstandsfähigkeit gegen Holz- und Blütenfrost beachtlich hoch; anf. für Schorf nur örtlich, anf. für Virus Ringfleckenmosaik, sonst gering gegen Krankheiten und Schädlinge
Standort breit anbaufähig bis zu den Grenzlagen des Birnenbaues in Rauhlagen, für alle Böden
Anbaueignung durch Ertragsverhalten für alle Erzeugergruppen geeig., nachteilig Fruchtreife z. Z. des größten Birnenanfalles, daher entbehrlich an wärmeren Standorten, bedeutungsvoll für Gebirgslagen, hier kaum ersetzbar durch andere Sorten
Ähnliche Früchte können haben Boscs, Elsa s. Seite 221
Reifegrad der abgebildeten Frucht genußreif

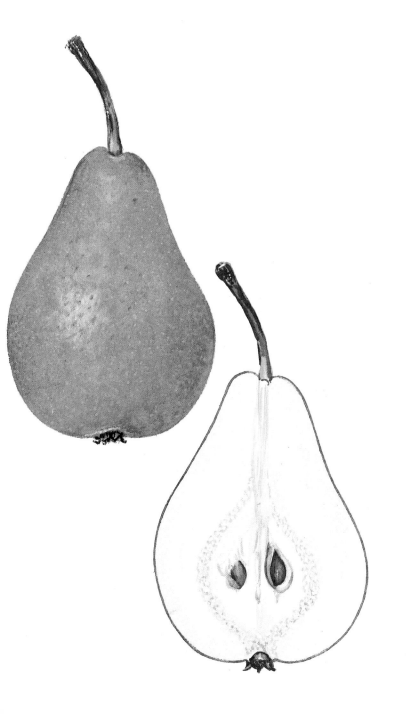

Napoleons Butterbirne

Erstbeschreibung unter diesem Namen und 'Beurré Napoleon' 1816 von Diel
Synonyme über 40
Herkunft Belgien, 1804 oder 1808 vom Gärtner Liart (auch Liard) in Mons gezogen und bald in Mitteleuropa verbreitet
Frucht *Pflückreife:* A–M 10 *Genußreife:* 11–M 12
mittelgroß, seltener groß, 60–70 mm breit, 70–90 mm hoch, 120–180 g schwer; Form var., mittellang birnenfg., glockenfg., auch fast walzenfgl., kürzer stumpf kreiselfg., kelchbauchig, zum Kelch abgeplattet, stielwärts eingezogen oder eingeschnürt, verjüngt, Stielsitz breit, abgeplattet; Fruchtseiten schwach bis stärker uneben, leicht beulig; *Kelchgrube* flach, weit, mit Falten oder beulig, tpy. hellbraun berostet; *Kelch* mittelgroß, offen oder halboffen, Blätter klein, oft verkümmert, schmal, aufrecht, hart, am Grunde verwachsen; *Stielgrube* eng, wenig tief, etwas wulstig; *Stiel* 12–25 mm lang, 3–5 mm dick, holzig, gerade oder geneigt, in Mitte oder seitlich sitzend, an Frucht grün, am Ende braun, knopfig, teils auch knospig; *Schale* glatt, geschmeidig, glänzend, dünn bis mitteldick, beim Fruchtvz. genußreicher, wenn fein geschält; GF laubfroschgrün, reif hell gelbgrün, DF fehlt; Schalenpunkte klein, zahlreich, dicht, grün umhöft; Berostung am Kelch und Stiel, fein, auf der Frucht fleckig, seltener flächig; *Fleisch* gelblichweiß, feinzellig, feinkörnig ums Kernhaus, schmelzend, sehr saftig, eine „Trinkbirne", harmonisch süß-weinsäuerlich, feinaromatisch, geschmacklich eine der köstlichsten Novemberbirnen
Anfällig stark für Schorf, für Steinzellenbildung
Ernte baumreif, je nach Standort M 10, Früchte windfest, druckfrei pflücken, baumreif transpfg.
Lager im NL, je nach Herkunft, ab E 10 bis M 12 genußfähig, reifeverzögernd wirkt Freilager; KL nicht geprüft
Verwendung erstklassige Tafelbirne zum Frischvz., häusl. für Kompott
Baum Wuchs mittelstark, später schwach; Gerüstäste anfangs schräg aufrecht, bald durch Fruchtlast waagerecht und hängend; Verzweigungsgrad nur mäßig bis gering, durch straffe Schnitte zu fördern; Fruchtholz dichtes Kurzholz; Kronenform breitpyramidal; nach strengen Erziehungsschnitten dauernd überwachen, laufend verjüngen, da besonders auf Cyd. A. zum Vergreisen neigend; sehr gut für Hecke und Wandspalier geeig.
Blüte langwährend, mäßig frost- und witterungsempf., Blütensitze am Kurzholz, an Spießen, Sprossen, Quirlholz
Ertrag auch auf Slg früh, hoch, regelmäßig, bei zu hohem Behang ausdünnen
Bf/Ul nur als N auf Slg als B, Sp; auf Cyd. A besser mit Zwv., da länger lebensfähig; bevorzugt Slg verwenden
Widerstandsfähigkeit Holz gegen Frost mäßig bis genügend, einjährige Triebe frostanf., sehr anf. für Schorf
Standort wurde breit, auch in Norddeutschland angebaut, obwohl eigentlich für wärmere, den Schorf nicht begünstigende, lufttrockene Standorte bevorzugt zu verwenden; für nährstoffreiche, warme, genügend feuchte Böden; vorzüglich für Wandspaliere geeig.
Anbaueignung früher stark angebaut in Frankreich, Belgien, Deutschland, heute noch im Handel anfallend, Anbaurückgang durch einzigen Sortennachteil, der hohen Schorfanfälligkeit. Der frühe, hohe, regelmäßige Ertrag, Windfestigkeit, gute Transportfähigkeit, die Reife im Nov./Dez., der köstliche Geschmack eignen sie auch heute noch bei geeig. Standorten und Schorfbekämpfung für den Anbau für SV, Siedler, Liebhaber, in Hausgärten, Genußreife fällt mit der süßeren, schorfwiderstandsfähigeren 'Vereinsdechantsbirne' zusammen
Ähnliche Früchte können haben Präsident Drouard, Grumkow, Hardenponts, Six s. Seite 229
Reifegrad der abgebildeten Frucht baumreif

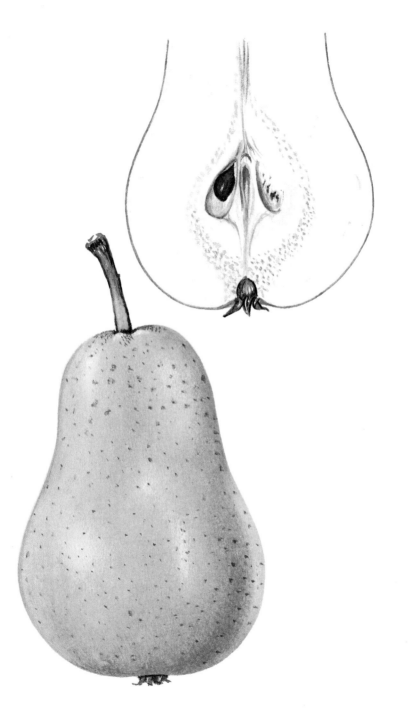

Erster Name Winterforellenbirne
Synonym Nordhäuser Forellenbirne
Herkunft wahrscheinlich Deutschland, s. Seite 195; seit 1864 verbreitet von Baumschule von der Foehr, Nordhausen
Frucht *Pflückreife:* ab A 10 *Genußreife:* 1–3
mittel- bis groß, 55–70 mm breit, 70–85 mm hoch, 135–200 g schwer; spez. Gew. 1,0; Form stumpf kreisel-, kegelfg., breit birnenfg., mittel- und kelchbauchig; Fruchtseiten glatt, schwach bucklig, oft mit flacher Längsrinne vom Kelch zum Stiel; *Kelchgrube* flach, eng, schwach bucklig; *Kelch* mittelgroß, offen, Blätter hornartig, mittellang, schmal, spitz, aufrecht, am Grunde getrennt; *Stielgrube* flach, meist einseitig bucklig, eng; *Stiel* 18–27 mm lang, 2,5–4 mm dick, holzig, teils knospig, gerade oder durch Fleischwulst seitwärts gedrückt, meist typ. grün; *Schale* glatt, trocken, glänzend oder matt bereift, dünn, aber fest, vorm Fruchtverzehr schälen; GF grünlichgelb, hell rötlichgelb, DF rot, flächig, gehaucht, auch kurz gestreift, getupft; Schalenpunkte klein, hellbraun, hell und rot umhöft; Berostung gering als fahle Rostfiguren; *Fleisch* hell gelblichweiß, halbschmelzend, fest, grießig, saftig, von nicht geeig. Standorten hart, körnig bis rübig, dann nur als Kochbirne verwendbar, mäßig süß, kaum säuerlich, ohne ausgeprägtes Aroma, als Winterbirne wohlschmeckend
Anfällig örtlich stark für Schorf, für plötzlichen Fruchtfall vor eigentlicher Baumreife
Ernte möglichst spät, Nebeltage und -nächte im Oktober können schockartigen Fruchtfall auslösen, bei 1. Anzeichen dafür sofort ernten, gut pflückbar, Leistung hoch, hart gut transpfg., reif nicht
Lager im NL ohne Welken bis 2,3 gut haltbar, Fäulniskontrolle; im KL bei − 1°C bis ±0°C und 90 % rel. Luftfeuchtigkeit 6–7 Monate, Nachreife bei +18°C
Verwendung farbige, marktbegehrte Winterspeisebirne für Frischvz., häusl. für Kompott und Naßkonserve, harte Früchte ind. für Saft
Baum Wuchs mittelstark, Gerüstäste var. von waagerecht bis steil, dadurch später sperrig wirkend, wenig Verzweigungen, diese durch Erziehungsschnitte fördern, mäßiger Besatz mit kurzem Fruchtholz, Spießen und Sprossen; Kronenform hoch- bis breitpyramidal, lokker; laufend Überwachungsschnitte, einjährige Triebe typ. trüb rötlichbraunviolett, mittellang schneiden, rechtzeitig verjüngen, zur Hecke und Spalierform geeig.
Blüte langwährend, wenig frost- und witterungsempf.; Blütensitze Fruchtspieße und -sprosse
Ertrag früh auf Cyd. A, mittelfrüh auf Slg, mittelhoch, regelmäßig s. Seite 50
Bf/Ul auf Slg alle Baumformen möglich, bevorzugt N; B, Sp, auf Slg oder Cyd. A mit Zwv.
Widerstandsfähigkeit gering gegen Holzfrost, Jahrestriebe reifen spät aus, Blüte genügend gegen Spätfröste; anf. für Schorf, Weißfleckenkrankheit, Virus Adernvergilbung und Rotfleckigkeit
Standort für warme, humose, nährstoffreiche, genügend feuchte Böden, für offene, warme Lagen, nicht für geschlossene, den Schorf begünstigende, nicht für trockene, kalte Böden, Wind- und Höhenlagen
Anbaueignung durch plötzlichen Fruchtfall nicht für Großproduktion, für kleinere Flächen, die rasche Ernte gewährleisten, Hauptwintersorte für SV und Siedler, weniger für Wochenendgärten
Ähnliche Früchte können haben Forellenbirne, Sterckmans Bb s. Seite 226
Reifegrad der abgebildeten Frucht fast genußreif

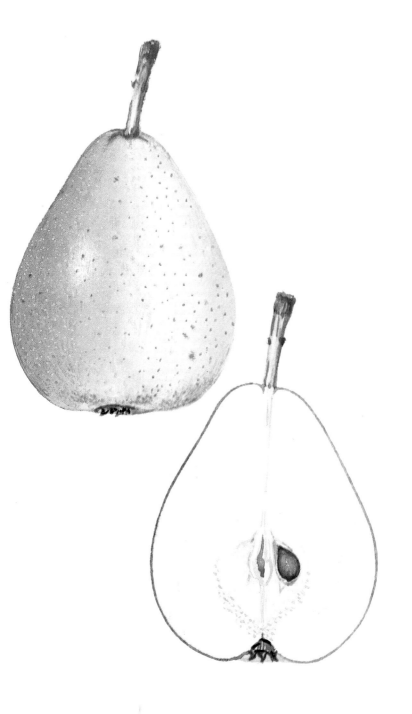

Olivier de Serres

38

Herkunft Frankreich, 1847 vom Baumschuler Boisbunel in Rouen aus Samen der 'Fortunée Supérieure' gezogen, 1861 erste Früchte, benannt nach dem französischen Vater der Landwirtschaft Olivier de Serres (1539–1619)

Frucht *Pflückreife:* E 10, A 11 *Genußreife:* 1–2–A 3 mittelgroß, in südlichen Ländern auch groß, 65–80 mm breit, 60–70 mm hoch, 110–170 g schwer; Form apfelfg., bergamottenfg., rundlich abgeplattet an Kelch und Stiel, kantig, mittelbauchig; Fruchtseiten uneben, beulig, typ. kantig; *Kelchgrube* weit, mittel- bis tief, mit Perlen, wulstig, rippig, typ. ringförmig gestrichelte Berostung; *Kelch* mittelgroß, halboffen oder geschlossen, Blätter derb, breit, hornartig, dunkel, an Basis sich überdeckend; *Stielgrube* eng, tief mit Wülsten oder Rippen, mit Rostkappe; *Stiel* 20–35 mm lang, 3,5 mm dick, an beiden Enden verdickt, holzig, braun, gerade oder geneigt; *Schale* trocken, rauh, genarbt, grießig, dick derb, zäh, vorm Fruchtverzehr unbedingt zu schälen; GF trübgrün, reif trüb grünlichgelb, DF meist fehlend, sonst schwach bräunlichrot, verwaschen; Schalenpunkte mittelgroß, zahlreich, graubraun; Berostung braun, fleckig, netzartig, auch flächig die Frucht überziehend; *Fleisch* grünlichweiß, gelblichweiß, feinkörnig, grießig, ums Kernhaus steinig, halbschmelzend bis schmelzend, saftig, süß, weinsäuerlich mit feinem Gewürz, von wärmsten südlichen Standorten eine der edelsten Wintertafelbirnen

Anfällig für Steinzellenbildung, für Schalenrisse, für Welken bei zu früher Ernte

Ernte sehr spät, Früchte hängen windfest, nicht druckempf., hartreif gut transpfg.

Lager im NL bei +6 °C ab Jan./Febr. genußreif, bis März haltbar, im gelochten Foliebeutel nicht welkend; KL entbehrlich

Verwendung Wintertafelbirne zum Frischverzehr

Baum Wuchs schwach bis mittelstark; Gerüstäste schräg aufrecht, genügend verzweigt, gut mit kurzem Fruchtholz besetzt; Kronenform breitpyramidal; nach Erziehungsschnitten dauernde Überwachung und Verjüngung, um Vergreisung zu verhindern; gut für Hecke und Spaliere geeig.

Blüte langwährend, frost- und witterungsempf.; Blütensitze kurze Fruchttruten, Spieße, Sprosse, Quirlholz

Ertrag auf Cyd. A früh, hoch, regelmäßig; auf Slg örtlich unterschiedlich von hoch bis gering

Bf/Ul nur für N, auf Cyd. A direkt verträglich, besser mit Zwv., als B, Sp, Spalierformen

Widerstandsfähigkeit Holz und Blüten gering gegen Frost; anf. für Schorf an ungeeig. Standorten

Standort freistehend nur für wärmste, geschützte Standorte, Weinbaulagen, im Leipziger Land noch anbaufg., ebenso an ähnlichen Standorten, besser aber an Wänden, die hier gespeicherte Wärme erhöht die Fruchtqualität; für nährstoffreiche, warme, genügend feuchte Böden, für Sandböden bei Zufuhr von Nährstoffen und Wasser gut geeig.

Anbaueignung die höchste Fruchtqualität als köstliche, schmelzende, hochwürzige Wintertafelbirne erhält die Sorte nur in südlichen Weinbauländern, hier eine Exportsorte; in der DDR nicht für Großproduktion, für SV, Siedler, Hausgärten, Liebhaber an geeig. Standorten an Mauern wertvoll

Ähnliche Früchte können haben Edelcrassane, Esperens Bergamotte s. Seite 224

Reifegrad der abgebildeten Frucht genußreif

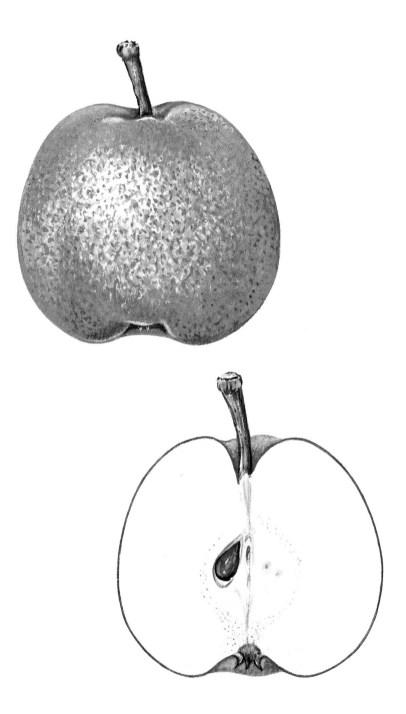

Paris

Vollständiger Name Gräfin von Paris
Originale Namensform Comtesse de Paris
Herkunft Frankreich, Züchtung vom Gärtner William Fourcine in Dreux (Dep. Eure-et-Loire) Ende 19. Jh. s. S. 195
Frucht *Pflückreife:* E 10, A 11 *Genußreife:* 12–1–2
mittelgroß bis groß, 60–70 mm breit, 90–110 mm hoch, 130–200 g schwer; spez. Gew. 0,98;Form birnenfg. tropfenfg., mittellang bis lang, mittel- oder kelchbauchig, stielwärts verjüngt, stumpfkegelfg., eingezogen, zum Kelch abgeplattet oval; Fruchtseiten etwas beulig; *Kelchgrube* flach, eng, auch fehlend, auch schwach bucklig; *Kelch* groß, offen, Blätter braun, am Grunde verwachsen, voll ausgebildet ein Fünfstern (Pentagramm); *Stielgrube* fehlt, oft mit Rostkappe, meist einseitiger Wulst, den Stiel seitwärts drückend; *Stiel* 20–35 mm lang, 3 mm dick, braun, holzig, teils knospig, an Frucht oft mit Fleischknopf, am Ende verdickt, gerade oder gekrümmt; *Schale* trocken, rauh, dick, hart, zäh, vorm Fruchtvz. unbedingt zu schälen; GF trüb gelblichgrün, DF, wenn vorhanden, gelbbräunlich, hellorange, gehaucht, verwaschen; Schalenpunkte auffallend, zahlreich, mittelgroß, braun, grün, umhöft; Berostung auf der Frucht fleckig, teils auch flächig, typ. Rostkappe am Kelch, oft auch am Stiel; *Fleisch* grünlich- bis gelblichweiß, feinkörnig, grießig, schmelzend oder halbschmelzend, saftig, süß, gering säuerlich, schwach, aber typ. würzig; Güte jahrweise unterschiedlich, von ungeeig. Standorten grob, trocken, rübig, dann nur eine Kochbirne
Anfällig für Steinzellenbildung, Fruchtrisse, gering für Schorf, bei zu früher Ernte welkend
Ernte sehr spät, Früchte hängen windfest, einzeln oder paarig gut pflückbar, Leistung hoch, baumreif gut transpfg., genußreif druckempf.
Lager im NL gut bis 1 oder auch 2, bei genügender Luftfeuchtigkeit nicht, sonst welkend, Einzelfrüchte reifen folgernd; für KL gut geeig. bei + 1° bis − 1°C 6–7 Monate, nur für geschmackvolle Früchte sinnvoll, andere bleiben rübig, verträgt vor KL 14 Tage NL; bei Auslagerung längere Nachreife bei +20°C
Verwendung Tafelbirne für Frischvz., häusl. für Kompott, falls rübig für Saft
Baum Wuchs mittelstark, Gerüstäste schräg aufrecht, nur mäßig verzweigt, durch Schnitte fördern; Fruchtholz kurze Ruten, Spieße, Sprosse; Kronenform breitpyramidal; nach Erziehungsschnitten ständig überwachen, rechtzeitig verjüngen; für Hecke und Spalierformen gut geeig.
Blüte mittellang während, wenig nässe-, aber etwas frostempf., Blütensitze an kurzen Fruchttruten und Kurzholz
Ertrag früh, mittelhoch bis hoch, regelmäßig, zu reichen Behang ausdünnen
Bf/Ul auf Slg. auch auf höheren Stammformen wüchsig und gut tragend, bevorzugt nur für N als Vst., B, Slg; auf Cyd. A mit Zwv. für B, Sp, Spalierformen
Widerstandsfähigkeit Holz relativ gut gegen Frost, Blüten nur mäßig; anf. für Feuerbrand, für Viren s. Seite 73, örtlich teils stark für Schorf, empf. gegen Kupfer und Schwefel
Standort im Anbau gedeiht die Sorte in der DDR von Rügen bis in mittlere Höhenlagen mit oft unerwarteter guter Fruchtqualität; normale Anbauvoraussetzungen sind wärmste, geschützte Lagen, ebenso warme, nährstoffreiche, genügend feuchte Böden
Anbaueignung für größere Produktion in DDR nur an geeig., bewährten Standorten; für SV, Siedler, Hausgärten zu prüfen, ob nicht 'Pastorenbirne' im Durchschnitt der Jahre geschmacklich besser abschneidet als 'Paris'; von 'Josephine von Mecheln' werden beide übertroffen in der beständig guten Fruchtqualität, jedoch nicht in der Ertragshöhe
Ähnliche Früchte können haben Pastorenbirne, Winterlonchen, St. Germain s. Seite 233
Reifegrad der abgebildeten Frucht genußreif

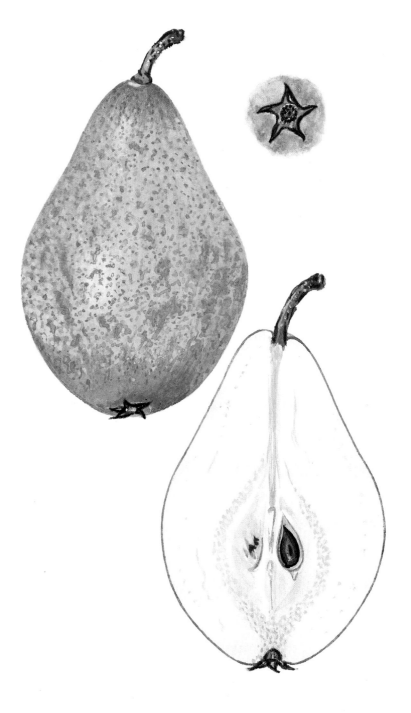

Pastorenbirne 40

Korrekter Name Poire de Curé

Synonyme zahlreich

Herkunft Frankreich, 1760 vom Pfarrer Leroy im Walde von Villiers-en-Brenne bei Clion, bei Chatillon-sur-Indre (Dep. Indre), gefunden

Frucht *Pflückreife:* ab A 10 *Genußreife:* 12-1-2

mittel- bis sehr groß, 55–70 mm breit, 90–125 mm hoch, 180–über 300 g schwer; spez. Gew. 0,98; Form birnenfg. lang, flaschenfg. mittel- oder kelchbauchig, kelchwärts eingezogen am Kelch abgeplattet, stielwärts kegelfg.; Fruchtseiten schwach beulig, kantig; *Kelchgrube* flach, teils schief, teils mit Fleischperlen, oft berostet; *Kelch* groß, offen, Blätter lang, schmal, spitz, ausgebreitet einem Seestern ähnlich; *Stielgrube* fehlt, Fleischknopf drückt Stiel oft seitlich; *Stiel* 40–50 mm lang, 3 mm dick, am Ende etwas verdickt und braun, an der Frucht meist grün, holzig; *Schale* trocken, glatt bis wachsig, berostet rauh, feinnarbig, dick, derb; vorm Fruchtvz. unbedingt zu schälen; GF hell grasgrün, weißlichgrün, reif trüb grünlichgelb bis trübgelb; DF, wenn vorhanden, fahl rötlich, fleckig verwaschen, gehaucht, von südlichen Herkünften stärker ausgeprägt; Schalenpunkte klein, zahlreich, braun, grün umhöft; Berostung teils als Kappe am Kelch, fleckig auf der Frucht, einzelne Früchte mit Roststrich vom Stiel zum Kelch; *Fleisch* grünlich-, gelblichweiß, grobzellig, halbschmelzend, saftig, schwach süß mit feiner, kräftiger Säure, schwach, aber typ. aromatisch; auch an warmen Standorten jahrweise unterschiedliche Qualität, von vorzüglich bis rübig, trocken, dann nur Kochbirne

Anfällig für Schorf, mäßig für Steinzellenbildung

Ernte jährlich unterschiedlich, A bis M 10, Termin genau einhalten, kurz vor Baumreife, bis dahin windfest, baumreif stark fallend; Fruchthang einzeln, paarweise und in Trauben, Pflückleistung sehr hoch; gut transpfg.

Lager Freilager bis Frosteinbruch, im NL bis 12 und 1, genußreif nicht gleich teigig, überlagert mehlig; im KL 5–6 Monate, nur zweckvoll bei guten Qualitäten, sonst bei Auslagerung fad

Verwendung Speisebirne, auch Tafelbirne, Fruchtgüte jahrweise unterschiedlich, für Frischvz., häusl. Kompott, Naßkonserve, Dörrfrucht; hartreif ind. für Saft

Baum Wuchs stark; Gerüstäste schräg aufrecht, durch Fruchtlast bald waagerecht, hängend, gut verzweigt; Fruchtholz kurze Ruten, Spieße, Sprosse; Kronenform schmal- bis breitpyramidal; straffe Erziehungsschnitte, laufend überwachen, auslichten, später verjüngen; für Hecke und Spalier gut geeig.

Blüte langwährend, wenig witterungsempf., Blütensitze an Spießen und Sprossen

Ertrag früh auf Cyd. A, mittelfrüh auf Slg, bald sehr hoch, jährlich, eine Massenertragssorte

Bf/Ul auf Slg für alle Baumformen H, h, Vst, geeig.; gut direkt verträglich mit Cyd. A; als Zwv. verwendet neben 'Gellert' und 'Schraderhof', für B, Sp, Spalierformen

Widerstandsfähigkeit Holz und Blüten mäßig gegen Frost; anf. für Schorf, Spitzendürre

Standort breit anbaufähig, bevorzugt für tiefere Lagen, wärmere Standorte, um bessere Fruchtgüte zu erlangen, für nährstoffreiche, warme, genügend feuchte Böden

Anbaueignung früher eine Hauptwintersorte, stark angebaut, jetzt im Handel noch reichlich anfallend; für Großproduktion als Massenträger zur Versaftung möglich, dafür Früchte nicht pflücken, nach Baumreife auflesen; für SV, Siedler, Haus- und ländliche Gärten ertragssichere Wintersorte

Ähnliche Früchte können haben Paris, Winterlonchen, St. Germain s. S. 233

Reifegrad der abgebildeten Frucht genußreif

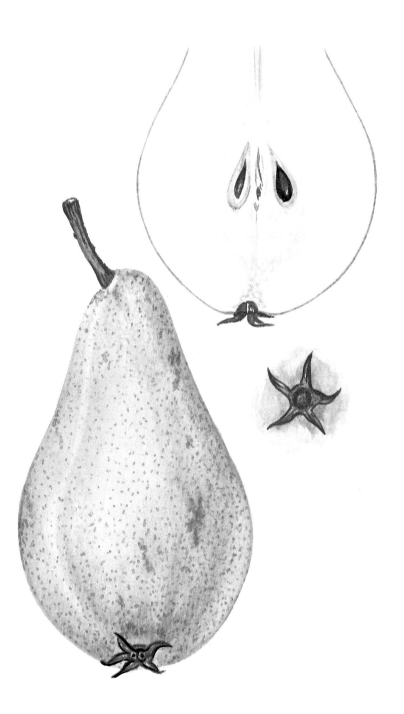

Petersbirne

Synonyme Große Petersbirne, Lorenzbirne, Margaretenbirne
Herkunft wahrscheinlich Deutschland, um Altenburg schon Ende des 18. Jh. bekannt, 1799 von Sickler beschrieben, verbreitet in Sachsen, wahrscheinlich bestehen mehrere Typen, die sich durch Fruchtgröße und Geschmack unterscheiden
Frucht *Pflückreife:* E 7 – A 8 *Genußreife:* 8
klein bis mittelgroß, 45–55 mm breit, 55–65 mm hoch, 50–80 g schwer; spez. Gew. 0,998; Form birnenfg., kreiselfg., kelchbauchig, zum Stiel verjüngt, eingeschnürt, kegelfg.; Fruchtseiten glatt, eben; *Kelchgrube* fehlend oder flach mit Falten und schwachen Bukkeln; *Kelch* mittelgroß, offen, Blätter mittellang, schmal, spitz, hart, sternfg, zurückgeschlagen, am Grunde sich berührend; *Stielgrube* flach, eng, mit kleinen Buckeln und Falten, teils berostet; *Stiel* 20–30 mm lang, 2,5 mm dick, holzig, braun, zur Frucht grünlich, gerade oder etwas gekrümmt; *Schale* trocken, glatt, derb, fest, Frucht mit Schale genießbar, besser verträglich geschält, kann Sodbrennen erzeugen; GF gelblichgrün, reif rötlichgelb, DF gelblichrot bis rot verwaschen, gestreift; Schalenpunkte klein, rostartig, auf DF rot umhöft, zahlreich, sehr dicht, deutlich sichtbar; Berostung gelbbraun, teils an Stiel- und Kelchgrube, fleckig auf der Frucht; *Fleisch* gelblichweiß, fest, halbschmelzend, feinkörnig, saftig, süß, schwach säuerlich, kräftig zimtartig aromatisch
Anfällig kaum für Schorf, stark für Obstmade
Ernte nicht zu früh, erst voll baumreif, Fruchtgüte wird dadurch erhöht, Ernte kann folgernd geschehen, Früchte windfest, lösen schwerer als andere Birnen; baum- und genußreif gut transpfg.
Lager zum baldigen Verbrauch, nur kurz für NL, baumreife Früchte 14 bis 20 Tage lagerfähig ohne teigig zu werden
Verwendung Sommerbirne zum Frischvz., reift mit 'Bunte Julibirne' und 'Trévoux', häusl. zu Kompott, auch Naßkonserve, diese fest, gute Formerhaltung, etwas bräunlich, auch gute Dörrfrucht
Baum Wuchs stark, Triebkraft lange anhaltend; Gerüstäste schräg aufrecht, gut mit Seitenholz besetzt, daran Fruchtholz als kurze Fruchtruten, Spieße, Sprosse; Kronenform breitpyramidal; nach Erziehungsschnitten regelmäßig auslichten, alte Kronen können sehr dicht werden
Blüte langwährend, wenig frost- und witterungsempf., Blütensitze an Fruchtruten, Spießen, Sprossen
Ertrag mittelfrüh, ab 6., 7. Standjahr, hoch, regelmäßig, später Massenerträge
Bf/Ul auf Slg. für H, h, Vst; nicht für Cyd. A, da keine bessere Fruchtgüte erreicht wird
Widerstandsfähigkeit Holz und Blüten beachtlich hoch gegen Frost, kaum anfällig für Schorf, außer an völlig ungeeig. Standorten
Standort breit anbaufähig auf allen nicht zu trockenen, armen Böden, auch für Grasland, bis in Gebirgs-, Grenzlagen des Birnenanbaues
Anbaueignung nicht für Großflächenanbau, da Früchte zu klein, auch bei sehr hohem Behang nur mittlere Pflückleistung; für Kleingärten entbehrlich, für große Siedler- und ländliche Gärten in Höhenlagen zur Handelsbelieferung erwünscht; die Bedeutung der Sorte liegt in ihrer Widerstandsfähigkeit, den hohen, sicheren Erträgen und der relativ langen Genußfähigkeit der zwar kleinen, aber aromatischen Früchte
Ähnliche Früchte können haben Trévoux, Julidechantsbirne, Bunte Julibirne, Muskatellerbirne, Stuttgarter Geißhirtle, Hannoversche Jakobsbirne s. Seite 222
Reifegrad der abgebildeten Frucht vollreif

Philippsbirne 42

Vollständiger Name Doppelte Philippsbirne
Erster Name Doyenné de Mérode (1819 von van Mons zu Ehren von Graf Mérode de Westerloo gegeben)
Synonyme zahlreich
Herkunft Belgien, wohl um 1800 entstanden, gefunden von van Mons, bald verbreitet; um Verwechslungen mit der älteren Sorte 'Philippe Le Bon' zu vermeiden, die 'Doppelte'genannt
Frucht *Pflückreife:* A 9 *Genußreife:* 9 – A 10
mittelgroß bis groß, 60–85 mm breit, 65–85 mm hoch, 120–180 g schwer; spez. Gew. 1,00; Form var., meist breit, stumpfkegelfg., gedrungen, fast rundlich, dickbauchig, kelchbauchig, zum Kelch abgeplattet rundlich, stielwärts kegelfg. verjüngt, etwas eingezogen; Fruchtseiten eben, schwach beulig,; *Kelchgrube* flach, weit, etwas faltig, auch geperlt; *Kelch* mittelgroß, offen, Blätter oft rötlich, hornartig, aufrecht; *Stielgrube* var., eng, flach oder tiefer, ohne oder mit schwachen Wülsten, oft mit strahligem braunem Rost; *Stiel* 20–40 mm lang, 3,5–5,5 mm dick, braun, holzig oder fleischig, an den Enden verdickt; *Schale* glatt, trocken, auch stumpf bis samtig, fest, dick, Fruchtvz. mit Schale möglich, feiner geschält; GF grün, reif gelb, DF, wenn vorhanden, orange, hellrot gehaucht, verwaschen, auch gefleckt; Schalenpunkte zahlreich, klein und groß, hellbraun; Berostung normal gering, fleckig, an Kelchgrube und Stiel; *Fleisch* gelblichweiß, mittelfeinzellig, feinkörnig ums Kernhaus, schmelzend oder fast schmelzend, sehr saftig, süß, schwach säuerlich, etwas muskatwürzig; Herbstbirne geschmacklich mittlerer Güte
Anfällig wenig für Schorf, reif druckempf., rasch teigig
Ernte baumreif, hängt windfest, nicht zu früh ernten, dann geschmacklich leer, je nach Standort A 9, M 9 gut pflückbar, Leistung hoch; baumreif gut transpfg.,
Lager im kühlen NL 14 Tage, in höheren Lagen auch 3 Wochen bei Freilagerung; für KL geeig. bei +2°C 1 bis 2 Monate
Verwendung Tafelbirne zum Frischvz., ind. und häusl. gut für Naßkonserve, hartreif für Saft
Baum Wuchs mittelstark bis stark; Gerüstäste schräg und steil aufrecht, später durch Fruchtlast waagerecht hängend, gut verzweigt; Fruchtholz als Ruten, Sprosse, Spieße, Quirlholz; Kronenform breitpyramidal; nach Erziehungsschnitten überwachen und auslichten, Verjüngung erst spät nötig, Bäume werden alt
Blüte langwährend, wenig frost- und witterungsempf., Blütensitze Fruchtruten, Spieße, Sprosse
Ertrag früh, hoch bis sehr hoch, alljährlich, Massenträger
Bf/Ul auf Slg für alle Baumformen, H, h, Vst, B geeig.; für Cyd. A. direkt oder mit Zwv. als B, Sp.
Widerstandsfähigkeit Holz und Blüten gegen Frost genügend bis gut; wenig anf. für Schorf; kupferempf.
Standort breit anbaufähig, auch im Straßen- und Graslandobstbau, bis in Höhenlagen, die noch für den Anbau von Herbstbirnen geeig. sind; wenig anspruchsvoll an Lagen und Böden, neben schweren auch für leichte bei Zufuhr von Nährstoffen und Wasser
Anbaueignung einst, wegen sicheren, alljährlichen hohen Erträgen weit verbreitete wohlschmeckende Septemberbirne für Frischvz. und Konserve, jetzt noch teils stark im Handel anfallend; wäre auch heute noch wertvoll für Großproduktion zu ind. Verarb. als Konserve und Saft, besonders in Höhenlagen; für SV, Siedler an wärmeren Standorten entbehrlich, Bedeutung in Grenzlagen des Birnenanbaues als robuste Sorte durch Frosthärte, Schorfwiderstandsfähigkeit, hohe Erträge und Ertragssicherheit
Ähnliche Früchte können haben Lucius, Diels, Alexander Lucas s. Seite 219
Reifegrad der abgebildeten Frucht vollreif

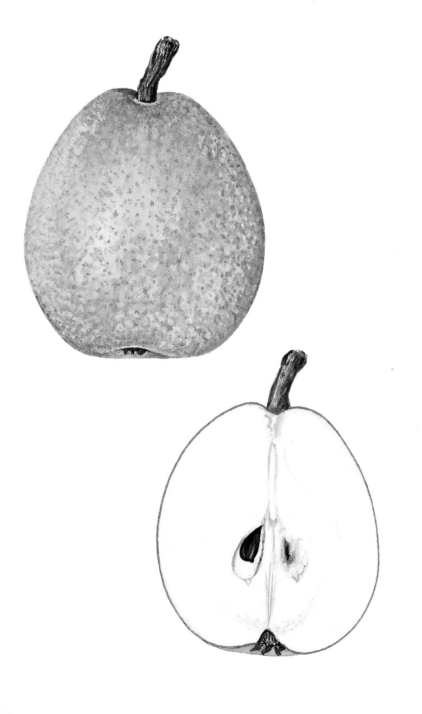

Erster Name Pitmaston Duchesse d'Angoulême
Synonyme Pitmaston Duchesse, Williams Duchesse
Herkunft England, 1841 vom Schloßgärtner John Williams in Pitmaston bei Worcester aus Kreuzung 'Angoulême' x 'Hardenponts Winterbutterbirne' gezogen
Frucht *Pflückreife:* E 9, A 10 *Genußreife:* 10
groß bis sehr groß, 70–85 mm breit, 100–120 mm hoch, 200–500 und mehr g schwer; Form birnenfg. lang, stumpf kegelfg., mittel- bis kelchbauchig, am Kelch gerundet, zum Stiel verjüngt, etwas abgeschrägt; Fruchtseiten eben oder schwach beulig, feinnarbig; *Kelchgrube* mitteltief, weit, mit flachen Wülsten, teils Fleischperlen; *Kelch* groß, halboffen, Blätter grünbraun, stark, hornartig, aufrecht, am Grunde getrennt; *Stielgrube* eng, wenig tief, etwas wulstig mit typ. Rostkappe; *Stiel* 30–40 mm lang, 4–6 mm dick, braunoliv, holzig oder etwas fleischig, am Ende keulenartig verdickt, etwas seitlich, schräg aufrecht sitzend; *Schale* trocken, glatt, feinnarbig, dünn, vorm Fruchtvz. zu schälen; GF grünlichgelb, reif zitronengelb, DF meist fehlend, sonst hauchartig orangegelb; Schalenpunkte klein, braun, zahlreich; Berostung typ. strahlig auslaufende Kappe am Stiel, kleinere Flecke am Kelch und auf der Frucht; *Fleisch* gelblichweiß, dicht, feinzellig, mittelfest, sehr zart, schmelzend, triefend von Saft, harmonisch edelweinsäuerlich, schwach süß, feinwürzig; Frucht nur vollreif saftig und von höchster Güte, hartreif rübig
Anfällig nur örtlich gering für Schorf, Steinzellen an kalten Standorten, nicht gleich teigig
Ernte baumreif, bis dahin windfest, dann fallend; druckfrei ernten, baumreif transpfg., genußreif nicht
Lager in NL 3–4 Wochen, Freilager verzögert Reife; hartreif an Einzelhandel liefern, hier nur reif an Käufer geben
Verwendung hochsaftige, weinsäuerliche Tafelbirne für Frischvz., häusl. hervorragend für Kompott, Naßkonserve
Baum Wuchs anfangs mittel bis stark; Gerüstäste aufrecht, später durch Fruchtlast hängend, genügend verzweigt, mit Fruchtruten und Kurzholz gut besetzt; Kronenform schmal- bis breitpyramidal; nach Erziehungsschnitten laufend überwachen, später verjüngen; für Hecke und Wandobstbau gut geeig.
Blüte langwährend, wenig frost- und witterungsempf., Blütensitze Fruchtruten, Spieße, Sprosse
Ertrag mittelfrüh, hoch, regelmäßig auf Slg wie Cyd. A
Bf/Ul N auf Slg für Vst, B, Sp; gut auf Cyd. A mit Zwv. für B, Sp und Spalierformen
Widerstandsfähigkeit gegen Frost und Blüte genügend bis gut; örtlich, an ungeeigneten Standorten gering anf. für Schorf
Standort breit anbaufähig auf wärmeren, geschützten Standorten bis in mittlere Höhenlagen, für nährstoffreiche, feuchtere Böden, auf leichteren, sandigen bei reichlicher Zufuhr von Nährstoffen und Wasser in Lagen von 350–450 m NN am Wandspalier
Anbaueignung in Mitteleuropa überall im Streuanbau, stark in England; im Handel noch häufig anfallend; für SV, vorrangig für Liebhaber saftiger, weinsäuerlicher Früchte, für Hausgärten, für Siedler zur Handelsabgabe, die großen gelben Früchte finden stets Käufer, auch bei starkem Birnenangebot
Ähnliche Früchte können haben Williams Christ s. Seite 220
Reifegrad der abgebildeten Frucht baumreif

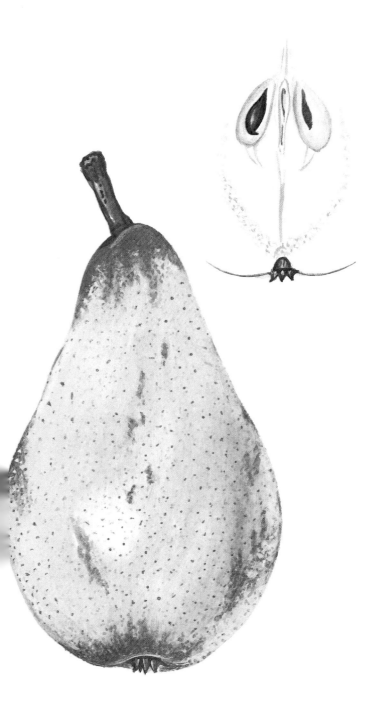

Poiteau

Vollständiger Name Neue Poiteau
Originale Namensform Nouveau Poiteau
Herkunft Belgien s. Seite 195
Frucht *Pflückreife:* ab E 9–M 10 *Genußreife:* 10–11
mittelgroß bis sehr groß, 60–75 mm breit, 80–105 mm hoch, 150–250 g schwer; spez.
Gew. 1,01; Form var., birnenfg., mittelbauchig, stielseits kegelfg., eingezogen, kelchseits
breit abgestumpft; Fruchtseiten uneben, beulig, ungleich, Kanten vom Kelch zur Fruchtmitte; *Kelchgrube* mitteltief, eng mit typ. Wülsten, Rippen, Falten, wovon einige stärker
herausragen, dadurch „schiefmäulig"; *Kelch* halboffen oder geschlossen, zwischen die
Wülste eingeklemmt, Blätter kurz, mittelbreit, spitz oder stumpf, aufrecht oder verdreht;
Stielgrube fehlt; *Stiel* aufsitzend, gerade oder von Fleischwulst seitlich gedrückt, 25–40 mm
lang, 3,5–4 mm dick, holzig, meist braun, teils zur Frucht grün und verdickt; *Schale* glatt,
trocken, teils schwach rauh, samtig, fest, grießig, dünn-mitteldick, Frucht mit Schale genießbar, besser geschält; GF trübgrün, schmutzig gelblichgrün, wird genußreif nicht gelb,
DF, wenn vorhanden, hauchartig bräunlichrot, bräunlichorange; Schalenpunkte zahlreich,
sehr dicht, rostartig; Berostung trübbräunlich, schuppig, fleckig oder flächig die Frucht
überziehend; *Fleisch* gelblichweiß, an Schale grünlichweiß, weich, schmelzend oder halbschmelzend, saftig bis sehr saftig, Geschmack var. nach Standort und Jahreswitterung von
zartsäuerlich, süß, schwach aromatisch bis fad, leer, wässrig, daher unterschiedliche Ge-
schmacksbewertung
Anfällig stark für Schorf an Küste und Höhenlagen; kaum Steinzellenbildung, genußreif
rasch teigig
Ernte spät, Fruchtgüte gewinnt, Früchte windfest, einzeln und paarig hängend, gut pflückbar, Leistung hoch; baumreif gut transpfg., genußreif druckempf.
Lager Reife hemmende Freilagerung bis Frosteinbruch in NL bis M 11, in Höhenlagen bis
12; laufend Kontrollen auf Reife und Teigigwerden, da Schale auch reif trübgrün bleibt;
für KL nicht geprüft
Verwendung Tafel- und Speisebirne zum Frischvz., häusl. für Kompott, Naßkonserve,
sehr gute Dörrfrucht, ind. hartreif für Saft
Baum Wuchs stark; Gerüstäste steil aufrecht, mit Seitenholz gut verzweigt, daran Frucht-
holz als Spieße und Sprosse; Kronenform hochpyramidal; nach Erziehungsschnitten
überwachen und auslichten; für Obsthecke und Spalierformen geeig.
Blüte langwährend, wenig frost- und witterungsempf., Blütensitze, Fruchtspieße und
Sprosse
Ertrag früh, hoch bis sehr hoch, regelmäßig, Massenträger
Bf/Ul auf Slg für alle Bf, H, h, Vst, B möglich, für N auch auf Cyd. A mit Zwv.
Widerstandsfähigkeit Holz und Blüten hoch gegen Frost; örtlich stark anf. für Schorf,
anf. Blätter für Weißfleckenkrankheit, für Virus Ringfleckenmosaik, Rauhrindigkeit,
Rindenrissigkeit
Standort breit anbaufähig auf genügend feuchten, nährstoffreichen Böden, von tiefen bis
zu Gebirgslagen, auch bevorzugt in Grenzlagen des Birnenanbaues, hier gute Fruchtquali-
tät, nicht für Lagen, die Schorf begünstigen
Anbaueignung die trübgrüne Frucht spricht Käufer nicht an, daher kein Großflächenan-
bau für Frischmarkt, möglich für ind. Versaftung; für SV, Siedler, ländliche Gärten in Hö-
henlagen, auch für Wandobstbau, bedeutungsvoll durch Frosthärte und Ertragssicherheit
Ähnliche Früchte können haben Amanlis, Grumkow, Hardenponts, Charneu, Paris, Le
Lectier s. Seite 228
Reifegrad der abgebildeten Frucht vollreif

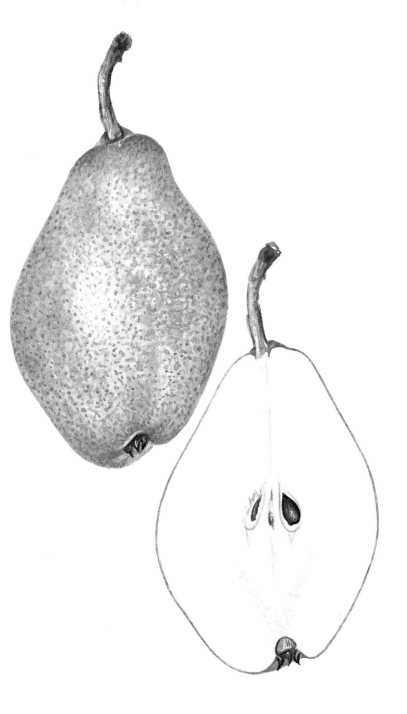

Originale Namensform Président Drouard

Synonyme keine

Herkunft Frankreich, gefunden vom Gärtner Oliver, Angers bei Pont-de-Ce im Dep. Maine-et-Loire, von Baumschule A. Leroy, Angers, um 1870 dem Handel übergeben

Frucht *Pflückreife:* ab E 9–M 10 *Genußreife:* 12–1–A 2

mittelgroß, 65–75 mm breit, 76–85 mm hoch, 190–210 g schwer; große Früchte 76–85 mm breit, 86–95 mm hoch, 230–340 g schwer; sehr große bis 500 g; spez. Gew. 1,01; Form birnen-, glocken-, stumpfkegelfg., dickbauchig; Fruchtseiten eben, teils etwas flachbeulig, regelmäßig, auch ungleichseitig; *Kelchgrube* var. von flach bis tief, eng bis mittelweit, regelmäßig, fast schüsselfg., auch mit flachen, breiten Rippen; *Kelch* offen oder halboffen, Blättchen kurz bis lang, schmal, spitz, hornartig, aufrecht oder sternartig anliegend, graubraun; oft mit Rostflecken, Staubfäden hochstehend; *Stielgrube* var. flach bis tief, eng bis mittelweit, oft schiefe Stielfläche; *Stiel* 20–25 mm lang, 4–5 mm dick, typ. grün und braun, holzig, oft schief, wirkt wie eingesteckt, Ende seitlich gebogen; *Schale* typ. feingrießig, feinnarbig, glatt, dünn, aber fest, vorm Fruchtvz. sehr dünn schälen; GF baumreif typ. laubfroschgrün, reif grünlichgelb; DF meist fehlend, an südlichen Standorten bräunlichrot, hellorange gehaucht; zahlreiche braune Schalenpunkte, verstreut kleinere Rostflecken; *Fleisch* gelblichweiß, von kühleren Standorten halbschmelzend, ums Kernhaus feinkörnig, feingrießig, saftig bis hochsaftig, schwach säuerlichsüß, schwach aromatisch

Anfällig örtlich für Schorf, Schale genußreif sehr druckempf., bräunt sofort bei Temperaturwechsel, vom Lager zu Wohnräumen

Ernte sobald Baumreife einsetzt, nicht früher, sonst Güteverluste, auch nicht später, bis dahin windfest, danach stark fallend; trotz Hartreife druckfrei ernten und transportieren, Schale bleibt zur Pflückreife grasgrün, gilbt noch nicht; Äste sehr brüchig beim Herunterbiegen

Lager nur für NL bei +4 bis +6°C, nur soviel Früchte auslagern, wie sofort verbraucht werden

Verwendung Wintertafelsorte für Frischvz., häusl. Kompott, Naßkonserve

Baum Wuchs anfangs mittel bis stark, im Ertragsstadium nur schwach; Gerüstäste aufrecht, gering mit Seitenholz, dicht mit kurzem Fruchtholz besetzt; Kronenform hochpyramidal; nach Erziehungsschnitten laufend überwachen und verjüngen, die hohen Erträge fördern das Vergreisen; für Hecke und Wandobstbau sehr gut geeig.

Blüte langwährend, wenig witterungsempf., Blüten am Kurzholz und Fruchtruten

Ertrag setzt früh, schon an einjährigen Umveredlungsreisern; auf Cyd. A ab 3. Standjahr hoch bis sehr hoch, regelmäßig, ebenso auf Slg

Bf/Ul nur für N, mit Cyd. A verträglich, besser mit Zwv., auf Slg für N für leichtere Böden gut geeig.

Widerstandsfähigkeit Holz und Blüten mäßig bis genügend gegen Frost; örtlich anf. für Schorf und Blattchlorose

Standort breit anbaufähig, bevorzugt auf nährstoffreichen, warmen Böden, wärmeren Lagen, vorzüglich in Weinbaugebieten, nicht für kalte, nasse, trockene Böden und Schorflagen; als Wandspalier noch für geschützte mittlere Höhenlagen

Anbaueignung wäre durch kleinkronige Bäume mit frühen, hohen, regelmäßigen Erträgen großer Früchte eine ideale Wintersorte für Produktion auf größeren Flächen, die ungewöhnliche Schalenempfindlichkeit im Reifevorgang von der Auslagerung zur Handelsbelieferung verbietet den Anbau dafür; für SV, Siedler an geeig. Standorten, für Liebhaber des Wandobstbaus und zur Aufveredlung eine empfehlenswerte Wintertafelbirne

Ähnliche Früchte können haben Napoleons Bb, Jeanne d'Arc, Alexander Lucas, Diels s. Seite 223

Reifegrad der abgebildeten Frucht genußreif

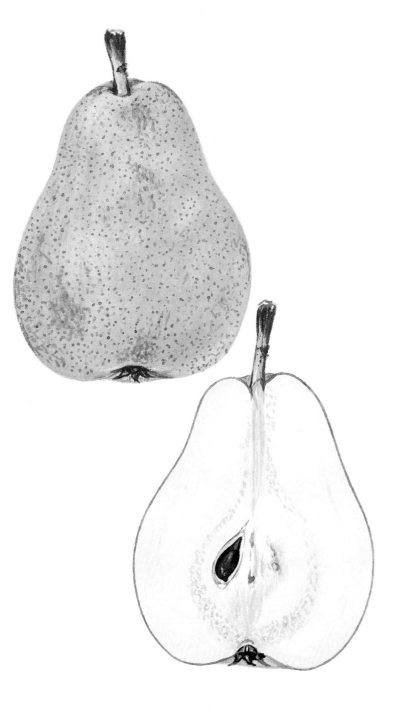

Regentin 46

Erster Name Passe-Colmar Épineux

Synonyme über 60; Passe Colmar (Hauptname in Belg., Engl., Frankr., USA)

Herkunft Belgien, gezüchtet oder gefunden von Abbé Hardenpont, Mons; seit 1758 bekannt und verbreitet in Europa

Frucht: *Pflückreife:* ab A 10   *Genußreife:* 11–12–1

normal mittelgroß, bei zu reichem Behang klein, 60–70 mm breit, 70–90 mm hoch, 110–180 g schwer; Form var. mittellang oder kürzer, stumpf kreisel-, glocken-, perl- oder birnenfg., kegelfg., mittel- bis kelchbauchig, um den Kelch meist schief gerundet, stielwärts verjüngt, eingezogen bis eingeschnürt; Fruchtseiten schwach beulig, oft mit flacher Furche vom Stiel zum Kelch; *Kelchgrube* eng bis mittelweit, flach, faltig oder schwach wulstig, netzartig berostet; *Kelch* mittelgroß, offen bis halboffen, Blätter braun, klein, teils verkümmert, hornartig; *Stielgrube* fehlt; Fleisch geht typ. spitz oder stumpfer, wulstig, meist strahlig berostet, in den Stiel über; *Stiel* 25–40 mm lang, 4–6 mm dick, braun, teils grünlich, holzig oder fleischig, gerade, aufsitzend oder schräg zur Seite gedrückt; *Schale* trocken, glatt, auch feinnarbig, dick, fest, vorm Fruchtvz. zu schälen; GF weißlichgrün, reif weißlichgelb, ähnlich 'Blumenbachs', DF, wenn vorhanden, hell orangebräunlich gehaucht, verwaschen; Schalenpunkte zahlreich, klein, braun; Berostung fleckig, netzartig, vorwiegend um Kelch und Stiel, auch flächig überzogen; *Fleisch* gelblichweiß, gelblich, feinkörnig, schmelzend oder halbschmelzend, sehr saftig, süßweinig würzig; bei vollkommener Ausbildung zu den geschmacklich edelsten Winterbirnen gehörend

Anfällig für Schorf, Kleinfrüchtigkeit, Welke bei zu früher Ernte

Ernte so spät wie möglich, Früchte nicht windfest, fallen, besonders auf trockenen Böden schon vor Baumreife; meist paarweise hängend, gut pflückbar, baumreif gut transpfg.

Lager im NL, je nach Herkunft, ab M 11, E 11, 12–1 genußreif, Kontrollen auf Fäulnis und Welke; KL nicht geprüft

Verwendung hochfeine Wintertafelbirne zum Frischvz., häusl. für Kompott, Naßkonserve

Baum Wuchs schwach, kaum mittelstark; Gerüstäste schräg aufrecht, gut verzweigt, am Seitenholz reichlich Fruchtholz als kürzere Ruten, Spieße, Sprosse, Quirlholz; Kronenform breitpyramidal; der schwache Wuchs erfordert straffe Erziehungsschnitte, laufende Überwachung, Fruchtholzschnitte, rechtzeitige Fruchtasterneuerung, um große Früchte zu erzielen; sehr gut für Hecke und Wandobstbau geeig.

Blüte mittellangwährend, frostanfällig, Blütensitze am Kurzholz

Ertrag auf Slg sehr früh, hoch, regelmäßig, bei zu reichem Behang ausdünnen

Bf/Ul nur für N, für B, Sp, Spalierformen auf Slg; mit Cyd. A schlecht verträglich und mit Zwv. zu schwachwüchsig

Widerstandsfähigkeit Holz und Blüte gering gegen Frost; anf. für Schorf

Standort nur für wärmere Lagen, sonst am Wandspalier, für nährstoffreiche, warme, genügend feuchte, nicht nasse, nicht trockene Böden, intensive Bodenpflege nötig

Anbaueignung bei intensiver Pflege für SV, Siedler, Liebhaber edler Birnensorten eine geschmacklich erstklassige Frucht bei geeig. Standort, nur hier anzubauen, an kalten befriedigt Fruchtqualität nicht; wegen Kleinfrüchtigkeit, hohen Pflegeansprüchen, geringer Windfestigkeit nicht für Großproduktion

Ähnliche Früchte können haben Blumenbachs, Josephine von Mecheln s. Seite 225

Reifegrad der abgebildeten Frucht baumreif

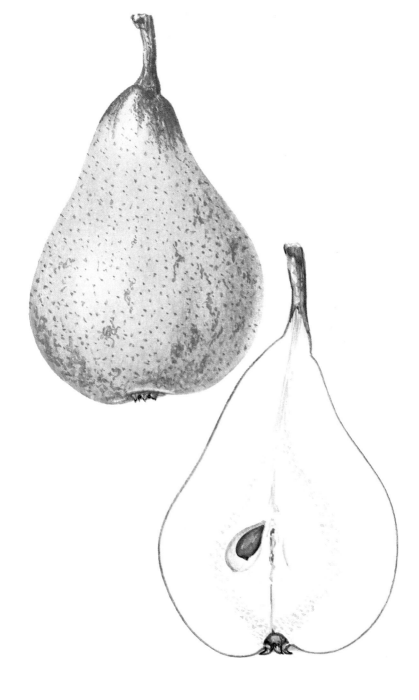

Robert de Neufville

47

Herkunft Deutschland, Geisenheimer Züchtung, s. Seite 195

Frucht *Pflückreife:* E 8, A 9 *Genußreife:* 9
mittelgroß, 60–70 mm breit, 70–90 mm hoch, 120–200 g schwer, im Durchschnitt etwa 140 g; Form var. teils sehr ähnlich 'Gellerts', auch in Schalenfarbe; kürzer oder länger, breit abgestumpft kegelfg., stumpf kreiselfg., meist ungleichhälftig, mittel- bis kelchbauchig; Fruchtseiten eben; *Kelchgrube* mäßig eingesenkt, tellerfg., glatt; *Kelch* klein bis mittelgroß, halboffen oder offen, Blätter graugrün, etwas filzig, typ. klein, schmal, spitz, zierlich kronenartig aufrecht oder sternfg. aufliegend; Staubfäden hochständig; *Stielgrube* eng, mitteltief, mit 3–4 Höckern, hellbraun auslaufend berostet; *Stiel* 20–35 mm lang, 4–5 mm dick, fleischig, auch knospig, olivbräunlich, meist etwas seitwärts gedrückt; *Schale* glatt, trocken, dünn, beim Fruchtvz. nicht störend; GF gelblichgrün, reif grünlichgelb, DF, wenn vorhanden, schwach orangebräunlich, getupft, verwaschen gestreift, wenig auffällig; Schalenpunkte zahlreich, hellbraun; Berostung fleckig, auch flächig, fein, nicht rauh, die ganze Frucht, ähnlich 'Gellert', überziehend; *Fleisch* weißgelblich, mittelfeinzellig, nicht körnig, ohne Steinzellen, weich bis mittelfest, schmelzend, zerfließend, sehr saftig, süß, kaum säuerlich, schwach muskatig; Gesamtbeschaffenheit ähnlich 'Vereinsdechantsbirne'

Anfällig Schorf noch nicht beobachtet

Ernte in Geisenheim A – M 8, genußreif M – E 8, um Leipzig baumreif E 8, A 9, bis dahin windfest, genußreif A – M 9; Früchte meist typ. paarig hängend, gut pflückbar, Leistung hoch; baumreif gut transpfg., genußreif beschränkt

Lager im NL 10–12 Tage, vollreif bald teigig, zum Sofortverbrauch; KL nicht geprüft

Verwendung Tafelbirne für Frischvz., häusl. für Kompott und Naßkonserve

Baum Wuchs schwach, kaum mittelstark; Gerüstäste schräg aufrecht bis waagerecht, durch Fruchtlast bald hängend; Fruchtholz sind Ruten, Spieße, Sprosse; Kronenform breitrund; nach Erziehungsschnitten ständig überwachsen, auslichten, laufend verjüngen, um Triebkraft und Fruchten im Gleichgewicht zu halten; gut für Hecke, Wandobstbau und Aufveredlung geeig.

Blüte langwährend, besondere Frost- und Witterungsempfindlichkeit nicht festgestellt, Blütensitze an Fruchtruten und am Kurzholz

Ertrag sehr früh, auch auf Slg ab 4.–5. Standjahr, regelmäßig; hoch, bei Aufveredlung schon im 2. Jahr tragend

Bf/Ul auf Slg für Vst, B, Sp, Spalierformen; auf Cyd. A direkt oder mit Zwv., vorteilhafter nur Slg, da früh tragend

Widerstandsfähigkeit von Holz und Blüten gegen Frost bisher genügend; bisher schorffrei

Standort breit anbaufähig von der Küste bis zu mittleren Höhenlagen auf besseren, nährstoffreichen, genügend feuchten Böden, um die hohe Ertragsleistung zu erhalten, als Wandspalier für höhere Lagen

Anbaueignung der verdienten Verbreitung dieser vorzüglichen Septemberspitzensorte war ihre Handelsübergabe im ersten Weltkrieg hinderlich, wohl auch der nicht glücklich gewählte Sortenname, ferner die Voreingenommenheit für eine neue Septembersorte. Der größere Anbau ist wegen der Geschmacksgüte in Erholungs-, Industriegebieten vertretbar, auch für Siedler zur Handelsabgabe, für SV und Liebhaber, besonders in höheren Lagen, hier auch im Wandobstbau

Ähnliche Früchte können haben Gellert, s. Seite 226

Reifegrad der abgebildeten Frucht vollreif

172

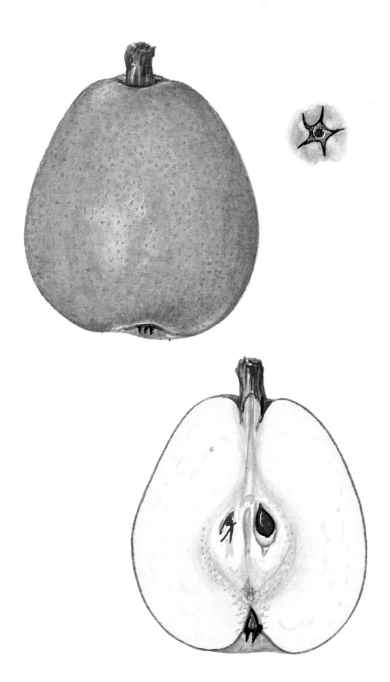

Six' Butterbirne 48

Originale Namensform Beurré Six
Herkunft Belgien, um 1840 gezüchtet vom Gärtner Six zu Courtrai (Kortrijk), erste Früchte um 1845; auf der 7. Versammlung deutscher Pomologen 1874 in Trier zum allgemeinen Anbau in Deutschland empfohlen
Frucht *Pflückreife:* ab A 10 *Genußreife:* ab E 10–11–12
groß bis sehr groß, 65–85 mm breit, 80–100 mm hoch, 120–350 g schwer; Form zwar var., doch Grundform einheitlich, typ. dickbauchig, vasenfg., zum Stiel und Kelch sich verjüngend, birnenfg., mittelbauchig, oft ungleichseitig, kelchseits oval abgeplattet, stielseits eingezogen bis eingeschnürt, konisch zum Stiel; Fruchtseiten mehr oder weniger beulig, *Kelchgrube* flach, mittelweit, mit Falten, flachen Wülsten, die als Kanten über die Frucht verlaufen; *Kelch* offen oder halboffen, mittelgroß, Blätter braun, schmal, hornartig aufrecht; *Stielgrube* fehlt; *Stiel* typ. aufsitzend, 25–40 mm lang, 3–3,5 mm dick, braun, holzig, etwas gekrümmt; *Schale* glatt, geschmeidig, dünn, beim Fruchtverzehr wenig störend, geschält wird Fruchtgenuß erhöht; GF fahlgrün, weißlichgrün bis schwach bläulichgrün, bleibt genußreif hellgrün, DF an DDR-Standorten nicht vorkommend; Schalenpunkte fein, klein, braun, zahlreich; Berostung meist als Flecken; *Fleisch* weiß, zur Schale grünlich, feinzellig, nicht körnig, butterhaft, vollschmelzend, schwach süßsäuerlich, wohlschmeckend, ohne ausgeprägtes Aroma, eine mehr zu trinkende als zu kauende Birne, an kalten Standorten nicht schmelzend
Anfällig örtlich für Schorf, druckempf., vollreif bald teigig, ohne äußerliche Verfärbung
Ernte kurz vor Baumreife, nicht windfest, auch baumreif druck- und transportempf.
Lager im Nl, so kühl wie möglich, Freilager bis Frosteinbruch, Kontrollen auf Reife und Fäulnis; KL nicht geprüft
Verwendung Tafelbirne zum Frischvz., häusl. für Kompott, Naßkonserve
Baum Wuchs kaum mittelstark; Gerüstäste schräg aufrecht, sich gut verzweigend; Fruchtholz sind Fruchttruten, Spieße und Sprosse; Kronenform schmalpyramidal; nach Aufbauschnitten laufend überwachen und verjüngen, um besonders auf Cyd. A Vergreisung vorzubeugen
Blüte langwährend, frost- und witterungsempf., Blütensitze an kurzen Fruchttruten, Spießen und Sprossen
Ertrag auf Slg. und Cyd. A früh, hoch, regelmäßig, am geeig. Standort sichere Erträge
Bf/Ul früher auf Slg für alle Baumformen, jetzt Slg für Vst, B; gut direkt mit Cyd. A verträglich, auch mit Zwv. für B, Sp
Widerstandsfähigkeit Holz und Blüte mäßig gegen Frost; anf. für Schorf an ungeeig. Standorten
Standort für wärmere Lagen, die etwa denen der Leipziger Tieflandsbucht und den niederen Lagen der Bezirke Dresden, Halle, Magdeburg entsprechen, bis zu geschützten, mittleren Höhenlagen von etwa 300 m NN
Anbaueignung im Handel noch anfallend aus den mittleren Bezirken der DDR, um Bitterfeld noch häufig in SV-Gärten; nicht für Großproduktion, zu druckempf.; für SV, Siedler eine große, früh, reich, regelmäßig tragende Frühwinterbirne, ertragssicherer als 'Le Lectier', in mittleren Höhenlagen für Wandobstbau geeig.
Ähnliche Früchte können haben Le Lectier, Hardenponts, Grumkow, Napoleons s. Seite 228
Reifegrad der abgebildeten Frucht genußreif

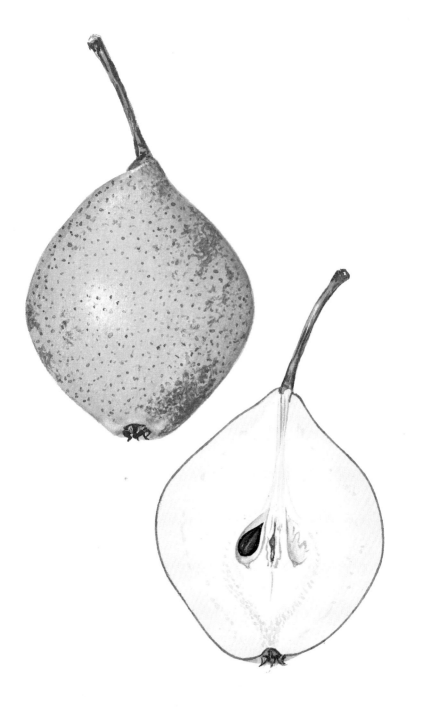

Vollständiger Name Birne von Tongern (Tongre)
Erste Namen Poire de Tongres (auch Tongre), Beurré Durondeau (auch Durandeau)
Synonym Durondeau (heute in Belgien)
Herkunft Belgien, um 1811 vom Bierbrauer, auch als Gärtner bezeichnet, Charles-Louis Durondeau (Durandeau) in Tongres-Notre-Dame im Hennegau gezogen
Frucht *Pflückreife:* E 9, A 10 *Genußreife:* 10–11
mittel bis groß, 55–70 mm breit, 85–100 mm hoch, 120–250 g schwer; Form var. birnen-, flaschen-, lang kreiselfg., kelchbauchig, kelchseits kugelig bis breit abgestumpft, stielseits kegelfg. verjüngt, eingezogen; Fruchtseiten beulig, uneben, oft typ. breite, flache Rinne vom Stiel zum Kelch; *Kelchgrube* flach, eng, bucklig, oft mit Fleischperlen; *Kelch* groß, offen, mit kronenartig aufrechten Blättern oder geschlossen, dann Blätter zusammengeneigt; Blätter kurz, schmal, spitz, hornartig; *Stielgrube* fehlt; Stiel aufsitzend oft mit Fleischwulst, der ihn seitlich drückt; *Stiel* 12–30 mm lang, 2,5–3,5 mm dick, holzig, grünbraun, hellbraun, hell punktiert; *Schale* glatt, trocken, feinnarbig bis rauh, wenn berostet; mitteldick, fest, beim Fruchtverzehr besser zu schälen; GF trüb grünlichgelb, reif rötlichgelb, DF schwach bis kräftig orangenrot, bräunlichrot verwaschen, schwach gestreift; Schalenpunkte typ. auffällig, dicht, klein und groß, braun, grau, teils umhöft; Berostung nach Standort, Jahreswitterung unterschiedlich ausgeprägt, zimt- oder kupferbraun überzogen; *Fleisch* gelblichweiß, halbschmelzend, ums Kernhaus feinkörnig, saftig, vorwiegend weinsäuerlich, mäßig süß, würzig
Anfällig mäßig für Schorf, Steinzellenbildung, Druckflecken, Fleischbräune, vom Kernhaus her teigig, äußerlich noch fest
Ernte eher zu früh, E 9, als zu spät, sobald GF aufhellt, bis Baumreife windfest, pflückbar wie 'Boscs', am Stielende fassen und trennen; baumreif transpfg., genußreif schlecht
Lager im NL bei kühler Freilagerung, je nach Herkunft 10–11, wärmeres NL vermeiden; Kontrollen auf Fäulnis und Teigigwerden; für KL 2 Monate bei ± 0°C
Verwendung Tafelbirne für Frischvz., häusl. Kompott
Baum Wuchs mittelstark, später schwach; Gerüstäste schräg aufrecht, mäßig, genügend verzweigt, Seitenholz dünn, hängend wirr, laufend überwachen; Fruchtholz sind Ruten, Kurzholz; Kronenform breitpyramidal; straffe Erziehungsschnitte, später mittellang, laufend Verjüngungen, zur Vergreisung neigend; für Hecke, Wandobstbau
Blüte langwährend; Blütensitze an Sprossen, Spießen, vorjährigen Fruchtruten in Terminalzone; zur Parthenokarpie neigend
Ertrag auf Cyd. A früh, ab 3. Standjahr, auf Slg ab 5. Standjahr, hoch, regelmäßig, ertragssicher
BF/Ul für N auf Slg; N auch auf Cyd. A mit Zwv. wegen besserer Wuchsleistung, direkt gut verträglich, doch früh erschöpft
Widerstandsfähigkeit Holz und Blüte gegen Frost vom Anbau unterschiedlich beurteilt, teils als hoch, teils als gering; Schorf nur an nassen Standorten, hier auch Krebs
Standort breit anbaufähig, bevorzugt für wärmere Standorte, offene, nährstoffreiche, feuchtere, nicht nasse, kalte Böden bis zu mittleren Höhenlagen
Anbaueignung durch frühe, regelmäßige, hohe Ernten, Genußreife nach dem Hauptanfall der Herbstbirnen, Kühllagereignung, beschränktes Kronenvolumen für größere Produktion geeig., nachteilig höherer Schnittaufwand und Ernte zur Haupterntezeit der Äpfel; für SV jährlich ertragssicher, weinsäuerliche Sorte ('Boscs' ist süßer); für Siedler zur Handelsbelieferung farbig ansprechender als 'Boscs'; auch zur Aufveredlung und in Vorgebirgslagen bis 400 m als Wandspalier
Ähnliche Früchte können haben Boscs, Marianne, Clairgeau, Konferenzbirne s. Seite 221
Reifegrad der abgebildeten Frucht baumreif

Trévoux 50*

Vollständiger Name Frühe von Trévoux
Originale Namensform Précoce de Trévoux
Herkunft Frankreich, gezüchtet von Treyve in Trévoux, nördlich Lyon, 1862 erste Früchte
Frucht *Pflückreife:* ab A 8 vor 'Clapps' *Genußreife:* 8–A9
Größe var. klein, 45 mm breit, 50 mm hoch, 68 g schwer, mittelgroß, 55 : 68 mm, 90 g;
groß, 65 : 90 mm, 190 g; spez. Gew. 0,984; Form sehr var. birnen-, glocken-, stumpfkegel-,
gedrungen stumpf kreiselfg., kelchbauchig, zum Stiel eingeschnürt; Fruchtseiten glatt oder
etwas uneben; *Kelchgrube* oft fehlend, flach bis wenig tief, etwas bucklig, perlig, teils gerötet; *Kelch* offen, halboffen, Blätter kurz, mittelbreit, aufrecht, hornartig hart, gerötet,
an Basis getrennt; *Stielgrube* flach bis mitteltief, eng, oft ungleich bucklig, teils mit Fleischwulst, strahlig berostet; *Stiel* 15–35 mm lang, 2,5–3 mm dick, holzig, braun, gerade oder
gekrümmt, auch seitwärts stehend, Ende verdickt; *Schale* glatt, trocken, etwas grießig,
mittelfest, beim Fruchtvz. wenig störend; GF gelblichgrün bis rötlichgelb, DF trüb rotorange, gestreift, verwaschen; Schalenpunkte klein, dicht, rostartig, grün umhöft; Berostung gering, fleckig, netzartig; *Fleisch* gelblichweiß, halbschmelzend, saftig, erfrischend fein säuerlichsüß, schwach aromatisch, kaum Steinzellen
Anfällig örtlich mäßig für Schorf; Früchte bei zu später Ernte mehlig
Ernte kurz vor Baumreife, bis dahin windfest, immer vor 'Clapps Liebling', hartreif gut
transpfg., Fruchthang einzeln und paarig, gut pflückbar, Pflückleistung hoch
Lager bei hartreifer Ernte im NL bis 3 Wochen, Früchte nicht so rasch teigig wie 'Clapps';
KL möglich bei ±0°C bis 10 Wochen, Zweckmäßigkeit jeweils prüfen, Nachreife bei
+ 18°C in 8 Tagen
Verwendung wohlschmeckende, marktgängige Tafelbirne zum Frischverzehr im Anschluß
an 'Bunte Julibirne', vor und mit 'Clapps; ind. und häusl. für Naßkonserve, hartreif für Saft
Baum Wuchs mittelstark, später schwächer; Gerüstäste schräg bis steil aufrecht, später
hängend, gut, dichter als 'Clapps' verzweigt, gut besetzt mit Fruchtsprossen und -spießen;
Kronenform pyramidal; nach Erziehungsschnitten überwachen, auslichten, verjüngen; für
Hecke geeig.
Blüte langwährend, wenig witterungsempf., Blüten an Sprossen und Spießen
Ertrag früh bis mittelfrüh, ab 5. Standjahr zunehmend hoch, regelmäßig; Neigung zur
Jungfernfrüchtigkeit
Bf/Ul auf Slg für alle Baumformen geeig.; Cyd. A nur mit Zwv.
Widerstandsfähigkeit Holz und Blüten gut gegen Frost, holzfrosthärter als 'Clapps'; meist
schorffrei, nur an ungeeig. Standorten anf., wenig anf. für Krankheiten
Standort breit anbaufg. bis in Höhenlagen, die noch für Tafelbirnenanbau geeig, sind; ideal
für warme, nährstoffreiche, mäßig feuchte Böden
Anbaueignung für Großproduktion möglich als mittelgroße Frühbirne, zur Handelsabga-
be nach 'Bunte Julibirne', vor und mit 'Clapps Liebling'; für SV soweit Sommerbirnen
gewünscht werden, bevorzugt vor 'Clapps' wegen höherer Widerstandsfähigkeit und län-
gerer Genußreife, vor allem für höhere Lagen; 'Supertrévoux', Syn. 'Précoce de Wilhelmi-
niadorp' ist eine großfrüchtige Mutante mit den gleichen guten Eigenschaften der Muttersorte.
Ähnliche Früchte können haben Clapps Liebling, Petersbirne, Bunte Julibirne, Wilders
Frühe, André Desportes s. Seite 222
Reifegrad der abgebildeten Frucht vollreif

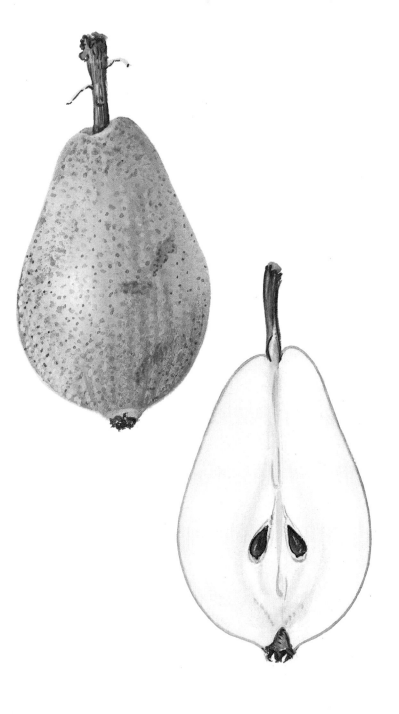

Triumph von Vienne

Originale Namensform Triomphe de Vienne
Herkunft Frankreich, gezogen von Jean Collaud zu Montagnon, vom Baumschuler Claude Blanchet in Vienne (Dep. Isère) 1874 in den Handel gebracht
Frucht *Pflückreife:* A–M 9 *Genußreife:* M 9–A 10
mittelgroß bis groß, 55–70 mm breit, 75–110 mm hoch, 150–200 g schwer; Form meist langbirnenfg., stumpfkegelfg., schlank, mehr kelchbauchig, kelchseits rundlich, stielseits verjüngt, schwach eingezogen; Fruchtseiten eben bis schwach beulig, *Kelchgrube* mittelweit, mitteltief mit schwachen Rippen, ringförmig berostet; *Kelch* mittelgroß, halboffen bis offen, Blätter gelbbraun, mittelgroß, schmal, spitz, aufrecht, Spitzen umgebogen; *Stielgrube* eng, nicht tief, verengt durch kleinere Wülste; *Stiel* 30–50 mm lang, 3 mm dick, holzig, aufrecht, meist gekrümmt, gedreht, zur Frucht grün, etwas verdickt, zum Ende braun und keulenartig verdickt; *Schale* trocken, auch rauh, mitteldick, fest, vorm Fruchtvz. zu schälen; GF gelbgrün, reif grünlichgelb, DF kaum vorhanden, wenn, dann matt karmin oder bräunlichrot verwaschen; Schalenpunkte zahlreich, unauffällig, groß, graubraun; Berostung typ. hellbraun, netzartig, fleckig, auch flächig die Frucht überziehend; *Fleisch* gelblichweiß, gelblich, mittelfest, feinkörnig, schmelzend, saftig, süß mit schwacher Säure, mehr oder weniger würzig
Anfällig gering für Schorf, vollreif rasch teigig, druckempf.,
Ernte kurz vor Baumreife, doch nicht zu früh, braumreif fallend; gut pflückbar, Leistung hoch; baumreif gut transpfg.
Lager NL, Freilager 2–3 Wochen, nicht einkellern, Reifekontrollen laufend; im KL 2–3 Monate
Verwendung Tafelbirne zum Frischvz., häusl. Kompott, Naßkonserve
Baum Wuchs anfangs mittelstark, später schwach; Gerüstäste steil aufrecht, später durch hohe Erträge hängend, gut verzweigt, daran Fruchtholz als mittellange Fruchtruten, Spieße, Sprosse; Kronenform breitpyramidal; Erziehungsschnitte mittellang; straff, wenn auf Cyd. A stehend, laufend überwachen, auslichten, verjüngen; für Hecke und Spalier gut geeig.
Blüte nicht langwährend, wenig witterungs-, aber frostempf., Blütensitze am Kurzholz, an Spießen, Sprossen, auch Fruchtruten
Ertrag früh, hoch, nach Vollertragsjahr folgt ein Jahr mit geringerem Ertrag; örtlich Erträge auch unbefriedigend
Bf/Ul als N auf Slg für Vst, B, Sp; auf Cyd. A nur mit Zwv., geeig. für Spalierformen auf Slg
Widerstandsfähigkeit Holz und Blüte gegen Frost gering; meist wenig anf. für Schorf
Standort breit anbaufähig bis in windgeschützte mittlere Höhenlagen, wärmere Lagen bevorzugt, für nährstoffreiche, genügend feuchte Böden, auf leichteren hohe Nährstoff- und Wasserzufuhr notwendig
Anbaueignung früher in den Niederlanden stark angebaute Marktsorte; Hauptnachteil der früh und reich tragenden Sorte mit großen, wohlschmeckenden, freilich rasch teigigen Früchten, die Anforderungen an eine gute Handelssorte erfüllen, ist die Reife zur Zeit des großen Birnenanfalls; entbehrlich für SV, Siedler, Haus- und ländliche Gärten und meist auch, trotz aller Vorteile , auch der Kleinkronigkeit, für den Anbau auf größeren Flächen
Ähnliche Früchte können haben Amanlis, Elsa, Konferenzbirne, Marianne s. Seite 220
Reifegrad der abgebildeten Frucht vollreif

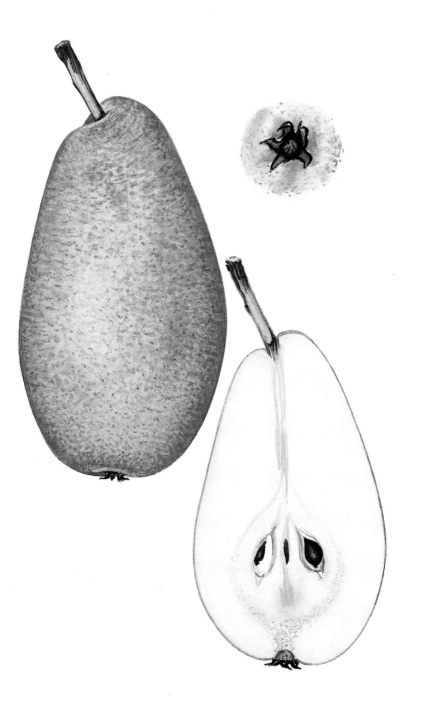

Vereinsdechantsbirne

52 *

Originale Namensform Doyenné du Comice
Synonyme Comice (Niederl., Belg.), Děkanka Robertova (ČSSR)
Herkunft Frankreich, in Angers im Versuchsgarten des Gartenbauvereins Maine-et-Loire gezüchtet, 1. Frucht 1849, um 1865 nach Deutschland
Frucht *Pflückreife:* ab M 10–A 11 *Genußreife:* 11
mittelgroß bis sehr groß, 70–90 mm breit, 85–110 mm hoch, 160 bis über 400 g schwer; spez. Gew. 1,011; Form birnen-, stumpf kreiselfg., gedrungen, klobig, mittel- oder kelchbauchig, kelchseits breit abgestumpft, stielseits eingezogen; Fruchtseiten beulig; *Kelchgrube* typ. tief, eng bis mittelweit, bucklig, dicht mit typ. feinen, kurzen, hellbraunen Roststrichen besetzt; *Kelch* klein, halboffen oder geschlossen, Blätter mittellang, schmal, spitz, halb aufrecht, gedreht; *Stielgrube* eng, mitteltief, ungleich wulstig, Fleischwulst drückt oft *Stiel* seitlich, fleckig berostet; Stiel 9–35 mm lang, typ. 5–7 mm dick, holzig, knopfig, braun; *Schale* glatt, auch stumpf bis rauh, feinnarbig, trocken, dünn bis mitteldick, grießig, vorm Fruchtvz. zu schälen; GF trüb grüngelb, reif hell rötlichgelb, DF, wenn vorhanden, gelblichorange, bräunlichrot fleckig, feinstreifig, verwaschen; Schalenpunkte klein, zahlreich, dicht, braun, grün oder rot umhöft; Berostung trüb bräunlich um Stiel- und Kelchgrube, an Seiten netzartig, fleckig, auch flächig; *Fleisch* gelblichweiß, feinzellig, dicht, vollschmelzend, überfließend von Saft, kräftig süß, kaum säuerlich, köstlich, würzig; geschmacklich allseitig als die edelste Novemberbirne beurteilt
Anfällig kaum für Schorf; an kalten Standorten nicht schmelzend
Ernte so spät wie möglich, erst dann volle Zuckerbildung und Fruchtgröße, hängt windfest; druck- und transpempf.; Fruchtschutz gegen Meisen vorteilhaft
Lager im NL bis 11, A 12, nicht welkend, reif allmählich teigig; gut für KL 3–4 Monate
Verwendung Spitzentafelsorte für Frischvz., häusl. Kompott, Naßkonserve
Baum Wuchs mittelstark; Gerüstäste schräg bis steil aufrecht, mäßig bis gut mit Seitenholz besetzt, genügend verzweigt; Fruchtholz sind Ruten, Spieße, Sprosse; Kronenform hochpyramidal; Erziehungsschnitte mittellang zur Fruchtholzbildung, nicht kurz, überwachen, verjüngen erst spät notwendig; für Hecke und Wandobstbau möglich
Blüte langwährend, mäßig frost-, wenig witterungsempf., Blütensitze am Kurzholz, s. S. 44
Ertrag auf Cyd. A ab 5. Standjahr, dann jährlich mittelhoch; auf Slg ab 7. Standjahr mittelhoch, jährlich, auch alternierend
Bf/Ul nur für N, B, Sp, auch noch Vst auf Slg, besser auf Cyd. A, mit ihr gut verträglich
Widerstandsfähigkeit gut gegen Schorf, Holz gut, Blüte mäßig gegen Frost; anf. für Viren s. Seite 73
Standort bevorzugt an wärmeren Standorten, auf tiefgründigen, nährstoffreichen, offenen, genügend feuchten Böden; Anbaubreite in DDR größer als angenommen, bewährt von Küste bis in mittlere Höhenlagen, hier als Wandobstbau
Anbaueignung Marktspitzensorte in Frankreich, Belgien, Holland, England; Anbau für KL auf geeig. Standorten auch in DDR möglich, Früchte windfest, Ernte spät, mittelhohe Erträge, fast nur Auslese, Auslagerung Jan./Febr.; für SV, Siedler, Hausgärten stärker als bisher anbauen, auch als Spalierformen, sehr gut zur Aufveredlung geeig.
Ähnliche Früchte können haben Geheimrat Dr. Thiel s. Seite 236
Reifegrad der abgebildeten Frucht vollreif

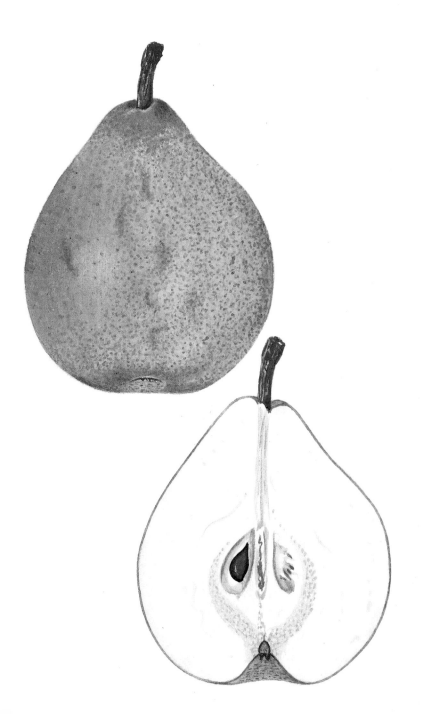

Williams Christ 53 *

Vollständiger Name Williams Christbirne
Originale Namensform Williams Bon Chrétien
Synonym Bartlett (USA)
Herkunft England, gefunden von Lehrer Stair, Aldermaston, Berkshire, vor 1770, vom Baumschuler Williams verbreitet, nach ihm benannt, kam um 1797 nach USA, dort verbreitet als Bartlett
Frucht *Pflückreife:* ab E 8 bis M 9, *Genußreife:* 9
mittelgroß bis groß, 60–75 mm breit, 70–100 mm hoch, 100–180 g schwer, durchschnittlich 140 g; spez. Gew. 1,005; Form var. birnenfg., glockenfg., mittel- auch kelchbauchig, kelchseits breit abgestumpft, stielseits eingezogen, abgestumpft kegelfg.; Fruchtseiten uneben, beulig mit breiten Kanten; *Kelchgrube* flach, eng mit Wülsten, Falten, Fleischperlen, oft berostet; *Kelch* mittelgroß, offen oder halboffen, Blätter kurz, schmal, spitz, teils hornartig, halb aufrecht, zur Mitte gedreht, gelbgrün oder braun; *Stielgrube* eng. mitteltief, oft ungleich wulstig, meist berostet strahlig auslaufend; *Stiel* 25–40 mm lang, 4–4,5 mm dick, holzig, grünbraun, gerade, auch schief eingesenkt oder von Wulst seitlich gedrückt; *Schale* glatt, geschmeidig, mäßig fest, weich, fein muskatig duftend, beim Fruchtvz. wenig störend; GF gelblichgrün, reif gelb, DF, wenn vorhanden, gelb- rötlichorange, hauchartig, verwaschen, streifig; Schalenpunkte zahlreich, klein, braun, grün in GF, rötlich in DF umhöft; Berostung gelblichbraun um Kelch und Stielgrube, an Fruchtseiten meist fehlend, jahrweise durch Witterung und Kupferspritzmittel fleckig bis flächig berostet; *Fleisch* gelblichweiß, weich, schmelzend, sehr saftig, harmonisch, säuerlich-süß, mit feinem muskatigem Aroma
Anfällig für Druckstellen, Steinzellenbildung, Schorf, Obstmade, genußreif rasch teigig
Ernte Zeitpunkt für Fruchtgüte entscheidend, 8–10 Tage vor Baumreife, wenn Schale nach Gelb aufhellt, bis dahin windfest, baumreif fallend, zu früh gepflückte Früchte bleiben hart, zu spät werden sie mehlig, Fruchthang einzeln und paarig, gut pflückbar, Leistung hoch, nur hartreif transpfg.
Lager bei hartreifer Ernte im NL 10–14 Tage; für KL sofort nach Ernte einlagern, bei −1°C 2–3 Monate, Kontrolle auf Fleischbräune, Nachreife bei +18°C; auch für CA-Lager geeig.
Verwendung Weltspitzensorte für Tafel und Naßkonserve, weißbleibend
Baum Wuchs mittelstark, später schwächer; Gerüstäste schräg aufrecht, auch steil, später hängend, unausgeglichen wirr mit Seitenholz besetzt; Fruchtholz mittellange Ruten und Spieße; Kronenform spitz- und breitpyramidal; nach straffen Erziehungsschnitten laufend überwachen, rechtzeitig verjüngen; Hecke und Spalier möglich
Blüte langwährend, wenig witterungsempf., Blütensitze am Kurzholz und an vorjährigen Langtrieben
Ertrag früh, ab 3. Standjahr bald hoch, regelmäßig
Bf/Ul auf Slg für alle Bf, höhere mit Stb.; bevorzugt N auf Slg, auf Cyd. A mit Zwv. 'Gellert' für beste Böden
Widerstandsfähigkeit gering gegen Holzfrost, besser gegen Blütenfrost, anf. für Schorf und Feuerbrand, für Viren s. Seite 73
Standort für warme, nährstoffreiche, durchlässige Böden, geschütztere Lagen, auch noch für mittlere Höhenlagen
Anbaueignung Weltsorte für Großproduktion für Frischmarkt und Verarb., für SV, Siedler u. a. Anbauer; SV mit beschränktem Raum prüfen, ob sie diese Sommer- oder eine andere Wintersorte wählen. Als Mutanten bestehen die ältere 'Gestreifte Williams' und die jüngere rotschalige 'Max Red Bartlett', diese ebenfalls stark holzfrostempf. und 'William Bovey'
Ähnliche Früchte können haben Jules Guyot, Pitmaston s. Seite 221
Reifegrad der abgebildeten Frucht vollreif

184

Winterdechantsbirne 54

Erster Name wahrscheinlich Pastorale de Louvain, später in Belgien Pastorale
Synonyme zahlreich
Herkunft wahrscheinlich Belgien, s. Seite 195
Frucht *Pflückreife:* E 10, A 11 *Genußreife:* E 12–2–3
mittelgroß bis groß, 65–85 mm breit, 70–95 mm hoch, 150–250 g und schwerer; Form
var. walzen-, faß- stumpf kreiselfg., rundlich, klobig, gedrückt, eifg., an Stiel und
Kelchseite abgeplattet, mittel- bis stielbauchig, stielseits verjüngter als kelchseits;
Fruchtseiten uneben, beulig, grobnarbig; *Kelchgrube* eng bis mittelweit, tief mit
starken Wülsten, die den mittelgroßen, halboffenen *Kelch* meist zusammendrücken,
Blätter dick, hart, spitz, aufrecht, zur Mitte geneigt; *Stielgrube* eng, tief, typ. wulstig,
oft strahlig berostet; *Stiel* 25–35 mm lang, 4–5 mm dick, braun, holzig, zum Fruchtkuchen typ. breit, bis 7 mm keulenartig verdickt; *Schale* trocken, stumpf bis rauh, grobnarbig, dick, fest, ledrig, vorm Fruchtvz. unbedingt zu schälen; GF trübgrün, reif trüb
grünlichgelb, DF kaum in DDR, aber in Weinbauländern hell bräunlichrot verwaschen;
Schalenpunkte zahlreich, klein, braun, teils grün umhöft, Berostung in Stielgrube, auf
der Frucht fleckig bis flächig; *Fleisch* weißlichgelb, von wärmsten Standorten schmelzend,
feinkörnig, saftig, süßweinig, fein muskatig, eine der edelsten Winterbirnen; am ungeeig.
Standort rübig, steinig, hart, ohne Zucker und Aroma, kaum eine Kochbirne
Anfällig für Schorf, Steinzellenbildung, bei Frühernte welkend
Ernte sehr spät, Früchte windfest, nicht druckempf., gut transpfg.
Lager im NL bis 1,2 auch 3 möglich, Kontrolle auf Welke und Fäulnis; für KL geeig., in
DDR ohne Bedeutung
Verwendung Spitzenwintertafelbirne zum Frischvz.
Baum Wuchs mittelstark; Gerüstäste schräg aufrecht, genügend verzweigt; Fruchtholz
kurze Fruchtruten, Spieße, Sprosse; Kronenform breitpyramidal; nach Erziehungsschnit-
ten laufend Fruchtholzschnitte; geeig. für Hecke und Wandobstbau
Blüte mittellangwährend, Blütensitze an kurzen Fruchtruten und am Kurzholz
Ertrag früh, bald hoch, regelmäßig, ausdünnen bei zu reichem Behang, um große Einzel-
früchte zu erzielen
Bf/Ul nur für N, Sp, Spalierformen auf Cyd. A mit Zwv. auf 'Pastorenbirne', auch auf Slg
für N bei entsprechendem Schnitt geeig.
Widerstandsfähigkeit Holz und Blüten gegen Frost nur mäßig; sehr anf. für Schorf
Standort in DDR nur in wärmsten Lagen, Weinbaulagen und auch hier nur am Wandspalier der Gebäude-, Mauersüdseiten, in warmen, nährstoffreichen, genügend feuchten Böden; Anbauversuche von Liebhabern in kühlen Lagen sind zwecklos, Früchte bleiben hier
rübig
Anbaueignung nur in südlichen Weinbauländern erfolgreicher Marktanbau, teils für Export, dieser Weltspitzensorte der Winterbirnen. Diese Fruchtgüte wird in DDR auch an
besten Standorten nicht erreicht. Liebhaber können in warmen Lagen am Spalier ab September vor den Bäumen Folie spannen als Wärmespeicher und zugleich als Vogelschutz
gegen Meisen, die Früchte anpicken.
Ähnliche Früchte können haben Edelcrassane, Olivier de Serres, Esperens Bergamotte
s. Seite 224
Reifegrad der abgebildeten Frucht genußreif

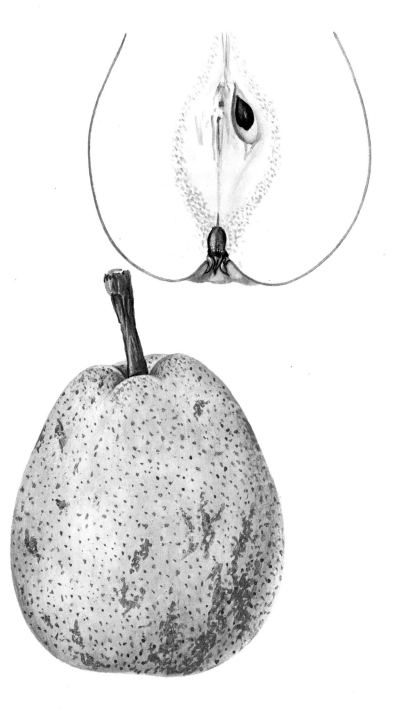

Herkunft unbekannt, in den Kreisen Naumburg, Weißenfels gefunden und dort seit 1920 angebaut, im Streuanbau in den Bezirken Magdeburg, Halle, Leipzig und andernorts

Frucht *Pflückreife:* E 10 *Genußreife:* M 11–E 12
mittelgroß–groß, 55–63 mm breit, 90–120 mm lang, 180–200 g schwer; spez. Gew. 1,002; Form sehr ähnlich 'Pastorenbirne', schlank, langbirnenfg., flaschenfg., mittelbauchig, stielwärts verjüngt, stumpfkegelfg. um den Kelch gerundet; Fruchtseiten meist eben, teils auch schwach beulig, ziemlich gleichseitig; *Kelchgrube* fehlend oder flach, eng, am Grund etwas faltig; *Kelch* mittelgroß, offen wie eine kleine Krone, Blätter lang, mittelbreit, aufrecht, Spitzen zurückgeschlagen, am Grunde sich berührend; *Stielgrube* meist fehlend oder sehr flach, eng, schief durch einseitigen Fleischwulst, der den Stiel seitlich drückt; *Stiel* 15–25 mm lang, 3–3,5 mm dick, holzig, an der Frucht grün und verdickt, zum Ende braun, gerade oder etwas gekrümmt; *Schale* glatt, trocken, grießig, dick, beim Fruchtvz. zu schälen; GF grünlichgelb, DF, wenn vorhanden, trüb braunrötlich, hauchartig, gestreift, verwaschen; Schalenpunkte locker verteilt, klein bis mittelgroß, braun, grün umhöft; Berostung am Kelch hellbraun, rauh, oft schuppig als strahlig auslaufende Kappe, an den Seiten fleckig, netzartig; *Fleisch* gelblichweiß, an geeig. Standorten schmelzend oder halbschmelzend, feinkörnig, saftig, vorwiegend süß bis kräftig süß, wenig säuerlich, ohne ausgeprägtes Aroma, von ungünstigen Standorten grobfleischig, körnig mit Steinzellen, wenig süß, ohne Aroma

Anfällig an ungeeig. Standorten für Schorf, Steinzellenbildung, geringe Fruchtgüte

Ernte die langen Früchte sind wie 'Pastorenbirne' und 'Boscs' am Stiel zu fassen und zu pflücken, auch baumreif noch fest hängend, transpempf.

Lager im NL gut bis E 12 ohne zu welken bei Späternte; KL nicht geprüft

Verwendung: Winterspeisebirne zum Frischvz., häusl. für alle Arten der Verarb., hartreif ind. für Saft

Baum Wuchs mittelstark bis stark, nicht zum Vergreisen neigend, Gerüstäste steil aufrecht, gut mit Seitenholz besetzt, daran mittellanges und kurzes Fruchtholz; Kronenform pyramidal mit später hängenden Seitenästen; nach Erziehungsschnitten nur auslichten, alle Bäume gut verjüngbar, da lange triebfreudig

Blüte mittellangwährend, wenig witterungsempf., Blütensitze an Fruchttruten und am Kurzholz

Ertrag früh, hoch, regelmäßig, auch von höheren Stammformen vollkommene, große Früchte

Bf/Ul für alle Stammlängen auf Slg geeig., vorwiegend für H, h und Vst zu verwenden; auf Cyd. A mit Zw. für B und Sp

Widerstandsfähigkeit gut gegen Holz- und Blütenfrost; mäßig anf. für Schorf

Standort bewährt auf wärmeren, tiefgründigen, genügend feuchten Lehmböden, Früchte hängen hier bis E 10 sturmfest, gute Zucker- und Geschmacksausbildung, auch für mittlere Höhenlagen; nicht für trockene, leichte Böden, hier meist vorzeitiger Fruchtfall, diese Früchte nur für Versaftung geeig.

Anbaueignung nicht für Großproduktion, für ind. Versaftung ähnlich 'Pastorenbirne', diese fällt und kann aufgelesen werden, 'Winterlonchen' erfordert Handpflücke, da fest hängend; für SV, Siedler, ländliche Gärten ertragssichere Winterspeisebirne

Ähnliche Früchte können haben Pastorenbirne, Paris s. Seite 233

Reifegrad der abgebildeten Frucht genußreif

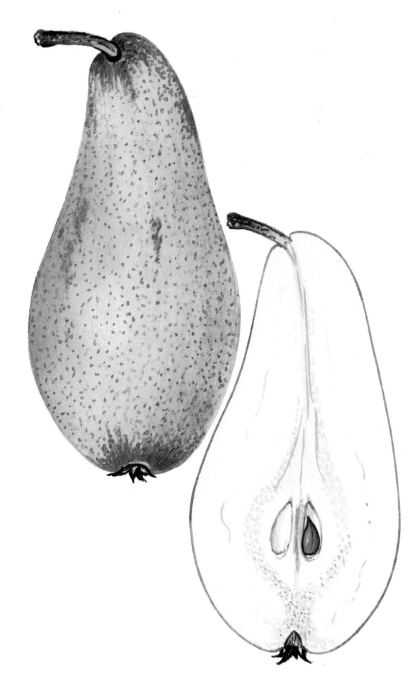

Originale Namensform Nélis d'Hiver
Synonym Bonne de Malines
Herkunft Belgien, von Jean-Charles Nelis in Mecheln Anfang des 19. Jahrhunderts gezüchtet, verbreitet von Graf Coloma, bereits 1818 nach England, früh nach Deutschland, 1823 nach den USA, hier die Winterstandardsorte
Frucht *Pflückreife:* M 10, E 10 *Genußreife:* 11–12–1
klein, seltener mittelgroß, 55–65 mm breit, 60–70 mm hoch, 100–160 g schwer; Form stumpfkreiselfg., kelchbauchig, kelchseits rundlich, stielseits verjüngt, etwas eingezogen, abgeplattet; Fruchtseiten eben, gleichmäßig; *Kelchgrube* eng, flach bis mitteltief; *Kelch* mittelgroß, offen, Blätter schwarzbraun, hornartig stumpf oder lang, gewellt, aufrecht; *Stielgrube* eng, mitteltief bis tief, wulstig, berostet; *Stiel* 30–50 mm lang, 3 mm dick, braun, holzig, beidendig verdickt; *Schale* trocken bis rauh, grießig, mitteldick, fest, vorm Fruchtvz. zu schälen; GF trüb gelblichgrün, reif trübgelb, DF meist fehlend, wenn vorhanden trüborange, verwaschen; Schalenpunkte zahlreich, mittelgroß, wenig auffällig, braun; Berostung hell orangebraun, hellbraun bis dunkelbraun, fleckig, auch flächig die Frucht überziehend; *Fleisch* weißgelblich, halbschmelzend, schmelzend, feinkörnig, saftig, süß, weinsäuerlich, feinaromatisch, von warmen Standorten sehr wohlschmeckend
Anfällig örtlich für Schorf, bei früher Ernte welkend
Ernte spät, hängt windfest, nur baumreif transpfg.
Lager im NL bei +4°C bis Dez., auch Jan.; nach Ernte möglichst noch Freilager bis Frosteinbruch, eingekellert schon im Nov. genußreif; für KL gut geeig.
Verwendung Tafelbirne zum Frischvz., häusl. Kompott
Baum Wuchs schwach bis kaum mittelstark; Gerüstäste schräg aufrecht, bald hängend, genügend verzweigt; Fruchtholz kurze Ruten, Spieße, Sprosse; Kronenform breitpyramidal; zur Triebförderung straffe Erziehungsschnitte, laufende Überwachung, auslichten, durch hohe Erträge zum Vergreisen neigend, rechtzeitig verjüngen; für Hecke und Wandspalier geeig.
Blüte mittellang, frost- und witterungsempf., Blütensitze kurze Fruchttruten, Spieße, Sprosse
Ertrag früh, auf Slg ab 5. Standjahr hoch, regelmäßig
Bf/Ul auf Slg früher für alle Stammlängen, heute nur N, B, Sp; auf Cyd. A nur mit Zwv., nur für beste Böden, sonst bald vergreisend, da zu schwachwüchsig
Widerstandsfähigkeit Holz und Blüten nur mäßig gegen Frost, an naßkalten Standorten anf. für Krebs und für Virus Stammnarbung
Standort als Wintersorte noch breit anbaufähig in DDR, von den Küstenbezirken bis in mittlere Höhenlagen, bevorzugt für wärmere Lagen, nährstoffreiche, genügend feuchte, offene Böden
Anbaueignung eine Hauptsorte in USA, Australien Neuseeland, Südafrika, in Deutschland einst im Streuanbau, im Handel noch anfallend; als Marktsorte etwas kleinfrüchtig, nur Kenner wissen, ähnlich wie bei 'Josephine von Mecheln', um den Geschmackswert; für SV, Siedler, Haus- und ländliche Gärten eine wertvolle, bei guter Pflege reichtragende Wintersorte zur Eigenversorgung und Handelsbelieferung, für Liebhaber in höheren Lagen am Wandspalier; wäre für Großproduktion an warmen Standorten durch Kleinkronigkeit, frühen, reichen Ertrag, Späternte und Kühllagereignung eine beachtenswerte Wintersorte
Ähnliche Früchte können haben Edelcrassane, Josephine von Mecheln, Madame Verté s. Seite 225
Reifegrad der abgebildeten Frucht genußreif

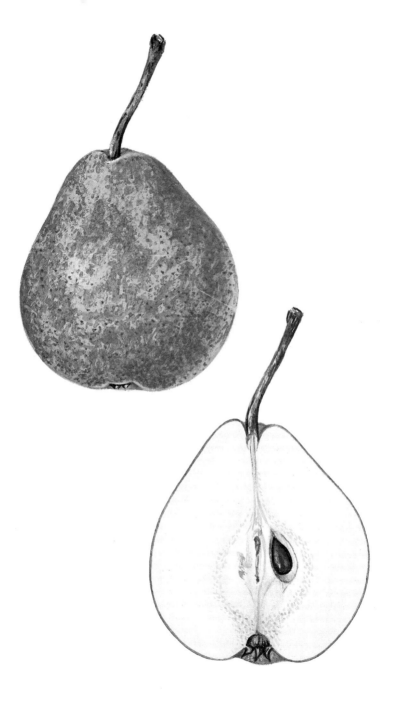

Ergänzungen zur Herkunft einzelner Birnensorten

Die Herkunftsangaben von manchen älteren Sorten werden in der pomologischen Literatur hin und wieder ungenau oder falsch wiedergegeben, vor allem auch dadurch, daß sie ungeprüft übernommen und abgeschrieben wurden. Ich habe versucht, soweit es überhaupt noch möglich war, alte Quellen für die folgenden Daten zu verwerten. Das gilt auch für die kurzen Darstellungen, die bei den Sortenbeschreibungen verwendet werden. Aus Platzmangel war es nicht möglich, auf diesen Textseiten die hier folgenden Ausführungen einzuordnen.

Nr. 2 Amanlis Butterbirne
Nach A. Bivort (1850) eine Züchtung von van Mons, Mecheln, von ihm als 'Wilhelmine' in seinem Katalog aufgenommen; nach Prof. E. Forney, Paris, stand der Mutterbaum im Dorfe Amanlis bei Rennes in der Bretagne, von hier über Angers, Rouen verbreitet.

Nr. 3 Blumenbachs Butterbirne
1820 von Major a. D. Esperen, der unter Napoleon gekämpft hatte, gezüchtet und nun Napoleons friedlicher Arbeit durch den Namen 'Soldat Laboureur' („Ackersmann") gewidmet, Van Mons schickte namenlose Edelreiser an Oberdieck, der sie in Unkenntnis des schon vorhandenen Namens dieser Sorte nach seinem Göttinger Lehrer Hofrat Blumenbach benannte.

Nr. 4 Boscs Flaschenbirne
Van Mons, Löwen, soll sie 1807 aus Samen gezogen und nach Bosc, dem Direktor des Pariser Botanischen Gartens benannt, nach anderen Angaben soll er sie im Garten von Swates in Linkebeek, Belgien, zufällig gefunden haben. Nach A. Leroy habe der Direktor der Rhône Departements Baumschule Madiot im Marktflecken Apremont im Departement Haute-Saône von einem sehr alten, unveredelten Baume Edelreiser an den Botanischen Garten Paris geschickt, die 1835 erste Früchte trugen.

Nr. 7 Clapps Liebling
Vor 1860 von Thaddeus Clapp in Dorchester (Massachusetts) gezüchtet, 1860 Früchte von der Gartenbaugesellschaft Massachusetts positiv beurteilt und 1867 erstmalig im Katalog der Amerikanischen Pomologischen Gesellschaft genannt, danach bald nach Deutschland eingeführt.

Nr. 8 Diels Butterbirne
Vom Obergärtner von van Mons, Meuris, 1811 auf dem Pachthofe Dry Toren (Trois Tours) in Perck bei Vilvorde zwischen Brüssel und Mecheln gefunden und von van Mons 'Beurré Diel' benannt, der ältere, volkstümliche Name war 'Dry Torenbirne'.

Nr. 12 Esperens Herrenbirne
Zur Herkunft gibt es verschiedene Angaben, die heute keinen sicheren Beweis für den tatsächlichen Züchter mehr ermöglichen. 1831 stand die Sorte mit

Früchten im Garten der Londoner Gartenbaugesellschaft in Chiswick. Lindley beschrieb sie als „eine andere der neuen flämischen Birnen" unter dem Namen 'Belle-Lucrative'. Die Edelreiser hatte ein Mister Braddick von Monsieur Stoffels in Mecheln erhalten und nach England gebracht. Über den Züchter wird nichts ausgesagt.

Bivort beschrieb sie 1849 im Album der Pomologie im 2. Band, Seite 1, als 'Poire Seigneur' als eine Züchtung von Esperen und bemerkt, daß sie in französischen Baumschulen als 'Doyenné d'Automne' gehandelt würde. Oberdieck erhielt von van Mons Edelreiser von 300 Birnensorten ohne Namen, von denen er annahm, daß es sich um Züchtungen von van Mons handele. Er gab nach dem Fruchten Reiser der Sorte an Dr. Liegel weiter, der sie als 'Oberdiecks Butterbirne' verbreitete. Später erhielt Oderdieck die Sorte von Papleu als 'Seigneur' (Esperen), seit 1853 von anderen als 'Bergamote Lucrative' und als 'Fondante d'Automne'. Er erkannte sie alle als eine einzige Sorte und gab sie später, ohne weitere Nachforschungen, als eine Züchtung von Esperen aus, der sie einfach als 'Seigneur' benannt haben soll. Leroy beschreibt die Sorte 1867 unter Nr. 122 als 'Bergamote Lucrative' und führt eine neue französische Herkunft an. Nach M. de Liron d'Airoles stamme sie aus der französischen Stadt Maubeuge an der belgischen Grenze und wäre eine Züchtung von Fiévée, verbreitet unter dem Namen 'Bergamote Fiévée' und als 'Fondante de Maubeuge'. Als 'Poire Grésilier' beschreibt sie 1860 ausführlich Decaisne als 107. Sorte im „Jardin Fruitier" und hat den Namen gewählt, den ihr 1839 Prévost in seiner Pomologie gab, als eine noch wenig verbreitete Sorte der Baumschule von Rouen. Hedrick (1921) glaubt nach all den Irrungen und Wirrungen, daß es sich doch wohl um eine Esperens-Züchtung von um 1827 handle. 1835 oder 1836 kam sie bereits nach USA als 'Belle Lucrative'.

Alle Autoren mit ihren verschiedenen Angaben stimmen darin überein, daß es sich um eine der köstlichsten Herbstbirnen handle, wenn nicht um die geschmacklich Unerreichte überhaupt.

Diese längere Darstellung wurde hier bewußt als ein Beispiel der Herkunftsforschung einer Sorte und des Namenswirrwarrs angeführt. Sie zeigt, wie schwierig es heute ist, eindeutige Angaben zum Züchter älterer Sorten zu leisten, sofern dieser sie nicht selbst festlegte. Verwunderlich bleibt, wie eine geschmacklich so herausragende neue Sorte in den dreißiger Jahren des 19. Jahrhunderts, als alle bedeutenden Vertreter des belgisch-französischen Züchter- und Baumschulkreises noch lebten und miteinander in Verbindung standen, in den Strudel solcher Wirrnis geraten konnte.

Nr. 13 **Forellenbirne**

In Frankreich gibt Claude St. Etienne 1670 in der 2. Auflage seiner „Anweisung für die Kenntnis guter Früchte" eine Forellenbirne, 'Poire Truite' an. J. C. Christ beschreibt 1802 im „Handwörterbuch" Seite 174 unsere 'Forellenbirne' mit Stolz als eine „teutsche Nationalfrucht". Auch V. Sickler beschreibt sie ausführlich im „Teutschen Obstgärtner" 1803, 20. Bd. S. 167 als „teutsche Nationalfrucht" und fügt auf Tafel 16 einen handkolorierten Kupferstich der Sorte bei. Es handelt sich hier eindeutig um unsere 'Forellenbirne'. Schließlich beschreibt sie 1806 A. F. A. Diel im 5. Heft der Birnen S. 51–57: „Solange ich Obst sammle, und die mit französischem Obst übersäeten Gärten der Rheingegenden durchsucht habe, ist mir keine der Forellenbirne ähnliche Furcht vorgekommen. – Wir können deshalb mit Stolz dieselbe eine deutsche Nationalfrucht nennen, die höchst wahrscheinlich im nördlichen Sachsen entsprungen ist." Keiner der 3 Autoren erwähnt eine Schorfanfälligkeit.

Nr. 14 **Gellert**
Von Bonnet in Boulogne-sur-Mer um 1820 gezogen, verbreitet vom Baumschuler Jean-Laurent Jamin in Bourg-la-Reine im Dep. Seine, benannt nach Hardy, dem Direktor des Jardin du Luxembourg; 1838 erhielt Oberdieck von van Mons namenlose Edelreiser, angeblich Züchtungen von ihm, darunter befand sich 'Hardy', die Oberdieck als eine ihm neue Sorte nach dem Dichter Gellert benannte.

Nr. 16 **Grumkow**
Ende des 18. Jahrhunderts vom Kantor Koberstein, Rügenwalde in Hinterpommern, in einem Bauerngarten im Dorfe Grumbkow (so die genaue Schreibweise nach Meyers Ortslexikon 1916) bei Pottangow (nicht bei Rügenwalde, wie in der Literatur angegeben) zwischen Stolp und Lauenburg gefunden; von Diel 1806 erstmals beschrieben.

Nr. 18 **Gute Luise**
Von de Longueval 1778 auf seinem Landgute bei Avranches in der Normandie gefunden oder gezüchtet und nach seiner Frau Louise benannt. Der 1. Name war 'Bonne de Longueval', später in Frankreich ersetzt durch 'Bonne Louise d'Avranches'. Die Sorte ist nicht identisch mit der älteren französischen Winterbirne 'Louise Bonne', die Sickler im 5. Band, S. 108 „Der teutsche Obstgärtner" 1796 beschreibt, wie fälschlich zitiert bei Krümmel ... Deutsche Obstsorten.

Nr. 29 **Liegels Butterbirne**
3 verschiedene Angaben zur Herkunft: 1. Bauer Wenzel Gallin (1722–1802) pflanzte um 1770 den Baum als Findling in Kopertsch bei Brüx, er stand dort bis 1878. 2. Pfarrer Langecker in Buschitz, ČSSR, soll die Sorte aus Samen gezogen haben. 3. Van Mons schickte die Sorte als eine Züchtung von Graf Coloma, Belgien, an Diel, der sie 1825 als 'Colomas Köstliche Winterbirne', 'Suprême Coloma' beschrieb.

Nr. 30 **Lucius**
Als Herkunftsort nennen alle Autoren, von der Erstbeschreibung an Gruhna bei Leipzig. Es kann sich nur um Gruna bei Rötha südlich von Leipzig handeln. Nach Meyers Orts- und Verkehrslexikon (1916) hat es kein Gruhna im Deutschen Reiche, sondern nur 4 Orte Gruna gegeben: bei Rötha, bei Eilenburg, bei Nossen/Sa. und bei Görlitz. 1884 gibt die Baumschule Späth, Berlin, der Sorte den Namen und vermehrt sie. Erst 1899 erfolgt die Erstbeschreibung. In Rötha gab es einen Obstbauverein, dazu die bekannten Obstanlagen von Freiherrn von Friesen. Die Obstanbauer, damals Obstzüchter genannt, kannten einander, doch ein „Unbekannter" des kleinen Dorfes habe sie gezüchtet. Lag die Züchtung etwa so viele Jahrzehnte zurück, daß der Züchter tatsächlich unbekannt war?

Nr. 37 **Nordhäuser Winterforelle**

Baumschuler C. von der Foehr, Nordhausen, sagt zur Versammlung deutscher Pomologen 1879 in Frankfurt/M, daß die 'Winterforellenbirne', so wörtlich, von seinem Vorgänger aus Samen gezogen sei. (Pomolog, Monatshefte 1880 S. 26) In derselben Zeitschrift 1892 nach S. 112 erfolgt die Erstbeschreibung als 'Winterforellenbirne' als Sorte Nr. 950 in der Fortsetzung der Numerierung des Illustr. Hdb. Besonders hervorgehoben wird, daß sie frei bleibe vom „Pilzbefall", wie damals der Schorf bezeichnet wird. – Interessant ist, daß wohl um 1800 Sickler von einem Herrn Rennicke, Nordhausen, Früchte der 'Forellenbirne' (Herbstforelle) erhielt, die in Nordhausen stand. Es ist daher wohl möglich, daß sie die Muttersorte der 'Winterforelle' ist.

Nr. 39 **Paris**

In der pomologischen Literatur wird als Züchter William Foureine, oder auch Fourcine in Dreux angegeben. Foureine bei: Maurer, K. J. (DOB 1941); Kessler (1948); Koloc (1948); Pedersen (1950), hier nicht W., sondern H. Foureine; Poenicke/Schmidt (1950).
Fourcine bei: Hedrick (1921); Nederlandse Fruitsorten (1948 hier als Tourcine); Koloc (1958); Krümmel, ... DO (1956–1959), Das Züchtungs- und erste Fruchtungsjahr schwankt ebenfalls von 1884–1893. G. Bellair beschrieb die Sorte erstmals in der „Revue Horticole" 1898 S. 242–243 und nannte als Züchter W. Fourcine. Die Richtigkeit des Züchternamens William Fourcine wurde 1980 von der Stadt Dreux bestätigt mit dem Vermerk, daß er 1882 seine Züchtung der Comtesse de Paris widmete.

Nr. 44 **Poiteau**

Nach A. Leroy eine Züchtung von van Mons von 1827, erste Früchte 1843; von van Mons Söhnen und Baumschuler Simon Bouvier in Jodoigne als 'Nouveau 'Poiteau' in den Handel gebracht, zum Unterschied der alten 'Poiteau', eine van Mons Züchtung von 1823, benannt nach dem großen französischen Pomologen Antoine Poiteau (1766–1854), dem Direktor der Königlichen Gärten zu Paris; – nach anderen Angaben eine Züchtung von Bouvier.

Nr. 47 **Robert de Neufville**

1896 aus Kreuzung 'August Jurie' x 'Clapps Liebling' in Geisenheim gewonnen, benannt nach Kommerzienrat Robert de Neufville, Frankfurt/M. Von E. Junge in den „Geisenheimer Mitteilungen" 1915 erstmals beschrieben und 1915 in den Handel gegeben; Verbreitung durch 1. Weltkrieg und Nachkriegsjahre gehemmt bis auf einige Standorte und Institutssortimente, dadurch der Anbauwert unbekannt geblieben; neue Beschreibung von E. Junge in: „Anbauwürdige Obstsorten" (1937)

Nr. 54 **Winterdechantsbirne**

Als 'Pastorale' nach van Mons schon 1750 im Klostergarten der Kapuziner in Löwen vorhanden; nach Dumortier Ende des 18. Jahrhunderts von den Kapuzinern in Löwen gezüchtet; nach Gilbert vom Kaufmann Vilain in Mons gezüchtet, erste Früchte 1804; nach Bivort stand 1825 der Mutterbaum noch im Garten der Kapuziner in Löwen.

Nr. 55 **Winterlonchen**

Die Herkunft der Sorte und ihr tatsächlicher Name sind auch heute noch unklar. Die Meinung einiger Sortenkenner, es könne sich um die 'Lange Grüne Winterbirne' handeln, die bei Sickler (Bd. III, S. 95, Abb. Nr. 5), Diel (Bd. 7, S. 53), Dittrich (Bd. 1, S. 748) und im Illustr. Hdb. Bd. II, S. 491 beschrieben ist, trifft nicht zu. Die Samen werden als unvollkommen und bei Dittrich als schwarz angegeben. Gerade dieses Hauptmerkmal der 'Winterlonchen' ist unverkennbar: voll ausgebildete, hell ockerbraune Samen.

Kurzbeschreibungen von Tafelbirnensorten

Über 1 000 Birnensortenbeschreibungen liegen im deutschen pomologischen Schrifttum vor. Die hier beschriebenen 56 Sorten stellen eine Auswahl verbreiteter und teils anbauwürdiger Sorten dar. Im Anbau befinden sich auch heute noch viele andere Sorten, die als bekannte oder unbekannte im eigenen Haushalt verbraucht oder dem Handel übergeben werden. Meist sind es Sommer- und Herbstsorten, die eine begrenzte örtliche Verbreitung und Bedeutung besitzen und oft über hohe Widerstandsfähigkeit gegenüber Holz- und Blütenfrost und Krankheiten verfügen. Oft haben sie nur kleine Früchte, den Mostbirnen und Wildformen ähnlich; meist sind es sehr alte Sorten, deren Herkunft im Dunkel liegt. In Sachsen gehören dazu die 'Petersbirnen', 'Rettichbirnen', 'Muskateller', 'Maklone', 'Sommermagdalene', nach Niedersachsen zu sind es die 'Volkmarser', 'Hannoversche Jakobsbirne', im rheinisch-süddeutschen Raum die 'Sommereierbirne', 'Stuttgarter Geißhirtle' u. a. mehr. Daneben finden sich viele großfrüchtige Sorten aus der belgisch-französischen Birnenzüchtung des 18. und 19. Jahrhunderts.

Im folgenden werden einige Sorten aus dieser Fülle herausgegriffen und in Kurzbeschreibungen dargestellt. Es sei ausdrücklich darauf hingewiesen, daß es sich dabei nicht um Anbauempfehlungen handelt. Das ist auch gar nicht möglich, da fast alle für einen großflächigen Anbau ausscheiden und für Kleingärtner teils durch ihre starke Wüchsigkeit nicht in Frage kommen, außer einigen Wintersorten für den Wandobstbau. In ländlichen Gärten und bei der Landschaftsgestaltung sowie an Rastplätzen könnten einige der robusten und wohlschmeckenden Sorten jedoch als später mächtige Fruchtbäume das Landschaftsbild bereichern.

Die Sorten werden in alphabetischer Namensfolge angeführt. Die Abkürzungen bedeuten: Jh = Jahrhundert, A = Anfang, M = Mitte, E = Ende des Jahrhunderts, Monats, Fr. = Frucht, kl = klein, m = mittelgroß, gr = groß, sgr = sehr groß, fg. = förmig, Samen kast. br. = kastanienbraun, Samen + = vollkommen ausgebildete Samen bei diploiden Sorten, Samen − = teils taube, unvollkommen entwickelte Samen bei triploiden Sorten; Angabe der Stiel- und Samenmaße als Länge und Breite in mm; Abkürzungen der Autoren der Abbildungen siehe Seiten 218 f.

Abbé Fétel

Herkunft Frankreich E 19. Jh. · typ Abb.: NdA. Tfl. 192 · Genußreife: 11–12
Fr. gr, sehr lang, schlank flaschenfg., birnenfg., ähnlich einer langgestreckten 'Konferenzbirne'; Stiel kurz, fleischig, seitlich sitzend, braunoliv; Schale dünn, GF grün, grünlichgelb, DF orange verwaschen, zahlreiche Rostflecken und Schalenpunkte, Rostkappe stielseits; Fleisch gelblichweiß, feinzellig, schmelzend, sehr saftig, süß, feinwürzig; Tafelfrucht; Samen + 11 : 5 dunkelkast.br.
Baum Wuchs mittelstark, für N, Ertrag früh, reich; Früchte windfällig
Sorte in Italien im Anbaugebiet Emilia Romagna an 3. Stelle mit 10,4 %,

'Edelcrassane' mit 30,4 %, 'Williams' mit 28,4 % ; im Anbaugebiet Veneto an 5. Stelle mit 3,0 %.

Alençoner Dechantsbirne
Herkunft Frankreich, 17. oder 19. Jh. · typ. Abb.: Kessler · Gaucher · Zschokke · Genußreife: 12–2
Fr. m, Form var. stumpfkegelfg., langoval, mittel- bis kelchbauchig; Stiel 15–25 : 5, Ende keulig verdickt, holzig, braun; Schale trocken bis rauh, GF grünlichgelb, DF trüb braunrot verwaschen, viel große graue, glänzende Schalenpunkte, dunkelbraune Rostflecken; Fleisch gelblich, feinkörnig, schmelzend, saftig, süßsäuerlich, würzig; Samen + 10 : 5 mit seitlicher Nase, kast.br.; Baum Wuchs schwach bis mittelstark, für Slg u. Cyd. A, nur für wärmste Standorte, für Wandobstbau

Alexandrine Douillard
Herkunft Frankreich M 19. Jh. · typ. Abb.: DOS · Genußreife: 10–11 ·
Fr. m. birnen-, kreiselfg., oval, rippig, auch beulig; Stiel kurz 15 : 3–4, gelbbraun, gerade, aufsitzend, meist eine Seite mit kleinem Wulst; Schale glatt, GF hellgrün, gelb, DF meist fehlend, Punkte braun, fein, Rost als Flecken und am Kelch und Stiel; Fleisch gelblichweiß, schmelzend, saftig, würzig, süß, edelsäuerlich, Tafelbirne; Samen + fast schwarz; Baum Wuchs schwach bis mittelstark, aufrecht, für N auf Slg, da Cyd. A zu schwach; Ertrag früh, sehr hoch, fast jährlich, Früchte windfest, kaum schorfanfällig

Ananasbirne von Courtray
Herkunft Belgien 18. Jh. · typ. Abb.: DOS · Černik · Genußreife: 9 ·
Fr. m–gr, birnen-, kreiselfg.; Stiel 30 : 4–5, grünlich, braun, an beiden Enden verdickt, aufsitzend oder etwas eingesenkt; Schale glatt, GF gelblichgrün, gelb, DF fehlend oder etwas trüborange, Punkte zahlreich, braun und grün, wenig Rost; druckempf.; Fleisch gelblichweiß, schmelzend, saftig, süßweinig, feinwürzig; Tafelbirne; Samen + schwarzbraun; Baum Wuchs mittelstark, für N auf Cyd. A; Ertrag früh, gut, fast jährlich; Früchte nicht windfest

André Desportes
Herkunft Frankreich M 19. Jh. · typ. Abb.: DOS · Dahl · Hedrick · Kvaale · Pedersen · Kessler sw Zeichn. · Genußreife: E 7, A 8 ·
Fr. kl, birnenfg., zum Stiel stumpfkfg.; Stiel wie aufgesetzt, 20–30 : 3, teils mit Fleischwulst; Schale glatt, trocken, GF grüngelb, DF rot gestreift verwaschen, kleine Punkte zahlreich in DF hellgrün; Fleisch körnig, gelblich, halbschmelzend, saftig, süßsäuerlich, auch herb, einseitig würzig, rasch teigig; Samen + 8 : 4,5, braun mit dunklem Rand; Baum Wuchs mittelstark, Ertrag früh, reich

Angoulême
vollständiger Name Herzogin von Angoulême Herkunft Frankreich A 19. Jh. · typ. Abb.: DOS · Gaucher · Koloc · Mengelberg · Zschokke · Atlas · Decaisne 2 · Pedersen · Rum. Pom. · Genußreife: 10–12
Fr. gr–sgr, birnenfg., gedrungen, klobig, stumpfkegelfg., ähnlich 'Diel', aber beulig, wulstig; Stiel 25–30 : 4–5, zur Frucht grün, zum Ende braun; Schale dick, trocken, GF trübgrün, reif fahlgelb, ohne DF; viele braune Punkte, Rost-

flecke, Rost am Kelch; Fleisch gelblichweiß, feinkörnig, nur von wärmsten Standorten schmelzend, saftig, süßweinig, würzig, sonst rübig, steinig, fad; Samen – dunkelbraun mit schwarzem Rand; Baum Wuchs schwach, nur für N auf Slg oder Cyd. A mit Zwv., für intensive Pflege, geschützten Standort, Wandobstbau; Holz u. Blüten stark frostanf.; Erträge von gering bis gut. Früchte nicht windfest

Anjou Syn. Nec Plus Meuris, Winter Meuris, Beurré d'Anjou Herkunft Belgien, van Mons Züchtung von 1819, nach seinem Gärtner Pierre Meuris benannt, eine Hauptsorte in USA · typ. Abb.: Kessler · Niederl. · Černik · Decaisne 2 · Hedrick · Genußreife: 11–12 ·
Fr. m, kurz birnenfg., eifg., dick mittelbauchig; Stiel typ. kurz, 10–12 : 4, holzig oder fleischig, knopfig braun; Schale glatt, trocken, GF fahl gelbgrün, DF gelborange, bräunlichorange verwaschen, viele hellbraune, grün umhöfte Punkte und Rostflecken; Fleisch gelblichweiß, schmelzend, saftig, süß, feinwürzig; Samen +, 11 : 5, kast.br.; Baum Wuchs mittel bis stark, steil, für Cyd. A mit Zwv., Ertrag unregelmäßig, für warme Lagen, Wandobstbau

Baronin Mello Syn. Philipp Goes
Herkunft Belgien A 19. Jh. · Abb.: Lauche 3 · NdA. Tfl. 205 · Decaisne 6 · Genußreife: 10–12 ·
Fr. m, var. rundlich, oval, stumpfkreiselfg., auch beulig; Stiel kurz, holzig oder fleischig, braun, aufsitzend oder in enger Grube; Schale dick, trocken bis rauh, gelbgrün ohne DF, Rostpunkte und Rostflächen teils über ganze Frucht, ähnlich 'Gellert'; Fleisch gelblichweiß, schmelzend, saftig, weinsäuerlich, würzig; Samen +, dunkelbraun; Baum Wuchs mittelstark für Slg und Cyd. A für N, Ertrag früh, reich, regelmäßig, für wärmere Standorte, Wandobstbau

Capiaumont
Herkunft Belgien E 18. Jh. · typ. Abb.: DOS · Lauche 3 · NdA. Tfl. 249 · Genußreife: 10–11 ·
Fr. var. kl–m, birnen-, kegel-, kreiselfg., oval; Stiel 15–25 : 4, bräunlich, meist aufsitzend, aus der Frucht herauswachsend; Schale derb, GF grün, gelb, DF selten, braunrot, oft von zimtbraunem Rost überzogen; Fleisch gelblich, je nach Standort schmelzend, weinsäuerlich, auch körnig; Samen +, dunkelbraun; Baum Wuchs mittelstark, auch schwach, nur für Slg für N, Ertrag früh, sehr reich, jährlich, Massenerträge, Früchte windfest, kaum schorfanf., nachteilig Herbstbirne z. Zt. des großen Birnenanfalls

Colomas Herbstbutterbirne
Herkunft Belgien 18. Jh. · typ. Abb.: DOS · Lauche 3 · Löschnig NdA. Tfl. 173 · Decaisne 1 · Hedrick · Genußreife: 10–11 ·
Fr. m, birnen-, stumpfkreiselfg., gleichmäßig; Stiel 20 : 5, holzig, braun, aufsitzend oder gering eingesenkt; Schale glatt, glänzend, grün, gelb, meist ohne DF, bräunlich fleckig berostet, viele braune Punkte, strahlige Rostkappe am Stiel; Fleisch gelblich, schmelzend, auch körnig, saftig, süß, würzig, wohlschmeckend; Samen + schwarzbraun; Baum Wuchs mittelstark, später schwach, für Slg, Erträge var. stark schorfanf., dadurch Anbaurückgang

Emile d'Heyst

Herkunft Belgien, Züchtung von Esperen, 1847 1. Früchte · typ. Abb.: Dahl ·
Nederl. · Obst · Genußreife: E 10–E 11 ·

Fr. m–gr, birnenfg., länglich eifg., mittelbauchig, etwas beulig, GF grünlichgelb
ohne DF, stark fleckig berostet; Stiel var., kurz-mittel, oft dick, Ende keulig mit
Knopf; Stielgrube eng, nicht tief, etwas wulstig; Fleisch gelblich-weiß, schmel-
zend, sehr saftig, süß, angenehm zart aromatisch; Samen + braun; Baum
Wuchs mittelstark, für Slg und Cyd. A mit Zwv., Ertrag früh, regelmäßig,
Früchte windfest, etwas schorfanf.

Feuchtwanger Butterbirne

Herkunft Gebietssorte aus Feuchtwangen, Mittelfranken · Abb.: sw Foto ·
Trenkle · Genußreife: 11–12

Fr. gr–sgr, birnenfg., dickbauchig, zum Stiel verjüngt, Form ähnlich 'Drouard';
Stiel lang, aufsitzend; Schale grüngelb, Fleisch schmelzend, sehr wohlschmeckend; Samen +, braun, Baum Wuchs mittelstark, Gerüstäste aufrecht,
frostwiderstandsfähig, für Slg und Cyd. A mit Zwv. für N

Geheimrat Dr. Thiel

Herkunft Geisenheim E 19. Jh. aus 'Blumenbachs' x 'Diels gewonnen · Abb.:
DOS · Genußreife 10–11

Fr. gr, birnenfg., ähnlich 'Vereinsdechantsbirne'; Stiel var. 20–30 : 4, braun,
meist aufsitzend; Schale glatt, grüngelb, DF, wenn vorhanden, rot verwaschen,
feiner Rost am Kelch und Stiel; Fleisch unterschiedlich, an wärmsten Standorten edel, sonst halbschmelzend, wenig süß bis fad; im Geschmack weit übertroffen von 'Vereinsdechantsbirne'; Samen +, schwarzbraun; Baum Wuchs
mittelstark, Ertrag früh, regelmäßig

General Totleben (auch Tottleben)

Herkunft Belgien M 19. Jh. · Abb.: DOS · NdA. Tfl. 238 · Zschokke · Genußreife: 12–1

Fr. gr–sgr, var., birnenfg., stumpfkegelfg., kelchbauchig, zum Stiel eingeschnürt; Stiel extrem lang 60 : 5, gebogen, holzig, an Frucht grün, zum Ende
braun, in enger Grube; Schale glatt, fahlgrün, DF selten, orangerötlich; viele
Schalenpunkte, kleine Rostflecken; Fleisch gelblichweiß, halbschmelzend, saftig, süßsäuerlich, nur an warmen Standorten hohe Fruchtgüte; Samen +, lang,
spitz, hellbraun mit dunklem Rand; Baum Wuchs mittelstark, nur für N auf
Cyd. A, auch für Wandobstbau

Graue Herbstbutterbirne

Herkunft Frankreich A 17. Jh. · typ. Abb.: DOS · Lauche 4 · NdA. Tfl. 159 ·
Schweizer. · Černik · Genußreife: 10 ·

Fr. m, birnenfg., spitz- oder stumpfoval, mittelbauchig; Stiel typ. kurz, braun,
gekrümmt, aufsitzend oder in enger, flacher Grube; Schale fest, GF gelbgrün,
meist braun berostet, DF oft fehlend, Punkte grau; Fleisch gelblichweiß, auch
grünlich, schmelzend, saftig süß, feinsäuerlich, würzig; Samen +, schwarz;
Baum Wuchs mittelstark, sparrig, nur für N, Cyd. A mit Zwv., für warme, tief-

gründige Böden; Ertrag mittelfrüh, gut, alternierend, Früchte windfest, stark schorfanf., daher Anbaurückgang, einst weit verbreitet

Hannoversche Jakobsbirne
Herkunft unbekannt, alte Sorte, vielleicht aus Niedersachsen · typ. Abb.: Koloc · Lauche 3 · Genußreife: E 7, A 8 ·
Fr. kl, birnenfg., ähnlich 'Petersbirne', Stiel 35 : 3, mattgrünlich, oliv, aufsitzend; Schale dünn, glatt, GF grün, gelb, DF schwach rötlich, streifig verwaschen; Fleisch gelblichweiß; halbschmelzend, bei früher Ernte saftig, bei später mehlig, süß, schwach würzig; Samen vielfach taub, meist noch weiß oder schekkig; Baum Wuchs mittelstark, Ertrag früh, reich, regelmäßig; als sehr frühe Sorte lokale Bedeutung

Holzfarbige Butterbirne Syn. Fondante de Bois, Flemish Beauty
Herkunft Belgien A 19. Jh. · typ. Abb.: DOS · Gaucher · Koloc · Lauche 3 · Löschnig · Mengelberg · Černik · Decaisne 2 · Hedrick · Kvaale · Pedersen · Genußreife: 9–M 10
Fr. großeifg., gleichmäßig, breit stumpfkegelfg.; Stiel 30–35 : 4–5, bräunlich, leicht gebogen; Schale dünn, glatt bis samtig, gelbgrün, DF rot, violettrot, streifigverwaschen, um Stiel, Kelch fleckig berostet, viele graue Rostpunkte; Fleisch weiß, schmelzend, sehr saftig, süß, feinaromatisch; Samen +, hellbraun; Baum Wuchs mittelstark, auf Slg für N, auf Cyd. A zu schwach; Ertrag früh, sehr hoch, jährlich, Früchte windfällig, Erntetermin vor Baumreife genau einhalten; Anbau rückläufig durch starken Schorfbefall; stark angebaut in der UdSSR

Julidechantsbirne
Herkunft Belgien oder Frankreich · typ. Abb.: Koloc · Niederl. · Dahl · Decaisne 2 · Pedersen · sw Zeich. bei Kessler · Genußreife: M–E 7
Fr. kl, rundlich, kreiselfg.; Stiel 20–35 : 3, grünlich; Schale glatt, hellgrün, DF rot verwaschen, gestreift; Fleisch gelblich, weich, schmelzend, saftig, süß, kaum Säure, schwach würzig, Ernte vor Baumreife, wird rasch mehlig, windfällig; Baum Wuchs mittel, Ertrag mittelfrüh, unterschiedlich hoch, als früheste Birne einst weit verbreitet

Kieffer
Herkunft USA, dort stark verbreitet, besonders verwendet für Naßkonserven · Abb.: Hedrick · Zeichn. bei Kessler · Genußreife 10–11 ·
Fr. m, typ. mittelbauchig, ähnlich 'Hardenponts', zum Kelch und Stiel eingeschnürt; Stiel 25–35 : 4, an beiden Enden verdickt, hellbraun mit hellen Punkten; Schale grün, gelb, DF braunrot mit typ. braunen Schalenpunkten, duftend; Samen typ. klein +, 7 : 4; Fleisch gelblich, feinkörnig, um Kelchhöhle steinig, schmelzend, saftig, süßsäuerlich, würzig; Baum gesund, relativ widerstandsf. gegen Feuerbrand, sehr anpassungsf. an Boden u. Klima

Laxtons Superb
Herkunft England, Züchtung von Baumschule Laxton, Kreuzung 'Williams' x 'Hochfeine Butterbirne' · Abb. Kvaale · Pedersen · Genußreife: E 8–9 ·

Fr. m, Form ähnlich 'Clapps'; Stiel 30–35 : 5, aufsitzend, aus dem Fleisch wachsend, braun, gebogen, Schale gelb, DF bräunlichrot, verwaschen, gestreift; Fleisch weiß, schmelzend, sehr saftig, mild säuerlich, Samen +, braunschwarz, 10 : 4; Baum Wuchs mittelstark, für Slg und Cyd. A als N, Ertrag früh, hoch, regelmäßig, Ernte vor Baumreife, sonst mehlig

Le Brun
Herkunft Frankreich M 19. Jh. · Abb.: Koloc · Gaucher · Zschokke · Černik · Nederl. · Genußreife: E 9–A 10 ·
Fr. gr, sehr lang birnenfg., walzenfg., ähnlich einer langen 'Triumph von Vienne'; Stiel var. kürzer oder länger 40–50 : 4, holzig, grünlichbraun, teils seitlich, gebogen, zwischen 2 Wülsten; Schale fein, glatt, etwas uneben, GF grün, gelb, teils grünfleckig ohne DF, viele grün umhöfte, kleine braune Punkte, etliche Rostspuren; Fleisch gelblichweiß, schmelzend, sehr saftig, süßsäuerlich, würzig; Samen +, wenig ausgebildet, 10:4,5–5, braun; Baum Wuchs mittelstark, auf Slg und Cyd. A mit Zwv. für N; Ertrag früh, hoch, regelmäßig; für wärmere Standorte; nachteilig kurze Haltbarkeit, Reifezeit im September; Früchte nicht windfest.

Leipziger Rettichbirne
Herkunft wahrscheinlich aus Kursachsen, alte Sorte · typ. Abb.: DOS · Koloc · Genußreife: E 8, A 9 ·
Fr. kl, eifg, zum Stiel verjüngt; Stiel 25–30 : 3, holzig, grün und bräunlich, aufsitzend oder in kleiner Grube; Schale fest, hellgrün, grünlichgelb, ohne DF, Punkte grün, zahlreich; Fleisch grünlichweiß, saftig bei früher Ernte, süß mit typ. Gewürz, sehr wohlschmeckend, bei später Ernte mehlig, vorzüglich als Ganzfrucht für Naßkonserve u. Dörrfrucht; Samen +, schwarz; Baum Wuchs mittel–stark, Bäume werden sehr alt; Ertrag früh, hoch, regelmäßig, pflückschwierig, Stiel löst nicht vom Fruchtkuchen, Früchte windfest, erst vollreif fallend, dann mehlig; widerstandsfähig gegen Krankheiten und Frost, geeignet für Landschaftsgestaltung

Madame Treyve
Herkunft Frankreich M 19. Jh. · typ. Abb.: DOS · Genußreife 9 ·
Fr. gr, birnenfg., ähnlich 'Drouard'; Stiel kurz, 12–15 : 5, braun, knopfig; Schale zart, fein, GF grasgrün, reif zitronengelb, DF meist fehlend, viele grüne und braune Punkte; Fleisch weiß, grünlich unter der Schale, schmelzend, saftig, fein weinsäuerlich, würzig; Samen +, schwarzbraun; Baum Wuchs mittelstark; Ertrag früh, reich, regelmäßig, erst voll baumreif ernten; Nachteil der vorzüglichen Tafelbirne ihre Reife im September

Maklone
Herkunft unbekannt, vielleicht Sachsen · typ. Abb.: Koloc · Genußreife: A 9 ·
Fr. kl, stumpfkreisel-, eifg., ähnlich 'Esperens Herrenbirne'; Stiel 20 : 2,2, hell olivbräunlich; Schale mitteldick, etwas samtig, grüngelb mit braunem Rost, ohne DF; Fleisch gelblichweiß, feinkörnig, schmelzend, saftig bei früher Ernte, süß würzig, gute Konservenbirne; Samen braun; Früchte windfest; Baum Wuchs mittelstark, frosthart, Ertrag früh, hoch, jedes 2. Jahr; Lokalsorte in Sachsen westlich der Elbe von Pirna bis Meißen

Marie Luise
Herkunft Belgien A 19. Jh. · Abb.: DOS · Koloc · Lauche 3 · Dahl · Pedersen
· Genußreife: 10 ·
Fr. m–gr, birnenfg., stumpfkegelfg., var., ähnlich 'Marianne'; Stiel
35–45 : 4–5, aufsitzend, teils mit Fleischwulst; Schale mitteldick, weißlichgrün,
reif gelb, ohne DF, viel Rostfiguren, oft Frucht ganz überzogen, dadurch rauh
wirkend; Fleisch weiß, schmelzend, zart, saftig, weinsäuerlich; Samen +,
schwarz; Baum Wuchs schwach, hängend, wirr, auf Slg für N; Ertrag früh, mittel bis hoch, Früchte windfest, örtlich sehr schorfanf.

Marienbirne Syn. Santa Maria
Herkunft Italien 20. Jh., Züchtung von Morettini aus 'Williams' x 'Coscia' ·
Genußreife: 9 ·
Fr. gr, birnenfg., Form ähnlich 'Clapps'; Stiel 20–25 : 5, bräunlich, auch grün,
aufrecht; Schale glatt, mitteldick, GF hell grünlichweiß, reif gelblichweiß, DF
rötlich streifig verwaschen, kaum Rost, eine durch Größe und helle Farben ansprechende Frucht; Fleisch gelblichweiß, mittelfest, schmelzend, sehr saftig,
süß mit feiner Säure, würzig, wohlschmeckend; Samen +, braun; Baum Wuchs
mittelstark, für N auf Slg und Cyd. A, Ertrag früh, hoch, jährlich

Mollebusch
Herkunft Fränkische Lokalsorte, auch um Frankfurt/M, wahrscheinlich identisch mit der alten französischen Sorte 'Runde Mundnetzbirne' · Abb.: · Lauche 3 · Genußreife: 9 · Fr. kl-m, rundlich, ähnlich 'Wildling von Motte' oder
'Esperens Bergamotte'; Stiel 20 : 4, fleischig, grünlichbraun, etwas eingesenkt;
Schale dünn, glatt, gelblichgrün, meist ohne rötliche DF, viel bräunliche Punkte; Fleisch weiß, feinkörnig, butterhaft, saftig, süßsäuerlich, feinmuskatig; Samen +, oft taub, schwarzbraun; Baum Wuchs schwach, nur für Slg, auf
Cyd. A nicht wachsend; Ertrag früh, reich; in Franken einst weit verbreitet und
gehandelt

Muskatellerbirne
Herkunft alte Sorte des 18. Jh., als Muskatellerbirnen werden verschiedene
Sorten bezeichnet Abb.: DOS · Koloc · NdA. Tfl. 198 · Genußreife: 8 ·
Fr. kl, birnenfg.; Form ähnlich 'Petersbirne'; Stiel var. 20–35 : 2–3, glatt, GF
grüngelb, gelb, DF bräunlichrot, streifig oder verwaschen; Fleisch gelblichweiß, halbschmelzend, saftig bei früher Ernte, sonst mehlig, feinmuskatig, vorzüglich für Naßkonserve; Samen +, schwarz; Baum Wuchs kräftig, Ertrag früh,
hoch, jährlich oder alternierend, wenig anfällig für Krankheiten; Früchte bis
zur Pflückreife nicht fallend; einst stark verbreitet in Mitteldeutschland

Naghins Butterbirne
Herkunft Belgien Mitte 19. Jh. · Abb.: DOZ 1912 · Zschokke · Černik · Genußreife: E 11–1–2 ·
Fr. m–gr, rundoval, stielseits breit abgestumpft, etwas ähnlich 'Winterdechantsbirne'; Stiel aufsitzend auf breiter Fläche, fleischig, oft mit Knopf aus ihr
herauswachsend, 30 : 4, verdickt an beiden Enden, olivbräunlich, etwas seitlich gebogen; Schale dick, fest, glänzend grün, gelb, ohne DF, Schalenpunkte
vertieft; Fleisch weiß, feinkörnig, schmelzend, saftig, süß, würzig auf wärmsten

Standorten, auf kalten rübig; reift nach und nach; Samen +, 10 : 5, dunkelbraun; Baum Wuchs mittelstark, für N auf Slg und Cyd. A mit Zwv., nur für warme, nährstoffreiche Standorte, für Wandobstbau; Früchte windfest, spät E 10, A 11 ernten

Notar Lepin
Herkunft Frankreich E 19. Jh. · typ. Abb.: DOZ 1911 · Zschokke · Černik · Genußreife: var. 12–2–4 ·

Fr. gr var., birnenfg, ähnlich 'Diels'; Stiel 25–30 : 4, holzig, gebogen, braun, in enger Grube; Schale fest, trocken; trübgrün, blaßgelb ohne DF, viele hellbraune Punkte und Rostflecke; Fleisch weiß, feinkörnig, nur an wärmsten Standorten saftig, schmelzend, süß, weinsäuerlich, würzig, sonst rübig, hart; Samen +, 10 : 5, braun mit heller Spitze; Baum Wuchs mittelstark, nur als N auf Slg oder Cyd. A für wärmste Standorte, Wandobstbau; Ertrag früh, mittelhoch, regelmäßig; schorfanf.

Rote Bergamotte
Herkunft vielleicht Frankreich, eine sehr alte Sorte · typ. Abb.: Birnen · DOS · Lauche 3 · Mengelberg · Kvaale · Genußreife 9–10 ·

Fr. kl, apfelfg.; stiel- und kelchseits abgeplattet, rundlich, glatt; Stiel kurz, 10 : 5, eingesenkt in tiefer, enger Grube, fleischig oder holzig, braun; Schale dick, derb, rauh, GF grau grüngelblich, DF schwach rötlich, viele braune Punkte, teils zimtfarbiger Rost; Fleisch weißlich, auch rötlich, schmelzend, saftig, weinsäuerlich, würzig, vorzüglich für Naßkonserve, Spitzensorte; Samen +, dunkelbraun; Baum Wuchs stark, Ertrag mittelfrüh, sehr hoch, regelmäßig, Früchte sturmfest, an ungeeigneten Standorten hart bis rübig; einst überall verbreitete Sorte

Seckelsbirne
Herkunft Nordamerika bei Philadelphia M 18. Jh. gefunden · Abb.: Lauche 3 · Dahl · Decaisne 1 · Hedrick · Niederl. · Genußreife 10 ·

Fr. kl, birnen-, kreisel-, stumpfkegelfg., ähnlich einer kleinen 'Trévoux'; Stiel var., 25 : 4, hellbraun in kleiner, enger Grube, etwas gebogen; Schale dünn, glatt, GF oliv, gelb, DF braunrot verwaschen, viele braune Punkte, teils von zimtfarbigem Roste überzogen; Fleisch gelblichweiß, feinzellig, schmelzend, sehr saftig, süß, muskatig; Samen +, 8 : 4, kast.br.; Baum Wuchs schwach, nur auf Slg. Ertrag früh, reich, jährlich; in USA stark verbreitet

Solaner
Herkunft ČSSR, Solan bei Trebnitz · Abb.: DO · DOS · Schomerus · Černik · Kamenický · Genußreife: 8–9 ·

Fr. m, birnenfg, zum Stiel schlank, Form ähnlich einer kleinen 'Konferenzbirne'; Stiel 15–25 : 3, grünlichbraun, gerade; Schale glatt, grüngelb, falls Deckfarbe, dann trüborange, gestreift verwaschen, Punkte hellgrün und braun, feiner Rost an Stielgrube; Fleisch grünlichweiß, weich, schmelzend, saftig, süßweinig, schwach aromatisch; Samen +, 9 : 4, dunkelbraun; Baum Wuchs stark, aufrecht, später breit; Ertrag spät, hoch, jährlich; nur für höhere Stammformen auf Slg, holzfrosthart; stark angebaut im Elbtal in Nordböhmen, früher in Mitteldeutschland im Straßenobstbau

Saint Germain

Herkunft Frankreich, sehr alte Sorte · Abb.: DOS · Decaisne 1 · Rum. Pom. · Genußreife: 12–1–2 ·

Fr. m, birnenfg., kegelfg., Form ähnlich 'Paris'; Stiel 15–25 : 4, zur Frucht grün, zum Ende braun, gebogen; Schale derb, rauh, grün, grünlichgelb ohne DF, stark punktiert, Rostflecke an Kelch, Stiel, auf der Frucht; es gibt auch eine 'Gestreifte St. Germain'; Fleisch gelblichweiß, schmelzend, feinkörnig, sehr saftig, süßweinig, feinwürzig; Samen +, lang, dunkelbraun; Baum Wuchs mittelstark, nur auf Cyd. A für N, für warme und wärmste Lagen, für Wandobstbau; Ertrag mittelfrüh, mittelhoch; schorfanf.

Schmelzende von Thirriot

Herkunft Frankreich M 19. Jh. · Abb.: Kessler · Černik · Genußreife: E 9–10

Fr. m–gr, Form var., birnenfg., gedrungen, mittel- bis kelchbauchig; Stiel 30–55 : 4, gekrümmt, zur Frucht fleischig verdickt, aufsitzend, braun; Schale uneben, GF gelbgrün, DF rötlichbraun verwaschen, gefleckt, braune Punkte rot umhöft, rostfleckig; Samen +, 11 : 5, schwarzbraun; Fleisch weiß, feingrießig, schmelzend, saftig, süß, stark würzig; Tafel-, Konserven-, Dörrfrucht; Baum Wuchs mittelstark, Ertrag mittelfrüh, für Slg und Cyd. A mit Zwv. bis zu mittleren Höhenlagen; starke Neigung zur Parthenokarpie, anf. für Schorf; nachteilig Reife in Birnenschwemme

Sommereierbirne Syn. Bestebirne

Herkunft unbekannt, sehr alte Sorte · typ. Abb.: Birnen · DOS · Koloc · Genußreife: 8–9 ·

Fr. kl, oval, zum Kelch und Stiel zugespitzt, mittelbauchig; Stiel 20–25 : 5, grünlich, gebogen; Schale dick, wirkt rauh, GF grünlichgelb, DF rötlich gehaucht, Rost am Stiel und Kelch, auch Rostflecken; Fleisch weiß, etwas rosa, schmelzend, saftig, süßsäuerlich, würzig; vorzügliche weißfleischige Ganzfrucht-Naßkonserve; Samen +, schwarzbraun; Baum Wuchs stark, nur für Slg, Ertrag spät, dann hoch, regelmäßig, folgernde Reife; Sorte mit lokaler Bedeutung in Südwestdeutschland, Rheinland, Hessen, hier stark verbreitet, Anbau rückläufig, da zu kleinfrüchtig

Sommermagdalene Syn. Grüne Sommermagdalene

Herkunft unbekannt, sehr alte Sorte · typ. Abb.: Birnen · DOS · Koloc · NdA. Tfl. 149 · Niederl. · Černik · Dahl · Genußreife: M–E 7 ·

Fr. kl, oval, zum Stiel verjüngt, ähnlich 'Rettichbirne'; Stiel 30–40: 3,5, holzig, grün und braun, meist aufsitzend, etwas gebogen; Schale weich, grün, dann hellgrün ohne DF, oft viele kleine Punkte; Fleisch grünlichweiß, fast schmelzend, saftig, süß, zart würzig duftend; Samen +, braun; Wuchs mittelstark, Äste hängend, sehr brüchig, erntegefährlich; Ertrag früh, jedes 2. Jahr; früheste Sorte der Frühbirnen, Früchte rasch faulend,; einst weit verbreitet und gehandelt wegen der Frühreife

Sterckmans Butterbirne

Herkunft Belgien, von Sterckman (nicht Sterkmann) um 1820 gezüchtet · typ. Abb.: Lauche 4 · Zschokke · Černik · Genußreife 11–1 ·

Fr. m, birnen-, kreiselfg., dickbauchig, zum Kelche eingeschnürt, in Form und

Farbe ähnlich 'Forelle' und 'Winterforelle'; Stiel 25–30 : 3, gebogen, etwas eingesenkt; Schale fest, trocken, glatt, GF hellgrün, gelb, DF rotverwaschen, gepunktet wie 'Forelle'; Fleisch gelblichweiß, feinkörnig, halbschmelzend, sehr saftig, süß, weinig würzig, wohlschmeckende, wertvolle Wintertafelbirne; Samen +, groß, breitoval, kast. br.; Baum Wuchs mittelstark für N auf Slg und Cyd. A mit Zwv.; Ertrag früh, hoch. regelmäßig, Früchte windfest; Wintersorte mit Anbauwert als N

Stuttgarter Geißhirtle
Herkunft um Stuttgart · Abb.: Birnen · DOS · Schaal l · Seitzer · Genußreife: 8–9 ·
Fr. kl, birnenfg., perlfg., glockenfg.; Stiel 20–25 : 2,5, grün, aufrecht aufsitzend, Schale dünn, glatt, GF gelbgrün, DF bräunlichrot, punktiert, rot umhöft; Fleisch grünlichweiß, feinkörnig, schmelzend, saftig, aromatisch; Samen +, braun; Baum Wuchs mittelstark, Ertrag mittelfrüh, sehr reich, regelmäßig, auf Slg für höhere Stammformen; Früchte für Frischverzehr und Naßkonserve, verbreitet in Württemberg

Triumph von Jodoigne
Herkunft Belgien M 19. Jh. · Abb.: DOS · Koloc · Gaucher · Niederl. · Genußreife: 11–12 ·
Fr. gr-sgr, birnenfg., zum Stiel verjüngt, mittelbauchig, unregelmäßig, beulig; Stiel 30 : 4–5, an Frucht fleischig, dann holzig, aufsitzend oder etwas seitlich gedrückt, zur Frucht grün, zum Ende braun; Schale dick, fest, GF gelbgrün, DF, wenn vorhanden, schwach rötlich verwaschen, viele Rostpunkte und Rostflecke; Fleisch weiß, fast schmelzend, sehr saftig, süß, würzig; Samen +, schwarz; Baum Wuchs mittelstark, Gerüstäste bald hängend, nur für N auf Cyd. A mit Zwv.; Ertrag früh, mittelhoch; nur für warme Standorte, Wandobstbau

Ulmer Butterbirne
Herkunft um Ulm · Abb.: Koloc · PoMo 1868 · Schaal I · Seitzer · Genußreife 10–11 · Fr. kl-m, rundlich, eifg., Stiel typ. lang bis 65 : 2–3, aufsitzend, holzig, braun; Schale fest, trocken, GF grüngelb, DF karminrot verwaschen; Fleisch gelblichweiß, feinkörnig, schmelzend, saftig, würzig, für Frischvz., Kompott, Naßkonserve; reif rasch teigig; · Samen + 9:4, dunkelbraun; Baum Wuchs am Standort stark, breitkronig, Ertrag mittelfrüh, reich, teils periodisch; Holz und Blüte ziemlich frosthart; anf. für Schorf; nur für ländlichen Obstbau, in Höhen-, Rauhlagen als H und h

Volkmarserbirne Syn. Voltmersche
Herkunft unbekannt, vielleicht Hessen oder Niedersachsen · typ. Abb.: Lauche 4 · Genußreife: E 9, A 10 ·
Fr. kl, spitzoval ähnlich 'Gute Graue'; Stiel 20 : 2, olivbräunlich, schräg aufsitzend; Schale dünn, fest, GF grüngelb, DF fehlend, überzogen von braunem Rost mit hellen Punkten; Fleisch gelblich, fein, fast schmelzend, saftig; süßsäuerlich, würzig, vorzüglich für Naßkonserve als Ganzfrucht; Samen +, schwarz als Saatgut geeignet; Baum Wuchs stark, sehr alt werdend, mächtige

frostharte Bäume; Ertrag mittelspät, dann sehr reich, einst auch als Straßen-
obstbaum weit verbreitet

Weiße Herbstbutterbirne

Herkunft Frankreich, sehr alte Sorte, schom im 17. Jh. bekannt · Abb. · DOS ·
Gaucher · Lauche 3 · Löschnig · Mengelberg · Schweizer. · Atlas · Hedrick
· Pedersen · Genußreife: 10 ·

Fr. m, eher kl, eifg., rundlich, stumpfkegelfg.; Stiel 20–25 : 6–7, holzig oder
fleischig, in enger Stielgrube; Schale dünn, glatt, mattgrün, gelb, seltener mit
DF rötlich gehaucht, viele graubraune Punkte, wenig Rost; Fleisch weiß,
schmelzend, sehr saftig, süß, feinwürzig, duftend; Samen +, schwarzbraun
8 : 4; Baum Wuchs anfangs schwach, später stark, für Slg und Cyd. A; in Europa einst weit verbreitete Sorte mit 106 Doppelnamen, durch starke Schorfanfälligkeit Anbaurückgang

Wilders Frühe

Herkunft USA E 19. Jh. · typ. Abb.: Schaal 2 · Hedrick · Genußreife: ab A 8

Fr. kl, kurz, gedrungen birnenfg., Stiel 10–15 : 4, braun, etwas eingesenkt;
Form ähnlich einer kleinen 'Trévoux', GF grüngelb, DF verwaschen, gestreift,
leuchtend rot mit vielen Rostpunkten, um Stielgrube berostet; Fleisch fest,
körnig, schmelzend, süßweinig, kräftig aromatisch, gehört zu den wohlschmek-
kendsten Frühsorten; Samen +, Baum Wuchs mittelstark, Krone hochkugelig,
Ertrag früh, regelmäßig, Früchte windfest, in der Reife folgernd, widerstandsfähig gegen Krankheiten

Wildling von Motte

Herkunft Frankreich, sehr alte Sorte 17. Jh. · Abb.: Goethe · Lauche 4 ·
Schweizer. · Sickler Bd. 13 · Stoll · Decaisne 2 · Genußreife: 10–11 ·

Fr. m, apfelfg., rundlich, kugelig, ähnlich 'Esperens Bergamotte'; Stiel 15 : 4,
braun, holzig, in flacher berosteter Grube, Schale trocken, dick, fleischig, GF
trübgrün, reif grünlichgelb, ohne DF, viele große braune Punkte und Flecken;
Fleisch grünlichweiß, schmelzend, saftig, süß, zartwürzig, sehr wohlschmek-
kende Tafelbirne; Samen +, schwarzbraun; Baum Wuchs mittelstark, für alle
Stammlängen, Ertrag früh, sehr hoch, regelmäßig; für gute, warme Birnen-
standorte, einst weit verbreitete Sorte

Zéphirin Grégoire

Herkunft Belgien M 19. Jh. · Abb.: Niederl. · Černik · Decaisne 7 · Genußreife: 11–12 ·

Fr. kl–m, apfelfg., rundlich, kreisel-, eifg.; ähnlich 'Madame Favre', Stiel auf
Fleischwulst aufgesetzt 25 : 3, braun, holzig oder fleischig; Schale dünn, glatt,
GF grün mit vielen grünen und bräunlichen Punkten, ohne DF, Berostung gering; Fleisch gelblichweiß, feinkörnig, schmelzend, saftig, süß, feinwürzig; Samen + 8 : 5, kast. br. mit seitlicher Nase wie 'Pitmaston'; Baum Wuchs mittel,
schwach, Ertrag früh, sehr reich, meist ausdünnen notwendig; nur für N auf
Slg, auf Cyd. A mit Zwv.

Kurzbeschreibungen von Mostbirnensorten

Neben Tafelbirnen werden im süddeutschen Raume sowie in Österreich und der Schweiz Mostbirnen angebaut, deren Früchte sich durch ihren Zucker-, Säure- und Gerbstoffgehalt besonders gut für Kernobstweine, dort „Most" genannt, eignen. Die Sorten sind als Zufallssämlinge aus Kultur- und Primitivsorten entstanden. Besonders bewährte Sorten für die Weinbereitung werden baumschulmäßig vermehrt.

Nach ihren Inhaltsstoffen werden sie entweder sortenrein oder gemischt, auch in Mischung mit säurearmen Äpfeln oder bei einseitig hohem Gerbstoffgehalt, ähnlich den Speierlingen, als Scheidbirnen zur Klärung des Mostes verwendet. Einige eignen sich auch zum Frischverzehr, etliche als Koch- und auch als Dörrbirnen. Die Mostgewichte bewegen sich zwischen 50 bis 70° Oechsle. Gute Mostbirnen enthalten etwa 10–13 % Zucker, 6–8 ‰ Säure und 0,6–0,8 ‰ Gerbstoffe.

Als Baumformen sind nur höhere Stammlängen auf Sämlingsunterlage anzupflanzen. Die Anbaubewegung ist rückläufig. Ein gewisser Bestand wird sich aber auch künftig in den Lagen erhalten, die für den Tafelbirnenanbau nicht geeignet sind.

In dem Spezialwerke: *Die Mostbirnen.* Wien 1913 (folgend Mb abgekürzt) sind 108, vorwiegend in Österreich angebaute Sorten ausführlich und kritisch beschrieben. Jede Sorte ist sortentypisch im Schwarzweißfoto und 20 Sorten davon sind auf 6 Farbtafeln vorzüglich naturgetreu abgebildet. SEITZER und SCHAAL bringen farbige Abbildungen von 4 bzw. 13 Sorten. In *Schweizerische Obstsorten* (1863–1872) sind 18 Sorten ausführlich beschrieben und in höchstmöglicher Naturtreue farbig abgebildet. Bei ZSCHOKKE werden 10 Sorten beschrieben und farbig dargestellt, bei KESSLER sind es 29, teils farbig oder in naturgetreuen Bleistiftzeichnungen.

LÖSCHNIG und KRONEDER haben die Vielzahl der Mostbirnen nach äußeren und inneren Fruchtmerkmalen zu den folgenden 8 Familien gruppiert.

1. Bratbirnen: Früchte rundlich, bergamottenfg., Stiel gerade, stark, mittellang, Kelch sehr groß; Fleisch grobkörnig, weiß, grünlich, nie gelblich, süß, süßsäuerlich, schwach herb; dazu gehören: Champagner Bratbirne, Tepka, Welsche Bratbirne u. a.

2. Länglerbirnen: Früchte länglich birnenfg., Stiel dünn, mittellang, holzig, etwas gebogen; Fleisch körnig, saftig, weiß bis gelblich, süß, schwach herb, teils würzig; dazu gehören: Machländer Mostbirne, Marxenbirne u. a.

3. Landlbirnen: Früchte rundlich, kreisel- oder eifg., Stiel dünn, mittellang, holzig, an der Frucht grün, dann braun, Schale mit feinen Rostpunkten und -figuren, auch teils mit DF; Fleisch feinkörnig, weiß bis gelblich, süßsäuerlich, stets herb, langsam reifend, überreif teigig, ohne zu zerfließen; dazu gehören: Eckerbirne, Grabenbirne, Große und Kleine Landlbirne u. a.

4. Scheibelbirnen: Früchte breitgedrückt, flachkugelig, flach bergamottenfg., Stiel meist lang, holzig, gebogen, Schale grün, gelb, auch mit DF; Fleisch stark grobkörnig abknackend, grünlich bis gelblich, reif festbleibend, stark herb; dazu gehören: Gelbe Holzbirne, Gelbe Scheibelbirne, Grünmostler, Wolfsbirne u. a.

5. Großfrüchtige Holzbirnen: Früchte ziemlich groß, kugelig bis birnenfg., Schale grün, gelb, ohne DF; Fleisch grünlich, gelblich, grobkörnig, abknakkend, saftig, süßsäuerlich, herb, Holzbirnengeschmack; dazu gehören: Gelbmöstler, Luxemburger Mostbirne, Oberösterreichische Weinbirne, Träublesbirne u. a.

6. Kleinfrüchtige Holzbirnen: Früchte klein, die anderen Merkmale gleichen denen der Gruppe 5; dazu gehören: Graue Pelzbirne, Metzer Bratbirne, Theilersbirne, Weilersche Mostbirne, Wildling von Einsiedel, Normännische Ciderbirne u. a.

7. Schönbirnen – Rotbirnen: Früchte mittelgroß, nie groß, kreisel- bis birnenfg., Stiel kurz bis mittellang, teils fleischig, Schale rot gestreift, verwaschen oder punktiert, oft berostet; Fleisch derb, grobkörnig, grünlich, gelblich, mit herbem Holzbirnengeschmack; dazu gehören: Knollbirne, Palmischbirne, Schweizer Wasserbirne, Sievenicher Mostbirne, Trockener Martin u. a.

8. Rotfleischige Mostbirnen: Früchte mit rosa, rotem Fleisch oder geröteten Kernhauswänden wie: Blutbirne, Rotfleischige Mostbirne u. a.

Im folgenden werden 18 Sorten in alphabetischer Namenfolge in Kurzbeschreibungen vorgestellt. Die Abkürzungen bedeuten: Typ. = sortentypische Abb. = Abbildung fg = farbig s–w Fo = Schwarzweißfoto Z = Bleistiftzeichnung E = Erntezeitpunkt V = Verarbeitungszeit Fr. = Frucht DF = Deckfarbe Mb = Mostbirnen, Spezialwerk

Champagner Bratbirne
Typ. Abb.: Mb s–w Fo · Schaal 1 fg · Seitzer fg E: 10 · V: 10–11 ·
Fr. klein, rundlich, bergamottenfg., Schale gelbgrün; Fleisch grünlich, saftig, wird rasch teigig, hoher Zucker- und Gerbstoffgehalt, gibt vorzüglichen Most; Baum Wuchs mittelstark, Ertrag früh, reich, hohe Standortansprüche, für feuchte, nährstoffreiche Böden in warmen Lagen

Gelbmöstler
Typ. Abb.: Kessler fg u. Z · Mb s–w Fo · Schaal 1 fg · Seitzer fg E: 9 · V: 9–10
Fr. klein, flachkugelig, Schale gelb, DF matt rötlichbraun; Fleisch gelblich, grobkörnig, saftig, mit hohem Gehalt an Zucker, Säure, Gerbstoff, würzig, wird früh teigig, bei früher Ernte gerbstoffreicher Most; Baum Wuchs stark, Ertrag mittelfrüh, sehr reich, für alle Standorte; Most klar, herb, zur Mischung mit süßem und zur Brennerei geeignet

Graue Pelzbirne

Abb.: Mb s-w FO E: 10 · V: 10

Fr. klein, kreisel-, birnenfg., Schale gelblich, überzogen von zimtfarbigem Rost; Fleisch weiß, grob, sehr saftig, süß, 13 % Zucker, mäßig sauer, herb, rasch teigig, schorfanfällig, schlecht transpfg., Baum Wuchs stark, Ertrag spät, jedes 2. Jahr, wird sehr alt, für nährstoffreiche, tiefgründige Böden, alle Lagen; in Niederösterreich als eine der besten Mostbirnen bewertet

Grüne Jagdbirne

Abb.: Schaal 1 fg · Seitzer fg · E: E 10 · V: 11–12

Fr. klein bis mittelgroß, Schale graugrün, braun punktiert; Fleisch grünlich-weiß, sehr saftig, sehr herb, mäßig schorfanfällig; Baum Wuchs mittelstark, Holz und Blüte frosthart, Ertrag mittelfrüh, sehr hoch, für nährstoffreiche Böden, noch für Rauhlagen; Most zum Verschnitt mit Äpfeln geeignet

Knollbirne

Typ. Abb.: Kessler Z · Mb s–w Fo · Zschokke fg · E: A 10 · V: 10–11

Fr. klein bis mittelgroß, Schale grün, gelb, DF, wenn vorhanden, bräunlichrot verwaschen, punktiert berostet; Fleisch gelblich, grob, saftig, süßsauer, herb, würzig, 53–58° Oechsle; Baum Wuchs mittel bis stark, reichtragend, für alle Böden, nicht für Rauhlagen; gut transpfg., späte, wertvolle Mostbirne

Luxemburger Mostbirne

Typ. Abb.: Mb s–w Fo u. fg · Schaal 1 fg · E: E 9, A 10 · V: 10

Fr. mittelgroß, breit kreisel-, bergamottenfg., Schale graugrün, reif gelbgrün mit Rostflecken und -punkten; Fleisch weißlichgelb, grob, sehr saftig, süß, herb, 11 % Zucker, 6 ‰ Säure, 0,4 ‰ Gerbstoff, gut transpfg.; Baum Wuchs stark, Ertrag sehr früh, sehr reich, für alle Lagen, für nährstoffreichere Böden; eine wertvolle Mostbirne

Machländer Mostbirne

Abb.: Mb s–w Fo · E: 9–10 · V: 10 ·

Fr. klein bis mittelgroß, birnenfg., Schale gelbgrün mit Rostfiguren; Fleisch grünlichweiß, grob, herbsüß, 12 % Zucker, 5 ‰ Säure, baumreif transpf.; Baum Wuchs stark, spät blühend, Ertrag spät, dann hoch, breit anbaufähig, ausgezeichnete Most- und Dörrbirne, auch zum Frischverzehr; in Oberösterreich verbreitet

Marxenbirne

Typ. Abb.: Kessler Z · Zschokke fg · E : E 10 · V : 10–11 ·

Fr. mittelgroß, birnenfg., dickbauchig, Schale gelbgrün, DF, wenn vorhanden, trüb kupferrot, viele dunkle Rostpunkte und -flecke; Fleisch gelblich, grob, saftig, süßwürzig, sehr herb, 50–55° Oechsle, gut transportfg.; Baum Wuchs stark, Ertrag hoch, wegen Spätreife nicht für rauhe, höhere Lagen; wertvoll als späte Most-, Verschnitt- und Scheidbirne; verbreitet in der Schweiz im Kanton Zürich

Metzer Bratbirne

Syn. Carisi, Carisier

Typ. Abb.: Kessler Z · Mb s–w Fo u. fg · Zschokke fg · M 10 · V: 10–11 ·

Fr. klein, eifg., zum langen Stiel spitz, Schale gelbgrün, DF braunrot verwaschen, gestreift, am Kelch berostet; Fleisch gelblich, grob, sehr saftig, stark herbsauer, 10–11 % Zucker, 6,6 ‰ Säure, 55–60° Oechsle, gut transpfg.; Baum Wuchs stark, Ertrag mittelfrüh, dann sehr reich und jährlich, für trockene, warme, auch steinige Böden, nicht für nasse, kalte, Rauhlagen; für Gebiete des Winterweizenanbaus eine der wertvollsten späten Most- und Scheidbirnen, verbreitet in Österreich, Württemberg, im Elsaß, der Normandie

Oberösterreicher Weinbirne

Syn. Speckbirne · Kärntner Speckbirne · typ. Abb.: Mb s–w Fo u. fg · Schaal 1 fg · Seitzer fg · E: E 10 · V: 10–12 Fr. mittelgroß, kreiselfg., Schale gelbgrün, punktiert, ohne DF; Fleisch gelblichweiß, körnig, sehr saftig, herbsüß, 11–12 % Zucker, 2,9 ‰ Säure, gut transpfg.; Baum Wuchs sehr stark, Blüte früh, spätfrostgefährdet, Ertrag mittelfrüh, hoch, Holz frosthart, auch als Stammbildner geeignet; nicht für nasse, für trockenere, auch ärmere Böden, für alle Lagen außer Spätfrostlagen eine sehr wertvolle Most-, Verschnittbirne für Apfelmoste und auch Dörrbirne

Schweizer Wasserbirne

Typ. Abb.: Kessler fg u. Z. · Mb s–w Fo · Schaal 1 fg · Zschokke fg · E: A 10 · V: 10–11 ·

Fr. mittelgroß, kugelig (Syn. Kugelbirne), Schale etwas rauh, grüngelb, DF trübrot punktiert ähnlich 'Forellenbirne', Stiel lang, dünn, zur Frucht grün, teils knospig; Fleisch gelblichweiß, grob, sehr saftig, mäßig süß, würzig, schwach herbsäuerlich, Most mild, hell, 55–68° Oechsle, hohe Saftausbeute, für Verschnitt mit Apfelmost, auch zum Dörren und Kochen verwertbar; Baum sehr starkwüchsig, mächtige Kronen bildend, Blüte unempfindlich, Ertrag spät, dann hoch; anspruchslos an Boden und Lage, für alle, auch steinige, arme Böden; als Stammbildner geeignet, weit verbreitete Mostbirne

Sievenicher Mostbirne

Typ. Abb.: DOS fg · Mb s–w Fo · Schaal 2 fg · E : 9 V : 9–10 · Fr. klein, kreiselfg., spitzeifg., Schale gelbgrün, Stiel grün; Fleisch weißgelblich, grob, sehr saftig, harmonisch süß-säuerlich, sehr herb, ergibt hervorragenden Most, auch für Verschnitte mit Äpfeln, reife Früchte fallen schlagartig in einigen Tagen, werden rasch teigig, innerhalb von 10 Tagen zu vermosten; Baum Wuchs mittel bis stark, Ertrag früh, reich, für alle Böden, in Rauhlagen gut bewährt, im Anbau weit verbreitet

Tepka

Abb.: Mb s–w Fo. E: ab M 9 · V: bis 10 ·

Fr. klein, bergamottenfg., Schale gelbgrün, DF schwach trübrot, verwaschen; Fleisch gelblichweiß, grob, saftreich, herbsüß, nur einige Tage haltbar, dann teigig, gibt vorzüglichen Most, 11–12,5 % Zucker, 4–5 ‰ Säure, 0,6–0,8 ‰ Gerbstoff; Baum Wuchs mäßig stark, entwickelt sich langsam, wird sehr alt, Ertrag sehr spät, dann regelmäßig, reich, für alle Böden und Lagen, verbreitet in der Steiermark, Sorte ähnlich 'Welsche Bratbirne'

Theilersbirne
Typ. Abb: Kessler fg u. Z. · Mb s–w Fo · E und V: A–M 9 ·
Fr. klein, eifg., kreiselfg., Schale gelbgrün, DF bräunlich verwaschen, punktiert; Fleisch gelblich, fest, grob, saftreich, herbsüß, wird rasch teigig, zum Verschnitt mit sauren Äpfeln, 64–69° Oechsle, nicht transportfg; Baum Wuchs kräftig, Ertrag früh, sehr reich, für alle Lagen und Böden, in der Schweiz weit verbreitet

Weilersche Mostbirne
Abb.: Mb s–w Fo u. fg · E: 10 · V: 10–11 ·
Fr. klein, eifg., rundlich, Schale grüngelb, teils berostet; Fleisch gelblich, hart, herb, süßwürzig, 14 % Zucker, 4–6 ‰ Säure, 0,5 ‰ Gerbstoff, Most klar, haltbar, wohlschmeckend, Früchte gut transportfg.; Baum Wuchs stark, frosthart, Ertrag sehr früh, reich, zur Jungfernfrüchtigkeit neigend, für alle Mostobststandorte

Welsche Bratbirne
Viele Syn. Typ. Abb.: Mb s–w Fo u. fg · E: E 9, A 10 · V: 10 ·
Fr. klein, rundlich, bergamottenfg., Schale trüb weißlichgrün; Fleisch grünlichweiß, grobkörnig, saftreich, ziemlich süß, rasch teigig, windfällig, gibt vorzüglichen Most; Baum Wuchs stark, wird sehr alt, Ertrag spät, ab 20. Jahr, dann reich jedes 2. Jahr, geringe Standortansprüche, für Höhen- und Rauhlagen; eine der Hauptsorten der Steiermark

Wildling von Einsiedel
Typ. Abb.: Mb s–w Foto · Schaal 1 fg · E: A 10 · V: 10–12 ·
Fr. klein, kreiselfg., stumpf kegelfg., Schale gelb, rostig punktiert, Rostflecken am Kelch; Fleisch gelblich, hart, grob, sehr saftig, sehr herb, süßwürzig, gibt sehr guten klaren Most, gut transpfg.; Baum Wuchs stark, Ertrag früh, sehr hoch; für mittlere Böden bis zu Rauhlagen, wertvolle Mostbirne, Samen als Saatgut für Sämlingsunterlagen

Wolfsbirne
Typ. Abb.: Mb s–w Fo · Schaal 1 fg · E: 10 · V: 10–11–12 ·
Fr. mittelgroß, rundlich mit typ. langem Stiel, Schale gelb mit Rostpunkten und -flecken; Fleisch gelblichweiß, saftig, feinkörnig, sehr hart, sehr herb, gibt klaren, haltbaren Most, vorzüglich für Verschnitt, gut transpfg.; Baum Wuchs stark, Holz frostanfällig, Ertrag spät, dann hoch, für bessere Böden, für alle Lagen bis Rauhlagen

Birnensortenbestimmung

Übersicht der beschriebenen ähnlichen Sorten

Für die Sortennamen werden in diesen Übersichten Kurzformen verwendet.

Gruppen äußerlich ähnlicher Sorten

In diesem letzten Abschnitt wird aus lebenslanger praktischer Erfahrung im Sortenbestimmen versucht, einfache Hinweise zum Erkennen von Birnensorten zu geben. Von den 56 ausführlich beschriebenen und ihnen ähnlichen Sorten sind Hauptmerkmale bei der jeweiligen Sorte durch fette Schrift hervorgehoben.

Das Bestimmen von Sorten ist erlernbar. Es muß hier freilich zugegeben werden, daß für dieses besondere Gebiet des Obstbaus, neben Liebe und Interesse zu ihm, auch eine angeborene Begabung für das Erkennen morphologisch unterschiedlicher Merkmale und ein Gedächtnis dafür vorhanden sein möchte. Dauernde praktische Übungen im Bestimmen und die Aneignung theoretischer Kenntnisse ergänzen angeborene Fähigkeiten und entwickeln so nach und nach ein stets gegenwärtiges Wissen, um die Hauptsorten an kleinsten Merkmalen zu erkennen, ohne erst in Büchern nachsehen zu müssen.

Der Ruf nach Ordnungssystemen für die Obstfrüchte ertönt schon lange, und eine Anzahl Pomologen haben versucht, solche Systeme zu schaffen. Es ist geschichtlich verständlich, daß Sortenkundler, angeregt duch LINNÉ und die Botaniker im 18. und 19. Jahrhundert versuchten, die Fülle der Sorten in ein künstliches oder natürliches System einzuordnen. Eigentlich sind alle diese Versuche fehlgeschlagen, angefangen von JONSTON (1668), MAYER (1778), MANGER (1780), DIEL (1801), CHRIST (1809), SICKLER (1816), DITTRICH (1839), METZGER (1847) über LUCAS (1849, 1853 und 1869 bis zu von BOSE (1860), WILLERMOZ (1863) und BERGHUIS (1864).

Für rasche Bestimmungen bei Ausstellungen, wo die Besucher unmittelbar auf das Ergebnis warten, sind alle unbrauchbar. Ihre Mängel erkannte klar KARL KOCH (1876). Dieser bedeutendste deutsche Obstbauwissenschaftler des

19. Jahrhunderts wies als einziger auf die Wichtigkeit der Kernobstsamen hin, ohne die Zeit zu haben, darüber zu arbeiten, und andere beachteten seine Andeutungen nicht. Wenn heute hin und wieder Bestimmungsschlüssel für Obstfrüchte gewünscht werden, so scheitern diese von vornherein an der Variabilität der Früchte einer Sorte. Die Schwankungsbreite der Merkmale ist zu groß, als daß sie unverwechselbar festgelegt werden könnten. Hier liegt die Hauptschwierigkeit für alle Anfänger im Bestimmen, die nur durch Worte und Bilder Kenntnisse erwerben wollen. Die praktische Anleitung durch einen sicheren Sortenkenner vermag kein Buch zu vermitteln!

Für das Selbststudium der Sorten in Pomologien werden die sortentypischen Abbildungen für jede Sorte in den dem Verfasser zugänglichen Werken angegeben. Jede einzelne Darstellung wurde von ihm auf ihre Naturtreue überprüft. Die Titelangabe eines Werkes bezieht sich immer nur auf die Abbildung der betreffenden Sorte, nicht allgemein auf das Werk. Die vielfältigen Erscheinungsformen einer Sorte, vor allem die oft standortbedingte Ausbildung der Deckfarbe von Südtirol bis Norwegen und Schweden wurde dabei berücksichtigt. Würden diese Fabbilder einer Sorte, etwa von 'Pastorenbirne', von 'Clairgeau' oder 'Gellert' nebeneinander gelegt, dann ergäbe sich das Bild einer Sorte in der ganzen Vielfalt von Form und Farbe.

Birnen sind, bedingt durch ihre unterschiedlichen Formen, in den Abbildungen oft sortentypischer als Äpfel wiedergegeben. Man möchte sagen, sie sind photogener als Äpfel. Abbildungen vor KNOOP (1758, 1760, 1771) sind kaum als sortentypisch zu bewerten. Mit KRAFT (1792 und 1796) und MAYER (1801) erschienen Werke, deren handkolorierte Kupferstiche zu den schönsten europäischen Fruchtdarstellungen dieser Zeit gehören. Eine pomologische Spitzenleistung in der typischen Fruchtauswahl, der malerischen Darstellung und der farbigen Druckwiedergabe stellen die „Schweizerischen Obstsorten" (1863–1872) dar. ZSCHOKKE (1925) führte in der Schweiz die Sortendarstellung mit Farbfotos fort, und KESSLER (1948) erreichte darin eine einsame Höhe, die in dieser Güte der Naturtreue keine andere Pomologie zu bieten vermag.

Für Frankreich schuf DECAISNE (1858–1866) mit vorzüglichen farbigen Lithographien ein Hauptwerk der Birnensortendarstellung. Die „Pomologie de la France" (1864–1871) erreicht in den Fruchtbildern nicht die Güte von DECAISNE. Das gilt auch für die Drucke in den belgischen Pomologien von BIVORT (1847–1851) und für die ebenfalls von ihm herausgegebenen „Annales de Pomologie" (1853–1860). Beiden Werken mangelt es an der sorgfältigen Auswahl sortentypischer Früchte, ihrer malerischen Ausführung und einer guten drucktechnischen Wiedergabe.

Bei dem bedeutenden Birnensortenwerk von HEDRICK (1921) bleibt bedauerlich, daß für die allgemein guten Drucke der Farbfotos bei einer Anzahl Sorten keine typischen Früchte als Fotoobjekte ausgewählt wurden (so bei 'Diels', 'Clairgeau', 'Vereinsdechantsbirne' u. a.). Leider fehlt hier der Raum, die zahlreichen Pomologien mit ihren farbigen Fruchtdarstellungen kritisch zu werten. Auf ein Werk wird abschließend noch hingewiesen, auf den ungarischen Werbeband „Obstsorten-Prospekt" mit seinen hervorragenden, großen Farbfotos der Obstsorten. Die Winterbirnensorten erscheinen hier mit Deckfarben, die nur in südlichen Räumen erreicht werden.

Für die folgenden Pomologien sind die gleichen Abkürzungen wie bei H. Petzold „Apfelsorten" verwendet. Die genauen bibliographischen Daten bringt das Literaturverzeichnis am Schluß des Buches. Es bedeuten:

Deutschsprachige Pomologien

Birnen	Obstsorten, unsere besten deutschen 2. Bd.
Bozner	Bozner und Meraner Obstsorten
Buch	Demartini/Souček: Das Buch vom Obst
DO	Deutsche Obstsorten von Krümmel, Groh, Friedrich
DOB	Deutscher Obstbau, Zeitschrift 1940–44
DOS	Deutschlands Obstsorten 3. und 4. Bd.
DOZ	Deutsche Obstbauzeitung 1906–1921
Duhan	Duhan: Die wertvollsten Obstsorten
Friedrich	Friedrich: Der Obstbau, 7. Aufl. 1977
Gaucher	Gaucher: Pomologie
Goethe	Goethe/Degenkolb/Mertens: Äpfel und Birnen
Junge	Junge: Anbauwürdige Obstsorten
Kessler	Kessler: Birnensorten der Schweiz
Koloc	Koloc: Birnensorten
Lauche	Lauche: Deutsche Pomologie 3. und 4. Bd.
Löschnig	Empfehlenswerte Obstsorten
Mengelberg	Mengelberg: Äpfel und Birnen
NdA.	Nach der Arbeit, Farbtafeln der Österrreich. Zeitschrift
Niederl.	Niederländischer Obstgarten 2. Bd.
Poenicke	Poenicke/Schmidt: Deutscher Obstbau
PoMo	Pomologische Monatshefte
Rat.	Sortenratgeber Obst
Schaal	Schaal: Wertvolle Apfel- u. Birnensorten Bd. 1 u. 2
Schomerus	Schomerus: Sachsens Apfel- und Birnensorten
Schweizer	Schweizerische Obstsorten
Seitzer	Seitzer: Farbtafeln der Birnensorten
Stoll	Stoll: Oesterreichisch-Ungarische Pomologie
Trenkle	Trenkle: Obstsortenwerk Bd. 1
Zschokke	Zschokke: Schweizerisches Obstbilderwerk

Fremdsprachige Pomologien

Atlas	Atlas Plodow
Černik	Černik/Boček/Večeřa: hrusky
Dahl	Dahl: Pomologie Teil 2
Decaisne	Decaisne: Le Jardin Fruitier du Museum
Delbard	Delbard: Les beaux Fruits de France
Hedrick	Hedrick: The Pears of New York
Kamenický	Kamenický/Kohout: Atlas Tržních Odrůd Ovoce
Kvaale	Kvaale/Skard: Norsk Pomologi Bd. 2
Nederl.	Nederlandse Fruitsoorten

Obst	Obstsorten und Qualitäten
Obstsorten	Obstsorten-Prospekt
Pedersen	Pedersen: Danmarks Frugtsorter
Řiha	Řiha: České ovoce Bd. 1
Rum. Pom.	Pomologia Republicii Populare Romine

Besondere Fruchterkennungs- und Fruchtunterscheidungsmerkmale einzelner und ihnen ähnlicher Sorten sowie ihre sortentypischen farbigen Abbildungen in der pomologischen Literatur

Nr. 1 Alexander Lucas
Typ. Abb.: DO · DOS · DOZ 1914 · Duhan · Friedrich · Junge · Kessler · Koloc · Poenicke · Seitzer · Trenkle · Černik · Kvaale · Kamenický ·
Fr. m–sgr, **Reife 10–12; Schale glatt,** DF orange; Stiel braun; **Samen −9 : 3,5 u. 10 : 3 mit Nase,** schwarzbraun; Fleisch schmelzend oder halbschmelzend, mild **süßsäuerlich**

Ähnlich Nr. 1 können sein:

Nr. 30 Lucius
Typ. Abb.: DO · DOS · Koloc · NdA. Tfl. 203 · Seitzer
Fr. m–gr, **Reife 9–M 10;** Schale glatt, DF hellorange; Stiel braun; **Samen − 10–11 : 4,** dunkelbraun; **Fleisch säuerlich**

Nr. 42 Philippsbirne
Typ. Abb.: DOS · Duhan · Gaucher · Koloc · Lauche 4 · Löschnig · Černik · Decaisne 1 · Hedrick · Kvaale · Niederl. · Obst · Pedersen · Řiha
Fr. m, Reife 9–A 10; Schale glatt, dick; Stiel braun, holzig, auch fleischig dick; **Samen − 9 : 4, 10 : 4,** schwarzbraun; **Fleisch süß, etwas muskatig**

Nr. 8 Diels Butterbirne
Typ. Abb.: Bozener · DOS · Gaucher · Junge · Kessler · Koloc · Lauche 3 · Löschnig · Mengelberg · Schweizer. · Zschokke · Černik · Kvaale · Obstsorten ·
Fr. m–sgr, **Reife 10–12; Schale trocken, grieslich bis rauh,** etwas beulig; **Samen − 11 : 4,5; Fleisch grießig, körnig mit sortentyp. Aroma**

Angoulême s. Seite 198
Fr. gr–sgr, **klobig, stark beulig, wulstig,** Reife 10–12; Schale trocken, dick; **Stiel zur Frucht grün, zum Ende braun; Samen − dunkelbraun mit schwarzem Rand, 9 : 4; Fleisch feinkörnig,** süßweinig oder fad, steinig

Nr. 2 Amanlis Butterbirne
Typ. Abb.: DOS · Junge · Lauche 3 · Niederl. · Černik · Decaisne 1 · Kvaale · Pedersen ·
Fr. m–gr, Reife 9–A, M 10; Schale glatt, fein; **Stiel zur Frucht grün; Samen– 10 : 5,** kast. br.; **Fleisch weich,** schmelzend, saftig

Ähnlich Nr. 2 können sein:

Nr. 17 Gute Graue
Typ. Abb.: DO · DOS · Junge · Koloc · Löschnig · NdA. Tfl. 149 · Poenicke · Dahl · Kvaale · Pedersen · Riha ·
Fr. kl–m, Reife A–M 9; **Schale trocken, rauh, grießig;** Stiel holzig, braun; **Samen – 9 : 4,** dunkelbraun; **Fleisch feingrießig, süßsäuerlich, kräftig aromatisch**

Nr. 8 Diels Butterbirne s. Seite 219

Nr. 51 Triumph von Vienne
Typ. Abb.: Bozener · DOS · Friedrich · Kessler · Koloc · Černik ·
Fr. m–gr; Reife M 9–A 10; Schale stumpf, **viele Rostflecke; Stiel lang, gekrümmt, zur Frucht grün; Samen + 7 : 4,5,** dunkelbraun; Fleisch schmelzend, saftig, mäßig süß, **gering würzig**

Nr. 3 Blumenbachs Butterbirne
Typ. Abb.: Friedrich · Junge · Kessler · Koloc · NdA. Tfl. 220 · Pedersen · Řiha ·
Fr. m, **Reife A 11–M 12; Schale trocken, typ. weißlichgelb;** Stiel braun; **Samen +, 7,5 : 4, hellumbra, dunkel umrandet; Fleisch feinkörnig, typ. melonenartig gewürzt**

Ähnlich Nr. 3 können sein

Nr. 8 Diels Butterbirne s. Seite 219

Nr. 21 Hofratsbirne
Typ. Abb.: Birnen · DOS · Kessler · Koloc · Zschokke · Černik · Dahl · Kvaale · Pedersen ·
Fr. m, **Reife M 10–M 11;** Schale glatt, trocken, **viele braune, grün umhöfte Punkte;** Stiel zimtbraun, **Samen –,** 12 : 5, 11 : 5, dunkelbraun; **Fleisch halbschmelzend, säuerlich**

Nr. 43 Pitmaston
Typ. Abb.: DOS · Friedrich · Koloc · PoMo 1904 · Černik · Dahl · Kvaale · Nederl. · Pedersen · Řiha ·
Fr. gr–sgr, Reife 10; Schale glatt, sehr dünn, **Rostkappe am Stiel,** ohne DF, nur GF zitronengelb; **Stiel lang, dick,** braunoliv; **Samen –,** 11 : 4,5, 9 : 4,5, schwarzbraun **mit typ. seitlicher Nase; Fleisch feinzellig, sehr saftig, weinsäuerlich**

Nr. 53 Williams Christ

Typ. Abb.: Bozener · DO · DOB 1942 · DOS · Duhan · Friedrich · Gaucher · Junge · Kessler · Koloc · Lauche 3 · Löschnig · Poenicke · Seitzer · Trenkle + Atlas · Dahl · Hedrick · Obst · Obstsorten · Pedersen · Rum. Pom. ·

Fr. m–gr, **Reife 9; Schale** glatt, **muskatig duftend;** Stiel grünbraun; **Samen** +, 8 : 4, **umbra, teils scheckig; Fleisch** schmelzend, **typ. muskatig**

Nr. 4 Boscs Flaschenbirne

Typ. Abb.: Bozener · DO · DOS · Duhan · Friedrich · Junge · Kessler · Koloc · Lauche 4 · Mengelberg · Poenicke · Trenkle · Buch · Černik · Hedrick · Kvaale · Obstsorten · Pedersen · Rum, Pom. ·

Fr. m–gr, **Reife 10–A 11; Stiel braun, lang, gebogen, aufsitzend auf dem spitzen Fleischkegel; Samen** +, 7 : 4, 8 : 4, **schwarzbraun; Fleisch süßwürzig**

Ähnlich mit Nr. 4 können sein:

Nr. 35 Marianne

Typ. Abb.: DO · DOB 1941 · DOS · Friedrich · Koloc · Lauche 3 · Poenicke · Buch · Černik ·

Fr. m, **Reife 9–M 10; stielseits stumpf, abgeplattet;** Stiel braun, teils mit Fleischwulst; **Samen** +, 9 : 4, **rehbraun; Fleisch säuerlichsüß**

Nr. 49 Tongern

Typ: Abb.: DO · DOS · DOZ 1914 · Friedrich · Koloc · Lauche 4 · Poenicke · Zschokke · Černik · Dahl · Delbard · Kvaale · Obst · Pedersen

Fr. m–gr, **Reife 10–11;** Schale glatt bis rauh, **teils DF braunrot, kupferrot;** Stiel braun, aufsitzend, oft mit Fleischwulst; **Samen** +, 8 : 4, **dunkelbraun,** Rücken heller; **Fleisch körnig, weinsäuerlich**

Nr. 26 Konferenzbirne

Typ. Abb.: DO · Duhan · Friedrich · Kessler · Koloc · Seitzer · Zschokke · Černik · Dahl · Delbard · Kvaale · Obst · Pedersen ·

Fr. m–gr, **Reife 10–11;** Schale glatt, rauh bei Rost, meist grün, GF noch deutlich sichtbar; **Stiel lang** wie 'Boscs' **aufsitzend, zur Frucht grün;** Samen +, 10 : 5, kast.br.; **Fleisch melonenartig schmelzend, lachsgelblich**

Van Marums Flaschenbirne

Typ. Abb.: Decaisne 5 · Niederl. Nr. 24 als 'Große Calebasse' ·

Fr. sgr, bis 200 mm hoch, typ. flaschen- kegelfg.; Reife 10; Schale meist ganz grünlichbraun berostet; **Stiel kurz, dick,** grünbraun, oft fleischig; **Samen** +, oval, 9 : 6, **hellbraun; Fleisch schmelzend,** aber etwas **fad, ohne Würze**

Nr. 5 Bunte Julibirne

Typ. Abb.: DO · DOS · Friedrich · Kessler · Koloc · NdA. Tfl. 147 · Poenicke · Rat. · Trenkle · Černik · Kvaale · Pedersen ·

Fr. m, **Reife M 7–A 8; Stiel grünlich, hellbraun;** Samen +, 8 : 4, schwarzbraun; **Fleisch** halbschmelzend, **ohne ausgeprägtes Aroma**

Ähnlich mit Nr. 5 können sein:

Nr. 41 Petersbirne

Typ. Abb.: DO · DOS · Koloc ·
Fr. kl–m, **Reife 8;** Stiel braun, zur Frucht grün; Samen +, 7 : 4, schwarzbraun; **Fleisch fest, körnig, abknackend, würzig**

Hannoversche Jakobsbirne s. S. 201
Fr. kl, **Reife E 7–A 8;** Form ähnlich 'Petersbirne'; Stiel mattgrün, oliv; Samen +, braunscheckig; **Fleisch halbschmelzend, oft mehlig, wenig würzig**

Nr. 50 Trévoux

Typ. Abb.: DO · DOS · Friedrich · Kessler · Koloc · NdA. Tfl. 183 · Poenicke · Rat. · Trenkle · Černik · Delbard · Kvaale · Obst · Pedersen · Rum.Pom. ·
Fr. kl–gr, **Reife 8–A 9; Stiel braun, holzig, nur 2,5–3 mm dick;** Samen +, 7 : 3, schwarzbraun; **Fleisch halbschmelzend, säuerlichsüß**

Wilders Frühe s. S. 207
Fr. kl–m, **Reife 8;** Schale **DF rot ausgeprägt; Stiel braun, etwas eingesenkt,** Samen +; **Fleisch fest, feinkörnig, harmonisch süßweinig, aromatisch**

Julidechantsbirne s. Seite 201
Fr. kl, rundlich, Reife M–E 7 mit 'Sommermagdalene' s. Seite 205, **Stiel typ. lang, grünlich;** Samen +, 8 : 4 mit Nase, braunweiß, scheckig; **Fleisch meist mehr oder weniger mehlig;** oft mit 'Bunte Julibirne', trotz völlig anderer Form, in Praxis und Literatur verwechselt

Nr. 15 Giffards Butterbirne

Typ. Abb.: Bozener · Gaucher · Kessler · Koloc · Lauche 4 · Niederl. · Stoll · Hedrick · Kvaale · Pedersen ·
Fr. m, **Reife A–M 8; Schale glatt, Rostkappe am hellbraunen Stiel,** der auf der Fruchtspitze steht; Samen +, 10 : 5, braun mit Nase; **Fleisch butterhaft schmelzend, harmonisch feinaromatisch**

Nr. 6 Clairgeau

Typ. Abb.: Bozener · DOS · Friedrich · Gaucher · Kessler · Koloc · Lauche 3 · Löschnig · Mengelberg · Schweizer · Atlas · Černik · Dahl · Delbard · Pedersen ·
Fr. gr–sgr, **Reife E 10–A 12; Stiel dick, meist seitlich** sitzend, braun; Samen +, 9,5 : 4,5, 9 : 4, 8 : 4, dunkelbraun; **Fleisch typ. grießig, feinkörnig, süßsäuerlich mit sorteneigenem Aroma**

Ähnlich mit Nr. 6 können sein:

Abbé Fétel s. Seite 197
Fr. gr–sgr, **Reife 11–12; Form schlanker, länger, flaschenfg.;** Stiel seitlich; Samen +, **11 : 5,** dunkelkastbr.; **Fleisch feinzellig, schmelzend**

Van Marums Flaschenbirne s. Seite 221

Nr. 7 Clapps Liebling

Typ. Abb.: Bozener · DO · DOS · DOZ 1908 · Duhan · Friedrich · Gaucher · Kessler · Koloc · Rat. · Stoll · Trenkle · Černik · Dahl · Delbard · Kvaale · Obst · Pedersen · Řiha · Rum.Pom. ·

Fr. m–gr, **Reife 8–A 9; Stiel typ. dick,** aus der Frucht herauswachsend, **ohne Stielgrube aufsitzend;** Samen +, 8 : 4, schwarzbraun; Fleisch schmelzend, saftig

Ähnlich mit Nr. 7 können sein:

Nr. 50 Trévoux s. Seite 222

Laxtons Superb s. Seite 201

Nr. 8 Diels Butterbirne s. Seite 219

Ähnlich mit Nr. 8 können sein:

Nr. 22 Jeanne d'Arc

Typ. Abb.: DOS · DOZ 1914 · PoMo 1903 · Friedrich · Koloc · NdA. Tfl. 239 · Rat. · Seitzer · Černik · Delbard · Obst · Pedersen ·

Fr. m–sgr, **Reife 12–1;** Stiel braun, holzig, in Stielgrube; **Samen +, 10 : 5, schwarzbraun; Fleisch schmelzend, saftig, süß, feinaromatisch**

Nr. 45 Präsident Drouard

Typ. Abb.: DOS · DOZ 1910 · Duhan · Friedrich · Junge · Koloc · Seitzer · Buch · Černik ·

Fr. m–sgr, **Reife 12–1; Schale feingrießig, feinnarbig, dünn, GF laubfroschgrün; Stiel grün** und braun, holzig, in var. Stielgrube; **Samen +, 12 : 5, schwarzbraun; Fleisch feinkörnig,** grießig, **nur schwach aromatisch**

Angoulême s. Seite 219

Nr. 1 Alexander Lucas s. Seite 219

Nr. 30 Lucius s. Seite 219

Nr. 42 Philippsbirne s. Seite 219

Nr. 3 Blumenbachs Butterbirne s. Seite 220

Nr. 2 Amanlis Butterbirne s. Seite 220

Nr. 9 Edelcrassane

Typ. Abb.: Bozener · DOS · DOZ 1906 · Gaucher · Kessler · Koloc · Lauche 4 · Löschnig · Stoll · Zschokke · Dahl · Decaisne 1 · Delbard · Obst ·

Fr. m–sgr, **Reife 1–3; apfelfg.; Stiel typ. lang,** braun, holzig, am Ende verdickt, **in enger, wulstiger, tiefer Stielgrube;** Samen + 10,5 : 6, schwarzbraun; Fleisch feinkörnig, süßsäuerlich, würzig oder grob steinig

Ähnlich mit Nr. 9 können sein:

Nr. 38 Olivier de Serres
Typ. Abb.: Bozener · DOS · Friedrich · Gaucher · Kessler · Koloc · Löschnig · Zschokke · Černik · Obstsorten ·
Fr. m, **apfelfg., kantig, beulig; Reife 1–A 3;** Stielgrube **eng, tief, wulstig,** Stiel gerade, braun, holzig, **an beiden Enden verdickt;** Samen +, 10,5 : 5,5, glänzend kast.br.; **Fleisch körnig, steinig ums Kernhaus,** je nach Standort edel, würzig oder fest, rübig

Nr. 54 Winterdechantsbirne
Typ. Abb.: Bozener · DOB 1943 · DOS · Gaucher · Junge · Kessler · Koloc · Lauche 3 · Löschnig · Atlas · Obstsorten · Řiha ·
Frucht m–gr, **faßfg., Reife 12–3; Schale grobnarbig; Stielgrube wulstig, eng, tief,** Stiel braun, holzig, am Ende **keulenartig verdickt;** Samen +, 9 : 5, schwarzbraun; Fleisch abhängig vom Standort, ob feinkörnig, schmelzend oder hart rübig

---

Nr. 10 Elsa
Typ. Abb.: DO · DOS · DOZ 1917 · Friedrich · Gaucher · Kessler · Koloc · Seitzer · Kvaale ·
Fr. m–gr; **Reife 9–10; Schale ledrig,** rauh, stark **gefleckt berostet,** mit mehr oder weniger roter DF; **Stiel** lang, dick, **meist aufsitzend mit Fleischring; Samen +, 10,5 : 4, dunkelumbra,** dunkler Rand um den helleren Bauch; **Fleisch weiß,** saftig **mit starkem sortentypischem Aroma**

Ähnlich mit Nr. 10 können sein:

Nr. 35 Marianne s. Seite 221

Nr. 49 Tongern s. Seite 221

Nr. 2 Amanlis Butterbirne s. Seite 220

Nr. 51 Triumph von Vienne s. Seite 220

Nr. 21 Hofratsbirne s. Seite 220

Nr. 14 Gellert
Typ. Abb.: Buch · DOS · Duhan · Friedrich · Kessler · Löschnig · NdA. Tfl. 171 · Poenicke · Zschokke · Atlas · Obst · Obstsorten · Pedersen · Řiha ·
Fr. m–gr, **Reife 9–10;** Form und Schalenfarbe var.; **Stiel braun; Samen + 8 : 4, schwarz;** Fleisch schmelzend, saftig, harmonisch süßsäuerlich, **schwach aromatisch**

Marie Luise s. Seite 203
Fr. m–gr, **Reife 10;** Form ähnlich 'Marianne'; Schale oft ähnlich 'Elsa', von Rost fleckig überzogen; **Stiel aufsitzend,** oft mit Fleischwulst; Samen + 9 : 4,5, schwarz; **Fleisch** schmelzend, saftig, **feinsäuerlich**

224

Holzfarbige Butterbirne s. Seite 201

Fr. m–gr, **Reife 9–M 10; Form dickrundlich,** dick faßfg.; **Schale glatt,** gelbgrün, **DF rot verwaschen;** Stiel bis 5 mm dick, bräunlich; Samen +, hellbraun; **Fleisch weiß,** schmelzend, **sehr saftig,** schwach süß, etwas würzig

---

Nr. 11 Esperens Bergamotte

Typ. Abb.: Bozener · DOS · Friedrich · Kessler · Löschnig · Niederl. · Stoll · Zschokke · Pedersen · Nederl. ·

Fr. m»gr, **Reife 1–3;** apfelfg.; **Schale** trocken, **dick, derb; Stiel lang, knosprig,** holzig, **an Frucht grün,** am Ende braun; **Samen +** 10 : 5, **kast.br.;** Fleisch var. je nach Standort, schmelzend, süß oder fest, körnig, kaum würzig

Ähnlich mit Nr. 11 können sein:

Wildling von Motte s. Seite 207

Fr. m, **Reife 10–11;** apfelfg.; Schale dick, fleischig, **Stiel kurz bis 15 mm,** holzig, **braun;** Samen +, **schwarzbraun; Fleisch grünlichweiß, schmelzend, saftig, süß, feinwürzig**

Nr. 38 Oliver de Serres s. Seite 224

Nr. 12 Esperens Herrenbirne

Typ. Abb.: DOS · Friedrich · Lauche 1 · Niederl. · Decaisne 3 (als 'Grésilier') · Kvaale · Pedersen ·

Fr. kl; **Reife 9–10; kreiselfg.,** Schale glatt; **Stiel aufsitzend, oft knospig, grün** und braun; Samen + 7 : 4, dunkelbraun; **Fleisch schmelzend, saftig, süß, harmonisch edelwürzig**

Ähnlich Nr. 12 können sein:

Nr. 23 Josephine von Mecheln

Typ. Abb.: DO · DOS · DOZ 1910 · Duhan · Friedrich · Gaucher · Kessler · Koloc · Löschnig · NdA. Tfl. 142 · Dahl · Pedersen · Řiha ·

Fr. kl, **Reife 1–3;** kreiselfg., Schale glatt, dünn, **typ. Rostkappe am Stiel,** dieser aufsitzend oder mit Fleischwulst, braun, holzig; Samen + 9 : 4, fast schwarzbraun; **Fleisch lachsgelb, butterhaft, süß, feinaromatisch**

Nr. 56 Winternelis

Typ. Abb.: DOS · Kessler · Koloc · Lauche 1 · Atlas · Černik · Dahl · Hedrick · Pedersen ·

Fr. kl–m; **Reife 11–12–1; Schale trocken,** durch Berostung rauh; Stiel lang, braun, holzig; **Samen + 10–11 : 5,** schwarzbraun; **Fleisch gelblichweiß,** feinkörnig, **süß, weisäuerlich**

Nr. 46 Regentin

Typ. Abb.: DOS · Gaucher · Lauche 3 · Löschnig · Schweizer. · Hedrick · Řiha · Rum. Pom. ·

Fr. m, auch kl; **Reife 11–12–1; glocken-, birnenfg.; Stiel typ. aufsitzend mit Fleischwulst, wie aus der Frucht wachsend,** holzig oder fleischig, **oft grünlich; Samen + 10 : 5,5, kast.br.;** Fleisch gelblichweiß, feinkörnig, schmelzend, süßweinig, saftig

Nr. 29 Liegels Butterbirne

Typ. Abb.: Birnen · DOS · Friedrich · Gaucher · Koloc · Lauche 3 · Mengelberg · NdA. Tfl. 182 · PoMo 1857 · Atlas · Černik · Pedersen · Řiha ·
Fr. m, **Reife 10–1; eifg., rundlich; Schale glatt, grün; Kelch** aufsitzend **typ. Fünfstern; Stiel zur Frucht grün,** zum Ende braun, wenig eingesenkt; **Samen + 9 : 5, hell kast.br., orangebraun; Fleisch** schmelzend, saftig, **süß mit typ. Aroma**

Weiße Herbstbutterbirne s. Seite 207
Fr. kl–m, **Reife 10; Schale glatt, dünn; Stiel dick,** holzig oder fleischig, braun; Samen + 8 : 4, schwarzbraun; **Fleisch weißgelb, schmelzend, sehr saftig, feinwürzig**

Nr. 13 Forellenbirne

Typ. Abb.: DOS · Goethe · Lauche 3 · Löschnig · NdA. Tfl. 164 · Stoll · Pedersen · Řiha ·
Fr. m, **Reife 10–11;** Form var.; Schale glatt, **Punkte typ. rot umhöft; Stiel dünn, grün,** grüngelb an Frucht; **Samen – 9 : 5, schwarzbraun; Fleisch feinkörnig,** saftig **süß, weinsäuerlich**

Ähnlich mit Nr. 13 können sein:

Nr. 37 Nordhäuser Winterforelle

Typ. Abb.: DO · DOZ 1914 · Duhan · Friedrich · Koloc · NdA. Tfl. 246 ·
Fr. m–gr, **Reife 1–3;** Schale glatt, **DF rot getuscht, gehaucht,** getupft; **Stiel** holzig, **meist grün; Samen + 8,5 : 5, hellbraun, hell rötlichbraun;** Fleisch gelblichweiß, halbschmelzend, saftig, mäßig süß, kaum würzig

Sterckmans Butterbirne s. Seite 205
Fr. m, **Reife 11–12–1;** Form **dick kelchbauchig, zum Kelch eingeschnürt,** Schale rot gepunktet wie Nr. 13 und Nr. 37; Stiel grün; **Samen + groß, breitoval, kast.br.; Fleisch** gelblichweiß, **feinkörnig, halbschmelzend, süß, würzig**

Nr. 14 Gellert s. Seite 224

Ähnlich Nr. 14 können sein:

Nr. 47 Robert de Neufville

Typ. Abb.: Junge · Friedrich ·
Fr. m, **Reife 9; Schale glatt, dünn; Kelchblätter typ. klein, schmal, zierlich, krönchenartig; Stiel dick, fleischig,** auch knospig, olivbräunlich, meist seitlich gedrückt; **Samen – 8 : 5,** dunkelbraun; **Fleisch vollschmelzend, sehr saftig, süß,** ähnlich Vereinsdechantsbirne'

Nr. 42 Philippsbirne s. Seite 219

Nr. 10 Elsa s. Seite 224

Nr. 17 Gute Graue s. Seite 220

Nr. 35 Marianne s. Seite 221

Nr. 2 Amanlis Butterbirne s. Seite 220

Nr. 33 Madame Verté

Typ. Abb.: Buch · DO · DOB 1943 · DOS · DOZ 1909 · Friedrich · Koloc · Lauche 4 · Poenicke · Rat. · Seitzer · Černik ·

Fr. m, **Reife 11–1; stumpfkreiselfg.; Schale rauh,** grießig, braun berostet; Stiel holzig, braun; Samen + 7 : 4, schwarzbraun; **Fleisch lachsgelb, gekocht rötlich, halbschmelzend, grießig,** süß, weinsäuerlich, würzig

Nr. 20 Hochfeine Butterbirne

Typ. Abb.: DOS · Gaucher · Kessler · Koloc · · Lauche 4 · Löschnig · NdA. Tfl. 169 · Zschokke · Hedrick · Pedersen · Řiha ·

Fr. m–gr, **Reife M 10–11;** Schale trocken, dünn; **Stiel dick, typ. aus der Frucht mit Fleischring wachsend,** ohne Stielgrube aufsitzend, braun, holzig; Samen + 9 : 4; schwarz; **Fleisch** feinzellig, schmelzend, **sehr saftig, weinsäuerlich**

Holzfarbige Butterbirne s. Seite 201

Colomas Herbstbutterbirne s. Seite 199

Fr. m, **Reife 10–11;** stumpfkreiselfg., **Schale** glatt, **viele Punkte,** meist **strahlige Rostkappe am Stiel;** Stiel braun, holzig, fast aufsitzend; Samen +, schwarzbraun; **Fleisch gelblich**

Nr. 15 Giffards Butterbirne s. Seite 222

Diese Frühsorte kaum mit anderen Sorten verwechselbar.

Nr. 16 Grumkow

Typ. Abb.: DOS · Gaucher · Lauche 3 · Mengelberg ·

Fr. gr, **Reife 10–11; birnenfg., typ. beulig,** Schale glatt, grün, ohne DF; **Stiel grün, aufsitzend, oft mit Fleischwulst;** Samen + 9 : 4, braun, mit typ. seitlicher Nase; Fleisch körnig, gelblich, kräftig weinsäuerlich

Ähnlich Nr. 16 können sein:

Nr. 28 Le Lectier

Typ. Abb.: DOB 1941 · DOS · PoMo 1903 · Friedrich · Koloc · Seitzer · Zschokke · Černik · Dahl ·

Fr. gr, **Reife 11–12;** Schale glatt, dünn, weißlichgrün, ohne DF; **Kelch mit typ. Kanten; Stiel 5 mm dick, braun, mit Fleischwulst aufsitzend,** wie aus der Frucht wachsend; Samen + 10 : 5, braun; **Fleisch** grünlich-, gelblichweiß, **feinzellig, sehr saftig, feinsäuerlich**

Nr. 48 Six' Butterbirne
Typ. Abb.: DOS · Friedrich · Koloc · Stoll · Černik · Pedersen · Řiha ·
Fr. gr, **Reife 10–11–12; mittelbauchig, eingeschnürt zum Stiel; Schale glatt,**
dünn, **fahlgrün, ohne DF; Stiel typ.** lang, **nur 3 mm dick, ohne Grube aufsitzend,** braun, holzig; Samen + 10 : 5, dunkelbraun; **Fleisch an Schale grünlich,**
schmelzend, **sehr saftig, süßsäuerlich**

Nr. 19 Hardenponts Butterbirne
Typ. Abb.: Bozener · DOS · Friedrich · Gaucher · Junge · Kessler · Koloc ·
Lauche 3 · Löschnig · Mengelberg · NdA. Tfl. 167 · Seitzer · Stoll · Zschokke
· Atlas · Obstsorten · Pedersen ·
Fr. m–sgr, **Reife 11–1; typ. mittelbauchig, zum Stiel und Kelch eingezogen;**
Schale glatt, weißlichgrün, meist ohne DF; Stiel 25–50 : 3,5, braun, holzig;
Samen + 10 : 5,5, dunkelbraun; Fleisch var., je nach Standort feinzellig,
schmelzend, saftig, süßsäuerlich oder grob, trocken, rübig

Nr. 44 Poiteau
Typ. Abb.: DO · DOB 1943 · DOS · Friedrich · Junge · Kessler · Koloc ·
NdA. Tfl. 127 · Poenicke · Seitzer · Černik · Dahl · Nederl. ·
Fr. m–sgr, **Reife 10–11; beulig,** zum Kelch eingezogen, **meist ungleiche Wülste**
am Kelch; Schale trübgrün, seltener DF braunrötlich, hauchartig verwaschen;
Stiel aufsitzend, zur Frucht grün, oft mit Fleischwulst, dick, braun, holzig; Samen + 9 : 4, schwarzbraun; **Fleisch an Schale grünlich;** schmelzend, saftig,
süß, etwas würzig, **auch fad, leer**

Nr. 17 Gute Graue s. Seite 220

Ähnlich Nr. 17 können sein:

Volkmarserbirne s. Seite 206
Fr. kl, Reife E 9–A 10; in Form und Schalenfarbe sehr ähnlich Nr. 17; Stiel
20 : 2, olivbraun; **Samen +, schwarz; Fleisch gelblich,** saftig, **süßsäuerlich**

Nr. 2 Amanlis Butterbirne s. Seite 220

Nr. 14 Gellert s. Seite 224

Nr. 35 Marianne s. Seite 221

Nr. 10 Elsa s. Seite 224

Nr. 47 Robert de Neufville s. Seite 226

Nr. 18 Gute Luise
Typ. Abb.: Bozener · DO · DOS · Duhan · Friedrich · Gaucher · Junge ·
Kessler · Koloc · Poenicke · Trenkle · Zschokke · Dahl · Decaisne 4 · Delbard · Kvaale · Obst · Pedersen · Řiha ·
Fr. m–gr, **Reife 9–10; Schale glatt, duftend, Form gleichmäßig** kegelfg., kelchbauchig; **Stiel an Frucht grün,** am Ende braun, aufsitzend, holzig, teils auch mit

kleinem Fleischring; **Samen + 9 : 4, gelbbraun, Terra di Siena; Fleisch** sehr saftig, **typ. kräftig edelaromatisch**

Ähnlich Nr. 18 können sein:

Nr. 25 Köstliche von Charneu
Typ. Abb.: DO · DOS · Duhan · Friedrich · Junge · Kessler · Koloc · Trenkle · Zschokke · Kvaale · Obst ·
Fr. m–gr, **Reife 10–11; Form var. mittelbauchig, eingezogen zum Stiel,** Seiten etwas beulig; Stiel grünbraun, holzig; **Samen + 10 : 5, 10 : 4,5, mittelbraun, dunkelkast.br.; Fleisch saftig, kräftig süß, ohne ausgeprägtes Aroma**

Nr. 13 Forellenbirne s. Seite 226

Nr. 21 Hofratsbirne s. Seite 220

Nr. 19 Hardenponts Butterbirne s. Seite 228

Ähnlich Nr. 19 können sein:

Nr. 48 Six Butterbirne s. Seite 228

Nr. 28 Le Lectier s. Seite 227

Nr. 20 Hochfeine Butterbirne s. Seite 227

Ähnlich Nr. 20 kann sein:

Nr. 32 Madame Favre
Typ. Abb.: DOS · Gaucher · Obstsorten ·
Fr. m, **Reife 9–A 10; apfelfg., rundlich, Schale** glatt, trocken, **grün, meist ohne DF; Stiel typ. aufsitzend mit Fleischwulst, an Frucht fleischig, grün;** Samen + 8 : 5, kast. br.; **Fleisch** feinzellig, **sehr saftig, süßsäuerlich**

Nr. 21 Hofratsbirne s. Seite 220

Ähnlich Nr. 21 können sein:

Nr. 3 Blumenbachs Butterbirne s. Seite 220

Nr. 18 Gute Luise s. Seite 228

Nr. 25 Köstliche von Charneu s. Seite 229

Nr. 22 Jeanne d'Arc s. Seite 223

Ähnlich Nr. 22 können sein:

Nr. 36 Napoleons Butterbirne
Typ. Abb.: DOS · Friedrich · Löschnig · Mengelberg · Černik · Pedersen · Zschokke ·

Fr. m–gr, **Reife 11–12; birnenfg., glockenfg.; Schale glatt, glänzend, laub-froschgrün,**ohne DF; Stiel an Frucht grün, wenig eingesenkt; Samen + 9 : 5 kast.br.; **Fleisch sehr saftig,** süß, weinsäuerlich

Nr. 31 Madame Bonnefond
Typ. Abb.: DOZ 1913 · Friedrich ·
Fr. m–gr, **Reife 11–1; Form var. birnenfg., Schale trocken, feinnarbig, trüb-grün,** ohne DF; **Stiel meist typ.** seitlich der Fruchtmitte aufsitzend, oft mit Fleischring, grün, grünbraun; **Samen** + 8 : 5, 9 : 5, dunkelbraun, **dunkelumbra, schwarz umrandet; Fleisch** an Schale grünlich, **feinkörnig,** saftig, **mäßig süß, kaum aromatisch**

Nr. 1 Alexander Lucas s. Seite 219

Nr. 3 Blumenbachs Butterbirne s. Seite 220

Nr. 55 Präsident Drouard s. Seite 223

Nr. 8 Diels Butterbirne s. Seite 219

Angoulême s. Seite 219

Nr. 23 Josephine von Mecheln s. Seite 225

Ähnlich mit Nr. 23 können sein:

Nr. 56 Winternelis s. Seite 225

Nr. 12 Esperens Herrenbirne s. Seite 225

Nr. 24 Jules Guyot
Typ. Abb.: DO · DOS · DOZ 1908 · Friedrich · Koloc · Poenicke · Seitzer · Trenkle · Rum. Pom. ·
Fr. m–sgr, **Reife E 8–A 9; Schale glatt, gelbgrün,** meist ohne DF; **Stiel var. kurz, dick, grün, fleischig;** lang, braun, holzig; Samen + 10 : 4, 9,5 : 4, braun; **Fleisch weich, saftig, schwach süß, etwas säuerlich, kaum aromatisch**

Ähnlich Nr. 24 können sein:

Nr. 53 Williams Christ s. Seite 221

Nr. 43 Pitmaston s. Seite 220

Nr. 25 Köstliche von Charneu s. Seite 229

Ähnlich Nr. 25 kann sein:

Nr. 18 Gute Luise s. Seite 228

Nr. 26 Konferenzbirne s. Seite 221

Ähnlich Nr. 26 können sein:

Abbé Fétel s. Seite 222

Nr. 4 Boscs Flaschenbirne s. Seite 221

Nr. 35 Marianne s. Seite 221

Nr. 27 Kongreßbirne
Abb.: DOS · Gaucher · Koloc · NdA. Tfl. 188 · Stoll · Černik · Dahl · Hedrick · Kamenický · Řiha ·
Fr. gr–sgr, **Reife M 9, A 10; Form breit stumpfkegelfg.**, kelchbauchig, **beulig,** Schale trocken, dünn; **Stiel var.** 10–25 : 4–5, braun, holzig oder fleischig, **in der Mitte oder seitlich sitzend,** um den Stielsitz starke Wülste; **Samen + 9 : 4, 9 : 5,** kast. br., oft taub; **Fleisch halbschmelzend, nicht** ausgeprägt **süß oder säuerlich oder würzig,** an ungünstigen Standorten fad, leer

Ähnlich Nr. 27 kann sein:

Nr. 34 Margarete Marillat
Abb.: DOB 1942 · DOS · DOZ 1909 · Friedrich · Koloc · Černik · Dahl · Pedersen · Řiha · Rum. Rom. ·
Fr. gr–sgr, **Reife ab E 8, A 9; Form wie Nr. 27, klobiger, größer; Stiel** 12–20 : 5–8, **typ. dick,** fleischig, auch holzig, oft runzlig, braun, **meist typ. an der Seite zwischen dicken Wülsten sitzend; Samen − 9 : 4,** dunkelbraun, oft taub; **Fleisch** ums Kernhaus gelblich, **schmelzend, saftig, süß, feinsäuerlich,** auch **schwach muskatig**

Nr. 28 Le Lectier s. Seite 227

Ähnlich Nr. 28 können sein:

Nr. 48 Six' Butterbirne s. Seite 228

Nr. 16 Grumkow s. Seite 227

Nr. 19 Hardenponts Bb s. Seite 228

Nr. 44 Poiteau s. Seite 228

Nr. 29 Liegels Butterbirne s. Seite 226

Eine entferntere Ähnlichkeit mit Nr. 29 können haben:

Nr. 1 A. Lucas s. Seite 219

Nr. 42 Philippsbirne s. Seite 219

Nr. 12 Esperens Herrenbirne s. Seite 225

Weiße Herbst Bb s. Seite 226

Nr. 36 Napoleons Butterbirne s. Seite 229

Ähnlich Nr. 36 können sein:

Nr. 45 Präsident Drouard s. Seite 223

Nr. 16 Grumkow s. Seite 227

Nr. 19 Hardenponts Bb s. Seite 228

Nr. 48 Six Butterbirne s. Seite 228

Nr. 37 Nordhäuser Winterforelle s. Seite 226

Ähnlich Nr. 37 können sein:

Nr. 13 Forellenbirne s. Seite 226

Sterckmans Butterbirne s. Seite 226

Nr. 38 Olivier de Serres s. Seite 224

Ähnlich Nr. 38 können sein:

Nr. 9 Edelcrassane s. Seite 223

Nr. 11 Esperens Bergamotte s. Seite 225

Nr. 39 Paris
Typ. Abb.: DO · DOZ 1913 · Duhan · Friedrich · Junge · Kessler · Koloc ·
Rat. · Černik · Obst · Pedersen ·
Fr. m–gr, Reife 12–1–2; birnenfg., **Kelchblätter typ. Fünfstern, am Kelch ·
Rostkappe, viele braune Schalenpunkte, Schale trocken bis rauh,** meist ohne
DF; **Stiel braun, holzig; Samen** + 9,5 : 4,5 10 : 5, **dunkelbraun; Fleisch** grün-
lich-, gelblichweiß, **feinkörnig,** an geeigneten Standorten **süß, feinwürzig**

Ähnlich Nr. 39 können sein:

Nr. 40 Pastorenbirne
Typ. Abb.: Bozener · DOS · Duhan · Friedrich · Gaucher · Junge · Kessler ·
Koloc · Poenicke · Seitzer · Zschokke · Černik · Decaisne 1 · Hedrick · Obstsorten · Rum.Pom. ·
Fr. m–sgr, Reife 12–1–2; **lang birnenfg., flaschenfg., Kelchblätter ähnlich einem Seestern,** einzelne Früchte mit Roststrich vom Stiel zum Kelch in flacher
Furche, **Schale glatt; Stiel** 40–50:3, **aufsitzend,** oft mit Fleischknopf, **an Frucht
grün,** sonst braun; **Samen** – 10:4, **schwarzbraun; Fleisch halbschmelzend, wenig süß, mildsäuerlich,** feinwürzig an geeigneten Standorten

Nr. 55 Winterlonchen
Typ. Abb.: DO · Friedrich ·
**Fr. m–gr, Reife 11–12; lang birnenfg., schlanker als Nr. 40, Schale glatt, teils
mit** verwaschener braunrötlicher DF, hellbrauner Kelchrost; Stiel holzig, an
Frucht grün, am Ende braun; **Samen** + 10:5, **gelbbraun; Fleisch halbschmel-
zend, süß,** kaum säuerlich, wenig würzig

Saint Germain s. Seite 205
Fr. m, **Reife 12–1–2; birnenfg.** ähnlich Nr. 39, **Schale** trocken bis rauh, **reich braun punktiert mit Rostflecken; Stiel** 15–25 :4, **zur Frucht grün,** zum Ende braun; **Samen +dunkelbraun; Fleisch** feinkörnig, **saftig, süßweinig, feinwürzig**

Nr. 40 Pastorenbirne
Ähnlich Nr. 40 können sein.

Nr. 39 Paris s. Seite 233

Nr. 55 Winterlonchen s. Seite 233

Nr. 41 Petersbirne s. Seite 222

Ähnlich Nr. 41 können sein:

Nr. 50 Trévoux s. Seite 222

Wilders Frühe s. Seite 222

Nr. 5 Bunte Julibirne s. Seite 221

André Desportes s. Seite 198
Fr. kl, **Reife E 7, A 8; birnenfg., Stiel** 20–30:3, **grün, gebogen; Samen + 8:4,5, braun mit dunklem Rand;** Fleisch körnig, süßsäuerlich, etwas würzig

Muskatellerbirne s. Seite 203
Fr. kl, **Reife 8;** Form ähnlich Nr. 41; **Fleisch feinmuskatig**
Stuttgarter Geißhirtle s. Seite 206
Fr. kl, **Reife 8–9;** birnenfg., **Schale glatt, punktiert, rot umhöft; Stiel 20–25:2,5, grün,** aufsitzend; Samen +, braun; **Fleisch grünlichweiß,** feinkörnig, saftig, **aromatisch**

Nr. 42 Philippsbirne s. Seite 219

Ähnlich Nr. 42 können sein:

Nr. 30 Lucius s. Seite 219

Nr. 8 Diels Butterbirne s. Seite 219

Nr. 1 Alexander Lucas s. Seite 219

Weiße Herbstbutterbirne s. Seite 226

Nr. 43 Pitmaston s. Seite 220

Ähnlich Nr. 43 kann sein:

Nr. 53 Williams Christ s. Seite 221

Nr. 44 Poiteau s. Seite 228

Ähnlich mit Nr. 44 können sein:

Nr. 2 Amanlis Butterbirne s. Seite 220

Nr. 16 Grumkow s. Seite 227

Nr. 19 Hardenponts Butterbirne s. Seite 228

Nr. 39 Paris s. Seite 233

Nr. 25 Köstliche von Charneu s. Seite 229

Nr. 28 Le Lectier s. Seite 227

Nr. 45 Präsident Drouard s. Seite 223

Ähnlich mit Nr. 45 können sein:

Nr. 36 Napoleons Butterbirne s. Seite 229

Nr. 8 Diels Butterbirne s. Seite 219

Nr. 22 Jeanne d'Arc s. Seite 223

Nr. 1 Alexander Lucas s. Seite 219

Nr. 46 Regentin s. Seite 225

Ähnlich mit Nr. 46 können sein:

Nr. 3 Blumenbachs Butterbirne s. Seite 220

Nr. 23 Josephine von Mecheln s. Seite 225

Nr. 47 Robert de Neufville s. Seite 226

Ähnlich Nr. 47 können sein:

Nr. 14 Gellert s. Seite 224

Nr. 48 Six' Butterbirne s. Seite 228

Ähnlich Nr. 48 können sein:

Nr. 28 Le Lectier s. Seite 227

Nr. 19 Hardenponts s. Seite 228

Nr. 16 Grumkow s. Seite 227

Nr. 36 Napoleons Bb s. Seite 229

Nr. 49 Tongern s. Seite 221

Ähnlich Nr. 49 können sein:

Nr. 4 Boscs s. Seite 221

Nr. 6 Clairgeau s. Seite 222

Nr. 35 Marianne s. Seite 221

Nr. 26 Konferenzbirne s. Seite 221

Nr. 50 Trévoux s. Seite 222

Ähnlich Nr. 50 können sein:

Nr. 7 Clapps s. Seite 223

Nr. 41 Petersbirne s. Seite 222

Nr. 5 Bunte Julibirne s. Seite 221

Wilders Frühe s. Seite 222

André Desportes s. Seite 234

Nr. 51 Triumph von Vienne s. Seite 220

Ähnlich Nr. 51 können sein:

Nr. 2 Amanlis s. Seite 220

Nr. 26 Konferenzbirne s. Seite 221

Nr. 10 Elsa s. Seite 224

Nr. 35 Marianne s. Seite 221

Nr. 52 Vereinsdechantsbirne

Typ. Abb.: DO · DOS · Friedrich · Gaucher · Kessler · Koloc · Lauche 3 · Löschnig · NdA. Tfl. 134 · Zschokke · Atlas · Černik · Dahl · Delbard · Kvaale · Obst · Pedersen ·

Fr. m-sgr, **Reife 11; Kelchgrube typ. tief mit feinen, kurzen braunen Roststrichen, Schale feinnarbig,** glatt oder stumpf; **Stiel** 9–35:5–7, braun, holzig, **in wulstiger Stielgrube; Samen** + 10 : 4,5, **dunkelbraun, schwarzbraun, glänzend,** dunkel umrandet, **Fleisch schmelzend, sehr saftig, harmonisch süß, würzig, sehr edel**

Ähnlich mit Nr. 52 kann sein:

Geheimrat Dr. Thiel s. Seite 200

Fr. gr, **Reife 10–11;** Form wie Nr. 52, **Schale glatt,** DF verwaschen, feiner Rost am Stielansatz und an **Kelchgrube, diese flacher als bei Nr. 52; Stiel** 20–30:4, **aufsitzend,** braun, holzig; **Samen** + 10:5, dunkelbraun; **Fleisch schmelzend** oder nur halbschmelzend, **wenig süß, gering aromatisch** an den meisten Standorten

---

Nr. 53 Williams Christ s. Seite 221

Ähnlich Nr. 53 können sein:

Nr. 24 Jules Guyot s. Seite 230

Nr. 43 Pitmaston s. Seite 220

Nr. 54 Winterdechantsbirne s. Seite 224

Ähnlich Nr. 54 können sein:

Nr. 9 Edelcrassane s. Seite 223

Nr. 38 O. de Serres s. Seite 224

Nr. 11 Esperens Bergamotte s. Seite 225

Nr. 55 Winterlonchen s. Seite 233

Ähnlich Nr. 55 können sein:

Nr. 40 Pastorenbirne s. Seite 233

Nr. 39 Paris s. Seite 233

Saint Germain s. Seite 234

Nr. 56 Winternelis s. Seite 225

Ähnlich Nr. 56 können sein:

Nr. 23 Josephine von Mecheln s. Seite 225

Nr. 33 Madame Verté s. Seite 227

Auswahlverzeichnis benutzter Schriften

Bücher, die mit vollem Titel und Untertiteln schon bei H. Petzold: Apfelsorten. Radebeul 1979 angeführt wurden, werden hier ohne Untertitel angegeben. Beide Literaturverzeichnisse sind als einander ergänzende anzusehen.

Bibliographien:

CAMERARIUS, J.: Electa georgica . . . Nürnberg 1596, 239 S.
Ausgewählte Schriften über den Landbau, darin Catalogus autorum, Verzeichnis der Schriftsteller, welche über Landwirtschaft, Kräuter oder ähnliches geschrieben, 460 Titel lateinisch, 100 Druckwerke, 170 Handschriften, 190 verlorene Werke der Griechen und Römer. Älteste bekannte Bibliographie über den Landbau.

MÜNCHHAUSEN, O. von: Der Hausvater (Des Hausvaters Botanische, Physikalische und Oekonomische Bibliothek) 2. Teil. Hannover 1766, 980 S.

BOEHMER, G. R.: Bibliotheca scriptorum historiae naturalis. . . Handbuch der Naturgeschichte, Oeconomie und anderer damit verwandter Wissenschaften und Künste. 5 Teile in 9 Bänden. [65 000 Titel u. Referate, Bücher, Zeitschriften, auch Aufsätze, davon 20 000 Titel Landbau. Teil 3 Pflanzenreich, Bd. 1 Gartenbau S. 671–734, Baumzucht S. 746–808.] Leipzig 1785–98. [Wichtige Ergänzung zu MÜNCHHAUSEN.]

BURCHARDT, T.H.O.: Versuch eines alphabetischen Verzeichnisses der pomologischen Schriften. Weimar 1801 [In J. V. Sickler: Der teutsche Obstgärtner Bd. 15 S. 237–249, 311–327, 378–400; Bd. 16 S. 42–66, 114–129; deutsche, engl., franz., lat., ital. Schriften.]

PRITZEL, G. A.: Thesaurus Literaturae Botanicae. Leipzig 1851. 2. Ausg. 1872. 547 S. [Standardwerk mit exakten bibliographischen Titelangaben bedeutender botanischer Literatur, ab S. 437 pomologische Lit.]

SCHNITTSPAHN, G. F.: Nachweis der Abb. der Obstsorten aus der deutsch., belg., holl. u. teilweise franz. pomol. Lit. Darmstadt 1860. 232 S. [Apfelfrüchte S. 1–84, Birnen S. 84–162, Quitten, Mispeln, Azerole, Speierlinge S. 163–165]

DOCHNAHL, F. J.: Bibliotheca hortensis. Nürnberg 1861. 240 S. [In Deutschland erschienene Gartenbücher von 1750–1860]

LEROY, A.: Dictionnaire de Pomologie. Paris 1879. Bd. 6 S. 317–333

JUNK, W.: Rara Historico Naturalia et Mathematica. Berlin 1900–1913. S. 1–190. Den Haag 1926–1936. S. 191–242. Supplementum Den Haag 1939. S. 243–295.

JUNK, W.: Bibliographia Botanica. Berlin 1909. S. 1–288. Supp. 1910. S. 289–1052. [S. 257 Plantae Pomiferae, pomol. Lit. von Nr. 6592–6710; im Suppl. Nr. 29512–29739. Antiquariatskataloge mit exakten Titelangaben pomol. Lit.]

KOLOC, R.: Titelverzeichnisse deutsch. u. fremdsprachl. Obstbauliteratur. Unveröffentl. Manuskripte.

238

LAUCHE, R.: Internationales Handbuch der Bibliographien des Landbaues. München 1957. XV, 411 S. [Gartenbau S. 144–158.]

NISSEN, C.: Die botanische Buchillustration. Stuttgart 1951 2 Bde. 264 u. 324 S. Supplementband 1966. VII, 97 S.

Bibliographische Reihe der Techn. Univ. Berlin. Hrsg. Universitätsbibliothek Berlin. Bd. I 1970 ff.

Bd. 5: DEBOR, H. W. u. J. DEBOR: Bibliographie des hist. Schrifttums im Obstbau. I Deutschsprach. Veröffentl. 1975. XII, 102 S.

Bd. 9: DEBOR, H. W.: Bibliographie des hist. Schrifttums im Obstbau. II. Fremdsprachl. Veröffentl. 1977. X, 180 S.

Ebd. erscheinen: Aktuelle Literaturinformationen aus dem Obstbau. Nr. 1 ab 1972.

Nr. 7: DEBOR, H. W.: Die Birnensorte 'Vereinsdechantsbirne'. 1972. 5 S.

Nr. 26: DEBOR, H. W.: Die Lagerung von Birnen. (1967–1974) 1974. V, 18 S.

Nr. 34: DEBOR, H. W.: Die Quitte als Unterlage. (1955–1974) 1975. II, 25 S.

Nr. 44: LÜDDERS, P., H. W. DEBOR: Fruchtreife und Erntetermine bei Kernobst. (1960–1975) 1976. IV, 29 S.

Nr. 54: DEBOR, H. W.: Wirtschaftsfragen im Obstbau. (Produktion, Markt, Rentabilität) B. Birnen. 1977. 28 S.

Nomenklatur:

BIEDENFELD, F., Frh. v. : Handbuch aller bekannten Obstsorten ... 2. Bde. Jena 1854. 1. Bd. Birnen. LXXXIV, 148 S.

ENCKE, F., G. BUCHHEIM, S. SEYBOLD: Zander Handwörterbuch der Pflanzennamen. 12. neubearb. u. erw. Aufl. Berlin (1980) 844 S. [Angaben über bot. Autoren S. 711–839, Lit. S. 840–844]

MATHIEU, C.: Nomenclator Pomologicus. Berlin 1889. 538 S.

RAGAN, W. H.: Nomenclature of the Pear. Washington 1908. [Verzeichnis der in amerik. Veröffentl. von 1804–1907 genannten Birnensorten.]

POENICKE, W.: Verzeichnis der wichtigsten Obstsorten Mitteleuropas und Nordamerikas ... Stuttgart [1933] 124 S.

Birnen:

BLASSE, W. u. F. BARTHOLD: Zur Entwicklung der Weltobstproduktion. 1. Kernobst. AfG 15, 1967, 5 S. 263–272

BUSCH, R.: Intensivierung der Birnenproduktion. Jahrbuch für den Gartenbau 1975 S. 137–141 Berlin 1975

FRIEDRICH, G.: Betrachtung zur Birnenproduktion. Berlin Obstbau 6, 1966 11 S. 167–168

RAUTENBERG, B.: Die wichtigsten Birnenanbaugebiete Italiens. Mitt. OVR 19, 1964, 9 S. 395–396

SCHOPP, E.: Das Obstholz, seine Bedeutung, seine Vermarktung. EWO 21, 1979, 6

Tabellenbuch der gärtnerischen Produktion. III Obstbau. (Berlin 1957) XI, 352 S.

TESKE, H.: Flüchtige Aromastoffe im Frischobst. Die Nahrung Berlin Bd. 6 1962 Hft. 2

KAEMPFERT, W.: Zur Besonnung südseitiger Spaliermauern. GW 17, 1943 S. 531

BÖTTNER, J.: Spalier- und Edelobst Anpflanzung, Schnitt u. Pflege. 3. Aufl. m. 354 Abb. bearb. von Johannes Böttner d. J. Frankfurt/O 1919. 324 S.

GOETHE, R.: Die Obstspalierzucht an Häuserwänden u. Mauern. 1. Aufl. 1908. 2. verb. Aufl. von E. JUNGE. Wiesbaden 1925. Mit 98 Abb. VII, 100 S.

ILLING, O.: Formobstbau auf neuzeitlicher Grundlage. Mit 27 Abb. Berlin 1926. 54 S.

SCHIPPER, A.: Erfolgreicher Formobstbau. Ein praktischer Ratgeber für Obstliebhaber, Gartenfreunde, Kleingärtner, Siedler u. Gärtner. Mit 36 Abb. u. 48 Zeichn. Frankfurt/O (1940) 85 S.

TRENKLE, R.: Neuzeitlicher Wandobstbau. Mit Abb. Wiesbaden o. J. 32 S.

Sortenherkunft, -züchtung und -bewegung:

Arbeiten der Zentralstelle für Sortenwesen. Heft 7. Berlin 1960. 130 S.

BERTSCH, K. u. F.: Geschichte unserer Kulturpflanzen. Stuttgart 1947. 78 Abb. 268 S. [Birne S. 104–108; Lit.ang. S. 250–264]

Bibel-Lexikon. Hrsg. H. Haag. Leipzig (1968). XIX, 1964 S.

DE CANDOLLE, A.: Der Ursprung der Kulturpflanzen. Leipzig 1884. X, 590 S. (Birnbaum S. 285–290; deutsche Ausg. übs. von E. GOEZE)

FISCHER, A.: Heimat und Verbreitung der gärtnerischen Kulturpflanzen. 1. Teil. Reben u. Obst. Stuttgart (1937). 91 S.

FISCHER-BENZON, R. von: Altdeutsche Gartenflora. Untersuchungen über die Nutzpflanzen des deutschen Mittelalters, ihre Wanderung und ihre Vorgeschichte im klassischen Altertum. Kiel u. Leipzig 1894. (Neudruck Walluf 1972) X, 254 S.

FISCHER, A. u. M. SCHMIDT: Wilde Kern- u. Steinobstarten, ihre Heimat u. ihre Bedeutung für die Entstehung der Kultursorten. Züchter 10, 1938, 6 S. 157–167

Früchte der Erde. (G. NATHO: Obstpflanzen S. 131–181) 2. Aufl. Leipzig 1977. 248 S.

HEDRICK, U. P.: The Pears of New York. Albany 1921. XI, 636 S. [History of the Pear. S. 1–56]

HEGI, G.: Illustrierte Flora von Mitteleuropa. 7 Bde. in 13 Teilen. München 1906–1931 [Pirus – Birnen in Bd. IV, 2 S. 694–705]

HIRSCHFELD, C.C.L.: Handbuch der Fruchtbaumzucht. Braunschweig 1788. Teil 1 S. 1–222 [Birnen S. 115–167, Kurzbeschreibungen von 38 Sommer-, 22 Herbst- u. 28 Winterbirnen] Teil 2 VIII, 208 S.

KEMMER, E.: Die Sortenbewegung beim Kernobst im Laufe der letzten Jahrzehnte. Berlin 1932. Landw. Jahrb. 75 S. 569–603.

KEMMER, E.: Sortenstand und Sortenbewegung im deutschen Obstbau. 6. Merkblatt. Wiesbaden 1937. 20 S.

KNAB, M.: Hortipomolegium, das ist ein sehr liebreich und außerlesen Obstgarten und Peltzbuch . . . Nürnberg 1620. 147 S. [Birne S. 111–115]

KOCH, K.: Die deutschen Obstgehölze, Stuttgart 1876 XII, S. 628 [Birnenge-hölze S. 79–97; Birnen, -systeme S. 405–534]

KOCH, K.: Van Mons und seine Theorie. Illustr. Monatshefte für Obst-u. Weinbau 8. Jhg. Ravensburg 1872. S. 97, 133, 161 [Kurzes Lebensbild der Ansichten u. des Wirkens von van Mons]

KURTH, H.: Vom Wildgewächs zur Kulturpflanzensorte. Wittenberg 1957. 65 Abb., 27 Tab. 142 S. [Lit. ang. S. 123–130]

LA BAUME, W.: Frühgeschichte der europäischen Kulturpflanzen. Gießen 1961. 56 S.

LEROY, A.: Dictionnaire de Pomologie, Bd. 1. [Zur Geschichte der Birnen u. einiger Pomologen S. 8–70] Paris 1867

LUCAS, E.: Karl Koch [Biographie] Ill. Mon.hfte. f. Obst u. Weinbau. 8. Jhg. Ravensburg 1872. S. 1–19.

MEYER, E.H.: Geschichte der Botanik. Königsberg. 1. Bd. 1854. VI, 406 S. 2. Bd. 1855. VI, 430 S. 3. Bd. 1856. XVI, 554 S. 4. Bd. 1857. VIII, 451 S. [Die klassische Botanikgeschichte von den Griechen über Römer, Araber bis zur Renaissance.]

MITSCHURIN, J.W.: Ausgewählte Schriften [deutsch] Berlin 1951

MITSCHURIN, J.W.: Gedanken und Erkenntnisse. Ergebnisse 60jähriger Züchtungsarbeit mit Obstsorten. Mit 43 Abb. u. Zeichn. Frankfurt/O 1943. 174 S.

MÖBIUS, M.: Geschichte der Botanik von den Anfängen bis zur Gegenwart. Jena 1937. VI, 458 S. [zahlr. Lit. ang.]

MÖHRING, H. K.: Herkunft und Verwandtschaft unserer Obstsorten. In Zeitfragen der Baumschule 6. Folge. Aachen 1949.

PETZOLD, H.: Von der 'Schönen Cornelia' bis zum 'Trockenen Martin'. [Alte Birnensortennamen] GuK 1964 Nr. 24

REINHARDT, L.: Die Erde und die Kultur, Kulturgeschichte der Nutzpflan-zen. Bd. IV, 2 Teile. Tl. 1 mit 57 Abb. i. Text u. 90 Kunstdrucktfl. München 1911. 738 S. [Kernobst S. 72–100, ohne Lit.]

ROTHMALER, W: Die Heimat unserer Kulturpflanzen. In Urania 12, 1949. S. 172–175.

SCHIEMANN, E.: Entstehung der Kulturpflanzen im Handbuch der Verer-bungswissenschaft. Bd. III Berlin 1932 IX, 377 S. [Obst ab S. 289, Birne ab S. 297; Lit.ang. S. 336–377]

SCHMIDT, M.: Erreichtes und Erstrebtes in der Obstzüchtung. Berlin 1948. Der Züchter, 19. Bd. Hft. 5/6 S. 135–153

SCHMIDT, M.: Kern- und Steinobst. Handb. der Pflanzenzüchtung. 1. Aufl. Bd. V, S. 1–77 Berlin 1939. [zahlr. Lit. ang.]

SCHMIDT, M.: Mitschurin. Leben und Werk. Methoden, Anschauungen, Er-folge des großen russischen Pflanzenzüchters. Mit 35 Abb. u. 12 farb. Tfl. Ber-lin (1949) 148 S.

SCHWANITZ, F.: Die Entstehung der Kulturpflanzen. Berlin 1957. 151 S. (Verständliche Wissenschaft Bd. 63)

SCHWANITZ, F.: Die Evolution der Kulturpflanzen. München 1967. 177 Abb., XII, 468 S. [Lit. ang. S. 387–441]

SICKLER, F. K. L.: Allgemeine Geschichte der Obstkultur von den Zeiten der Urwelt an bis auf die gegenwärtigen herab. 1. Bd. [nur dieser erschienen]

Geschichte der Obstkultur von den Zeiten der Urwelt bis zu Konstantin dem Großen, nebst einer genetischen Obstcharte und 2 andern Kupfern, Frankfurt/M 1802. LXIV, 510 S. [Gründliche Darst. der Obstkultur der Antike, der Hebräer, Griechen, Römer. Antike Autoren ausführl. zitiert mit ihren Worten u. Werken. 123 Jahre vor VAVILOV entwirft SICKLER nach seinen Vorstellungen eine genetische Karte vom Ursprung der Obstarten, ihrem Wege von Kleinasien nach dem Westen.]

SICKLER, J.V.: Der teutsche Obstgärtner oder gemeinnütziges Magazin des Obstbaues in Teutschlands sämtlichen Kreisen; verfasset von einigen practischen Freunden der Obstcultur und herausgegeben von – 6. Bd. Weimar 1796. [Birnen S. 3–23, 103–123, 199–212, 295–310 Bäume, Früchte, Herkünfte m. Lit. ang.]

ZWINTZSCHER, M. und E. SIEBS: Birne. In: Handbuch der Pflanzenzüchtung. 2. Aufl. 6. Bd. Berlin (1962) S. 695–722 [zahlr. Lit. ang.]

GÜRTLER, H.: Birnennamen des 16. Jahrhunderts. Ztschr. f. deutsche Wortforschung. 12. 1910 S. 248–254

Meyers Orts- und Verkehrslexikon des Deutschen Reiches. Textausgabe. 5. Aufl. Leipzig 1916. 1. Bd. A–K VIII, 1092 S. 2. Bd. L–Z 1246 S.

Festschrift zum fünfzigjährigen Bestehen des Deutschen Pomologen-Vereins, 1860–1910 Hrsg. Vorstand des Deut. Pomol. Vereins. (Eisenach 1910) VIII, 231 S. (Die Schrift gibt Einblicke in die Praxis des deutschen Obstbaus, seine Ziele und Probleme im 19. und im beginnenden 20. Jh.)

Birnenanbau:

DE HAAS, P. G. u. E. SCHENK: Untersuchungen zum Obstbaumschnitt. GW 30, 1965, 4 S. 435–466

DUHAN, K.: Versuche zur Leistungssteigerung bei Kernobst-Intensivkulturen in den ersten Standjahren. Bodenkultur 13, 1962 S. 324–342

GROH, W., H-J. KOCH: Kronengestaltende Maßnahmen im Obstbau. 2. Aufl. m. 120 Abb., 16 Tab. Berlin 1979. 271 S.

BLASSE, W., A. BRINGEZU, D. GRITZBACH: Grundlagen des Obstbaues. Fachkunde für die sozialistische Berufsausbildung Gartenbau. (Berlin 1969) m. Abb. 247 S.

Grundlagen der industriemäßigen Obstproduktion. Lehrbücher für die sozialistische Berufsbildung Gärtner-Obstproduktion. 2. Aufl. Berlin (1977) 262 S.

KAYALI, A. Z.: Der Einfluß der Hemmstoffe Alar, CCC u. Tiba auf vegetative u. generative Leistungen der Birnensorten 'Alexander Lucas' u. 'Clapps Liebling' sowie auf Inhaltsstoffe ihrer Früchte, Hohenheim 1971. Diss. Agrarbiol. Fak.

KEMMER, E.: Die Gestaltung der Obstbaumkrone unter dem Einfluß der Kronenentwicklung, der Kronenform u. des Kronenbaues. 1. Merkblatt. 4. Aufl. Wiesbaden 1942. 8 S.

KEMMER, E.: Die Systematik des Obstbaumschnittes. 10. Merkblatt. 5. Aufl. 1948. 27 S.

KRAMER, S., R. SCHURICHT, G. FRIEDRICH: Obstbau, 2. Aufl. Berlin 1975. 247 S. [m. Lit. ang.]

Land-, Forst-, Nahrungsgüterwirtschaft und Gartenbau. Kleine Enzyklopädie. Leipzig 1978. Mit Abb., Fotos u. Farbtfl. 864 S.

LANGENBRUCH, A. A.: Der Ernährungszustand von Birnenbäumen u. die Beeinflussung des Bodennährstoffgehaltes bei einheitlicher Mineraldüngung auf bisher langjährig unterschiedlich versorgten Flächen. Bonn 1970. Dissert. Landw. Fakult.

Physiologie der Obstgehölze. Hrsg. G. Friedrich, D. Neumann, M. Vogl. Mit 235 Abb., 8 Farbtfl. , 79 Tab. Berlin 1978. 520 S.

VANICEK, K. H.: Obstbau im Garten. 9. Aufl. 1978 Berlin 271 S.

Unterlagen:

DE HAAS, P.G.: Studien über Freimachung an 27jährigen Birnen- u. Apfelbäumen. GW 10 Bd. 1936. S. 610

DUHAN, K.: Die Verwachsung von Birnenveredlungen nach gewöhnlichem Okulieren und Nicolieren. Deutsche Baumschule Jhg. 10. 1958 Heft 11 S. 299–308

FRIEDRICH, G.: Abschließende Beurteilung einiger unter mitteldeutschen Verhältnissen geprüfter Birnen- u. Pflaumenunterlagen. GW 22. Bd. 1957

FRIEDRICH, G.: Einfluß verschiedener Stammbildner auf Wuchs und Ertrag von Birnenviertelstämmen. Züchter 31. 1961. S. 77

HILKENBÄUMER, F.: Die gegenseitige Beeinflussung von Unterlage u. Edelreis bei den Hauptobstarten im Jugendstadium unter Berücksicht. versch. Standortverhältnisse. Kühn-Archiv Bd. 58 Halle 1942.. 261 S. [zahlr. Lit. ang.]

HÜLSMANN, B.: Morphologische Beobachtungen an Unterlagenquitten aus Wageningen. GW 17. Bd. 1942. S. 201

KEMMER, E.: Die Kernobstunterlagen. 4. Merkbl. 3 Aufl. Wiesbaden 1942. 20 S.

KRÜMMEL, H.: Die vegetativ vermehrbaren Unterlagen des Kern- und. Steinobstes. Berlin 1956. 128 S.

MAURER, E.: Die Unterlagen der Obstgehölze. Berlin 1939. 379 S. [zahlr. Lit. ang.]

MEIER, G.: Das Verhalten von Birnenspindeln auf verschiedenen Unterlagen im Winter 1953/54 in Mitteldeutschland. DG 2. 1955. Hft. 4 S. 109–111

MÜLLER, H.: Pillnitzer vegetativ vermehrte Birnenunterlagen. Züchter 20 1950. S. 352–356

PARRY, MS.: Schwachwüchsige Quittenunterlagen für Birnen. Ann. Rep. East-Malling 1965/66. S. 83–87

RICHS, E.: Messungen des Stammumfanges an einigen Birnensorten in den ersten 3 Standjahren. Bodenkultur 14. 1963. S. 80–90

SCHINDLER, O.: Obstunterlagen. Sond. hft. Obst-Gemüsebau. Berlin 1932. 18 S.

SCHMADLAK, J.: Über Leistung u. Verhalten der Unterlagen u. Edelsorten von Obstgehölzen im Baumschulalter Birne, Pflanzjahre 1962 u. 1963. AfG Bd. 18 1970. 1 S. 17–36

SCHMADLAK, J., P. HOFFMANN u. S. SCHOSSIG: 'Schraderhof' — eine neue Birnenstammbildnersorte. Intensivobstb. 1, 1961. Hft. 11. S. 165–167

THIEL, K.: Untersuchungen zur Frage der Unverträglichkeit bei Birnen auf Quitte A (Cydonia EM A) GW Bd. 19, Neue Folge 1. Bd. 1954. S. 127–159

UMHAUER, M.: Der Stand der Birnenunterlagenzüchtung in der DDR. NDO 2, 1956. S. 23

UMHAUER, M.: Entwicklung von veget. vermehrb. Birnenunterlagen auf Mutter- u. Pikierbeet. AfG 15 1967. S. 513–520

UMHAUER, M.: Probleme und Hinweise zur Unterlagenwahl bei Birnen. Obstbau 6, 1966, 11. S. 168–170

Blüte und Frucht:

BLASSE, W.: Blühen und Fruchten beim Obst. Berlin 1976. 117 S.

BLASSE, W. u. F. BARTHOLD: Fallperioden u. relatives Fruchtungsvermögen bei Kern- u. Steinobst. 2. Mitt. Kernobst. AfG Bd. 19, 1971 Hft. 2 S. 81–104

BOIKOFF, D.: Beiträge zum Blühverlauf u. Fruchtansatz bei Kernobst unter bes. Berücksichtigung der Blütenempfindlichkeit gegen Kälte u. Nässe. GW 16. Bd. 1942 S. 384

EWERT, R.: Die Parthenocarpie oder Jungfernfrüchtigkeit der Obstbäume u. ihre Bedeutung für den Obstbau, Berlin 1907. 57 S.

FEUCHT, W.: Blühwilligkeit des Fruchtholzes bei verschied. Birnensorten. Klosterneuburger Mitt. B, 11. Jhg. 1961 Hft. 2

FRISCHENSCHLAGER, B.: Versuche über den Einfluß des sortenfremden Blütenstaubes auf die Ausbildung des Fruchtfleisches bei einigen Birnen- u. Apfelsorten. ['Pastorenbirne' u. 'Diels' bestäubt mit 'Clapps' u. 'Hardenponts'.] GW 12. Bd. 1938. S. 138

HORNUNG, U. u. G. LIEBSTER: Entwicklungsstörungen der Samenanlagen als Ursache der geringen Fruchtbarkeit der 'Vereinsdechantsbirne'. GW Bd. 38, 1973, 6

KARNATZ, A.: Über den fördernden u. hemmenden Einfluß des Frostes auf die Parthenokarpie. EWO 4, 1962, 2 S. 31–33

KARNATZ, A.: Untersuchungen über das natürliche Ausmaß der Parthenokarpie bei Kernobstsorten. Züchter 33, 1963. S. 249–259

KOBEL, F.: Lehrbuch des Obstbaus. 2. Aufl. Berlin 1954. VII, 348 S.

LUSIS, E.: Untersuchungen über das spezifische Gewicht bei Äpfeln u. Birnen. AfG 6. Bd. 1958, S. 31–125

ROEMER, K.: Das spezifische Gewicht – ein Merkmal zur Qualitätsbeurteilung von Apfelfrüchten? Mitt. OVR 18. Jhg. 1963, 9 S. 300–305

PASSECKER, F.: Reiche Ernten durch gute Befruchtung. (Wien) 1943. 40 S.

RUDLOFF, C. F. u. L. PEICHL: Neigung einiger Birnensorten zur Parthenokarpie. Stuttgart Obstbau 72. Jhg. 1953, 2 S. 29–31

RUDLOFF, C. F. u. SCHANDERL, H.: Die Befruchtungsbiologie der Obstgehölze, 3. Aufl. Stuttgart 1950, 146 S. [m. Lit. ang.]

RUDLOFF, C.F. u. G. WUNDRIG: Zur Physiologie des Fruchtens bei den Obstgehölzen. 1. Die Aufblühfolge bei einigen Birnensorten. GW 12 Bd. 1939 S. 420–509

RUDLOFF, C. F. u. W. HERBST: 2. Vorgänge der Fruchtbildung bei einigen Birnensorten. GW 13. Bd. 1939 S. 235–285

HERBST, W. u. C. F. RUDLOFF: 3. Phänologisch-phänometrische Untersuchungen der Blühphase von Birnen. GW 13. Bd. 1939 S. 286–317

SCHANDER, H.: Untersuchungen über die Gestalt der Frucht bei Kernobst. GW 19. Bd. 1955. S. 313–324

SCHANDER, H.: Die Gestalt der Kernobstfrucht als Qualitätsmerkmal u. ihre Beeinflußbarkeit. Mitt. OVR 11. 1956, 9 S. 239–243

SCHANDER, H.: Über die Veränderlichkeit der Fruchtgestalt bei der Birnensorte 'Conference'. Mitt. OVR 10. 1955, 11/12 S. 271–277 [m. 23 Lit. ang.]

SCHANDER, H.: Über den Einfluß verschiedenen Pollens auf die Fruchtgestaltung bei der Birnensorte 'Conference'. Mitt. OVR 11. 1956, 10/11 S. 259–265

SCHANDERL, H.: Befruchtungsbiologische Studien an Birnen, GW 11. Bd 1938 S. 297–318

SCHUMACHER, R.: Die Fruchtbarkeit der Obstgehöze, 2. neu bearb. Aufl. von: Regulierung des Fruchtansatzes. Stuttgart 1975. 197 S. [Lit. ang. S. 178–192]

VAHL, E. von: Das Befruchtungsverhalten der wichtigsten Kern- und Steinobstsorten. Mitt. OVR 16, 1961, 4 S. 112–121

ZELLER, O.: Über die Jahresrhythmik in der Entwicklung der Blütenknospen einiger Obstsorten. ['Elsa', 'Gellert', 'Williams'] GW 23. Bd. 1958, 2. Hft.

ZELLES, L.: Untersuchungen über den Farbstoffgehalt der Schale von Äpfeln u. Birnen während der Vegetationsperiode u. unter verschiedenen Lagerbedingungen. Bonn 1967. Dissert. Landw. Fak.

ZWINTZSCHER, M.: Birne in: Handbuch der Pflanzenzüchtung. 2. Aufl. 6. Bd. Berlin (1962) ab S. 695

Ertragsverhalten:

ABBAS, A., K. ROEMER: Einfluß der Standweite auf Wachstum u. Ertrag bei Birnen. EWO 16. 1974, 12 S. 187–190

AUMÜLLER, H.: Zehnjährige Anbauerfahrungen mit Birnenspindeln. DG 7. 1960 Hft. 1 S. 20–23

Berichte der Höheren Staatlichen Gärtneranstalt zu Dahlem. 1918 u. 1919. Berlin 1921. 76 S.

Grundlagen und Methoden zur Ertragsvoraussage bei der Obstproduktion. (Autorenkollektiv der SAG „Ertragsschätzung Obst" Leiter D. NEUMANN) Hrsg. Internt. Gartenbauausstellung der DDR, iga Ratgeber. 1979. 131 S.

HILKENBÄUMER, F.: Einfluß von Quittenunterlagen und Zwischenveredlungen auf die Leistung wichtiger Birnensorten. EWO 15. 1973, 11 S. 161–164

HÜBNER, H.: Das Ertragsverhalten von Birnensorten. Obst u. Garten. Stuttgart 1980. 9 S. 384–385

KETTNER, H. u. H. HÖGE: Erfahrungen mit Tafelbirnenanbau in Weihenstephan. EWO 12, 1970, 2 S. 28–31

LIEBSTER, G.: Versuch zur Ertragssteigerung bei Birnen mit Geramid Neu. EWO 10, 1968, 5 S. 85–87

LÖHDEN, A. u. B. RAUTENBERG: Unsere Birnenernte u. ihre Erlöse 1963. Mitt. OVR 19, 1964, 4 S. 177–183 u. 22, 1967, 9 S. 385–391

PÄTZOLD, G.: Sorten-Unterlagen-Kombinationen im Vergleich. Empfehlungen für den Birnenanbau. GuK 1976, Nr. 22 S. 9

STEINBAUER, L.: Ertagsverhalten bei Kernobst. Übersichten von 1952–1967 in BRD. EWO 10, 1968, 10 S. 197

STOLLE, G.: Birnenspindeln auf Sämlingsunterlage. DG 2, 1955. S. 339

WITTE, K.: Langjährige Ertragsreihe je einer Apfel- und Birnensorte. EWO 4, 1962, 10 S. 186–187

ZIESCHE: Was unsere Obstbäume leisten können. Prakt. Ratgeber Frankfurt/O 43, 1928. S. 213–214

Krankheiten, Frostanfälligkeit:

FRIEDRICH, G.: Der Obstbau. 7. Aufl. (Pflanzenschutz ab S. 423) 1977, 619 S.

KEGLER, H.: Analysen der Virosen des Kern- und Steinobstes in der DDR. Halle 1965. Habil. Landw. Fakul.

KEGLER, H. u. H. OTTO: Ein Beitrag zur Vortestung von Birnen, AfG 19, 1971, 5 S. 321–329

MITTMANN- MAIER, G.: Untersuchungen über die Anfälligkeit von Apfel- u. Birnensorten gegenüber der Moniliafruchtfäule GW 15, 1940 S. 443

Pflanzliche Virologie Bd.3 Die Virosen an Gemüsepflanzen, Obstgewächsen u. Weinreben in Europa. 3. wesentl. überarb. u. ergänzte Aufl. Berlin 1977 [Obstgehölze bearb. v. H. KEGLER S. 139–315, Kernobst S. 139–191]

SPAAR,D., J. VATER, W. HELM: Ökonomische Auswirkungen des Birnenverfalls in einer Ertragsanlage der GPG „Elbaue" Rogätz. GB 19, 1972, 7 S. 161–162

HENNIG, R.: Das Wetter in Deutschland. Stuttgart (1947) 84 S.

CLAUSEN, H.: Witterung und Obstertrag. GW 17, 1943. S. 603

ATHENSTÄDT, H., SCHMADLAK, J., F. P. ZAHN: Über die Frostschäden an Obstgehölzunterlagen im Winter 1953/54, AfG 4. Bd. 1956, 1, S. 6–66

HILKENBÄUMER, F., F. SCHNELLE u. W. BREUER: Bestands- und Ertragssicherung im Obstbau durch Frostschadenverhütung. Radebeul o. J. 88 S. Zweckmäßige Arbeitsweise im Obstbau Heft 7.

KEMMER, E. u. F. SCHULZ: Das Frostproblem im Obstbau. München 1955. 96 S. [Lit. ang. S. 91–96]

LUCKAN, J.: Winterfrostschäden an Obstbäumen. Eine Zusammenstellung alter u. neuer Erkenntnisse für die Obstbaupraxis. M. 14 Abb. Frankfurt/O. (1941) 37 S.

GOETHE, R.: Die Frostschäden der Obstbäume und ihre Verhütung. Nach den Erfahrungen des Winters 1879/80 dargestellt. Mit 2. Tfln. Berlin 1883. 47 S.

OBERDIECK, J.G.C.: Beobachtungen über Erfrieren vieler Gewächse und namentlich unserer Obstbäume in kalten Wintern; nebst Erörterung der Mittel, durch welche Frostschaden möglichst verhütet werden kann. Ravensburg 1872. 108. S.

RUDORF, W. M. SCHMIDT, R. ROMBACH: Ergebnisse einer Erhebung über die im Winter 1939/40 an Obstgehölzen aufgetretenen Frostschäden. GW 16. 1942 S. 550

SCHLENZ, P.: Frostschäden im Obstbau. Wiesbaden (1935). IV, 59 S.

STRUNCK, R., A. WASCHNECK: Untersuchungen über den Einfluß des Standortes u. der Pflege auf die Frostschäden an Obstbäumen [in Sachsen] GW 17., 1942 ab S. 273

Ernte, Lagerung, Verarbeitung:

EINHORN, O., H. KÖTER, G. MEISCHAK: Obst u. Gemüse, Sortiment – Qualitätsmerkmale – Lagerung u. Pflege. 2. Aufl. Leipzig 1975. 320 S.

Empfehlungen zur Vorbereitung u. Durchführung der Kernobsternte. (Erfurt) iga Ratgeber (1978) 53 S.

HUSSEIN, F.: Physiologische Untersuchungen an Birnen während der Fruchtentwicklung u. Lagerung. AfG 14, 1966, 2/3 S. 129–182. [mit 194 Lit. ang.]

OSTERLOH, A.: Die Bedeutung des Erntezeitpunktes für die Kernobstdauerlagerung. Berlin, Obstbau 1969 Nr. 9 S. 135

OSTERLOH, A., P. GRÖSCHNER: Lagerung von Obst- u. Gemüse. Berlin 1975. 285 S.

REICHEL, M.: Anleitung zur verlustarmen Ernte und Lagerung von Kernobst. [Erfurt] iga Ratgeber 34 S.

SABUROW, N., M. ANTONOW. Die Lagerung u. Verarbeitung von Obst u. Gemüse. [Aus dem Russ. übertr.] (Berlin 1953) 464 S.

SCHUBERT, E.: Zur Kühllagerung von Birnen. Berlin Obstbau 6., 1966, 11 S. 170–172

ZACHARIAE, A.: Aromaentwicklung von Äpfeln u. Birnen u. ihre Beziehungen zum Erntezeitpunkt. GW 32, 1967, 4 S. 297–310

HAAG, S.: Stand der industriellen Birnenverarbeitung in der DDR. Berlin. Obstbau 6, 1966, 11 S. 172–173

LETZIG, E.: Zur Frage der Verarbeitung der Birnen zu Saft. Berlin. Obstbau 7, 1967, 10 S. 155–157

Obst- und Gemüsesäfte. [Aus dem Ungar.] 2. Aufl. Leipzig 1979. 495 S. [m. 495 Lit. ang.]

JACOBSEN, E.: Handbuch der fabrikativen Obstverwertung 3. umgearb. Aufl. Berlin 1921. XIX, 705 S. [Birnenverarb. ausführl. behandelt.]

SEMLER, H.: Die gesamte Obstverwertung. Wismar 1906. VII, 664 S. [Auch hier die alte Birnenverarb. dargestellt.]

Obstbaulehrbücher mit Sortenteil, in zeitlicher Folge:

GOESCHKE, F.: Der Obstbau. Leipzig 1876. 350 S.

KOCH, K.: Die deutschen Obstgehölze. 1876. XII, 628 S.

LUCAS, E.: Vollständiges Handbuch der Obstkultur. 1. Aufl. Stuttgart 1880. 432 S.

LAUCHE, W.: Handbuch des Obstbaues. Berlin 1882. 732 S.

GAUCHER, N.: Handbuch der Obstkultur. 4. Aufl. (1. 1888) Berlin 1908. 1030 S.

GOETHE, R., E. IHNE: Deutscher Obstbau. Berlin 1908. 320 S.

LÖSCHNIG, J.: Praktische Anleitung zum rationellen Betriebe des Obstbaues. 2. Aufl. Wien 1908. 399 S.

JANSON, A.: Der Großobstbau. 2. Aufl. (1.1909) Berlin 1920. 410 S.

JANSON, A.: Kern-, Stein- u. Schalenobst. Nordhausen 1936. 665 S.

MUTH, F. u. E. JUNGE: Die Praxis des Obstbaues. Berlin 1937. 528 S.

BOETTNER – POENICKE: Praktisches Lehrbuch des Obstbaues. 8. Aufl. [1930] Frankfurt/O. 654 S.

HILKENBÄUMER, F.: Obstbau. 2. Aufl. (4. 1964) Berlin 1948. 390 S.

KOBEL, F. H. SPRENG: Neuzeitliche Obstbautechnik und Tafelobstverwertung. Bern 1949. 475 S.

TRENKLE, R.: Obstbau-Lehrbuch 6. Aufl. (1. 1935) Wiesbaden 1949. 537 S.

POENICKE, W., M. SCHMIDT: Deutscher Obstbau. Mit 95 farbigen Sortentfl. Berlin 1950, Text 427 S.

DE HAAS, P. G.: Marktobstbau. Mit 8 Farbfotos u. 230 sw. Einzelbildern, München 1957. 464 S.

Lucas' Anleitung zum Obstbau. 30. Aufl. Stuttgart 1981. 526 S.

FRIEDRICH, G.: Der Obstbau. 7. Aufl. (1. 1956) Radebeul 1977. Mit Sorten- Farbtafeln, 619 S.

Obstsortenkunde, Pomologie, Einführung:

LUCAS, E.: Einleitung in das Studium der Pomologie. Stuttgart 1877. 266 S.

LÖSCHNIG, J.: Einführung in die Pomologie. In: Nach der Arbeit. Ill. Wochenzt. Wien 1942, 8. Jhg. Nr. 39–52

KRÜMMEL, H.:Deutsche Obstsorten Anlagen zum Sortenwerk, Erläuterungen 51 S. 2 Farbbestimmungstafeln o. Titel Berlin 1963

Deutschsprachige Pomologien in zeitlicher Folge:

KNOOP, J. H.: Pomologia ... [2. Ausg. in deutsch mit 90 Birnensorten handkoloriert] Nürnberg 1760

MAYER, J.: Pomona Franconica .... 3 Bde. [1. 1776, 2. 1779 Text deutsch u. franz.] Bd. 3 Nürnberg 1801. 350 S. [Mit 113 handkolorierten Kupfertafeln von Birnen u. 150 Sortenbeschreibungen sowie 41 Tafeln mit Äpfeln und 71 Beschreibungen.]

MANGER, H.L.: Vollständige Anleitung zu einer systematischen Pomologie wodurch die genaueste Kenntnis von der Natur, Beschaffenheit und den unterschiedenen Merkmalen aller Obstarten erhalten werden kann. 1. Theil von den Aepfeln [mit 1Kupfer der Apfelformen] Leipzig 1780. III, 112 S. Zwcyter Theil von den Birnen. [Mit 1 Kupfer der Birnenformen.] Leipzig 1783. XII, 192 S. [o. Abb.]

KRAFT, J.: [Pomona Austriaca] Abhandlung von den Obstbäumen worinn ihre Gestalt, Erziehung und Pflege angezeigt und beschrieben wird, mit hundert sehr feinen Abbildungen in Kupfer gestochen, und nach der Natur in Farben dargestellt. Erster Theil Wien 1792. XVI, 45 Texts. [Bd. 1 enthält: Süß- u. Sauerkirschen, Erd-, Johannis-, Stachelbeeren, Brom-, Him-, Maulbeeren, Mandeln, Aprikosen u. 30 Tfl. mit Birnensorten]
2. Teil Wien 1796 [mit 71 Tfl. Birnensorten u. 29 Tfl. Pflaumensorten]

RÖSSLER, M.: Systematisches Verzeichnis aller in den Baumschulen der podiebrader Dechantey kultivierten Obstsorten ... Prag 1798, XXVIII, 212 S. [203 Birnensorten beschr. o. Abb.]

DIEL, A.F.A.: Versuch einer systematischen Beschreibung in Deutschland vorhandener Kernobstsorten. 27. Bde. Frankfurt/M 1799–1832 [Diel gibt gründliche Beschreibungen der einzelnen Sorten, mit denen er die Grundlagen der neueren Sortenbeschreibung schuf. Ab 1801 als 5. Heft der Gesamtbde. der 1. Birnenband, von Diel anfangs als Hefte bezeichnet. Seine Beschreibungen sind auch heute noch lesenswert. Ebenso die von Christ, die durchweg nach tatsächlich vorliegenden Früchten beschrieben wurden.]

CHRIST, J. C.: Pomologisches theoretisch-praktisches Handwörterbuch ...
Leipzig 1802, 431 S. [zweispaltig o. Abb. 381 Birnen beschrieben.]

CHRIST, J. C.: Vollständige Pomologie ... 2 Bde. (1809, 1812)
1. Bd. Kernobst m. 26 kleinen kol. Kupf. Frankfurt 1809, XLVIII, 688 S.

HINKERT, F. W.: Systematisch geordn. Handbuch der Pomologie ... 3 Bde.
2. Bd. Birnen München 1836. 240 S. [293 Birnenbeschr.]

DITTRICH, J. G.: System, Handb. der Obstkunde ... 3 Bde. 1. Bd. Kern-
obstfrüchte Jena 1839, 812 S. [Birnen ab S. 511, 330 Sorten) 3. Bd. Jena 1841
712 S. [ab S. 114 nochmals 201 Birnen beschr. Diel, Christ, Hinkert, Dittrich
ohne Abb.]

Deutsches Obstcabinet ... [in einzelnen Sektionen erschienen in Jena
1840–1859 7 Sektionen mit 643 kolor. teils recht guten Abb. aller Obstarten,
o. S. u. Tfl. zählung, dadurch unübersichtl.]

AEHRENTHAL, J. Frh. von: Anleitung, unter den ... Kernobstsorten ...
eine ... Wahl selbst treffen zu können. Prag 1845. 190 S. [508 Birnen kurz
beschr. o. Abb. außer 2 sw Tfl.]

METZGER, J.: Die Kernobstsorten des südlichen Deutschlandes. Frank-
furt/M. 1847. 311 S. VIII [Birnen ab S. 158, 86 Sorten mit sehr gründl. Beschreib. aus genauer Kenntnis der Einzelsorte, mit Angabe der örtlich. ge-
brauchten Synonyme u. ihrer Standorte. Eine der wertvollsten Sortenkunden
eines wirklichen Sortenkenners vor dem Ill. Handb.]

DOCHNAHL, F. J.: Der sichere Führer in der Obstkunde. 4 Bde. 2. Bd. System. Beschr. aller Birnensorten [1053 Sorten o. Abb.] Nürnberg 1856. XII,
300 S.

LIEGEL, G.: Beschreibung neuer Obstsorten. 2. Heft. Regensburg 1851. 180
S. [Birnen S. 47–113]

OBERDIECK, J. G. C.: Anleitung zur Kenntnis u. Anpflanzung des besten
Obstes für das nördliche Deutschland. Nebst Beiträgen zur Pomologie überhaupt. Regensburg. 1852. 601 S. [Birnen S. 250–439]

BIEDENFELD, F. Frh. von: Handbuch aller bekannten Obstsorten... 1. Bd.
Birnen. Jena 1854. LXXXIV 148 S. S. [Beschreib. der Sorten nach der Genußreife von Juni, Juli bis Mai]

BALTET, CH.: Auswahl wertvoller Birnsorten. Kurze Beschreibung und Angabe der zweckmäßigsten Kultur derselben. Hrsg. von Ed. Lucas. Reutlingen
1863. XVI, 93 S. [o. Abb. neue Aufl., deutsche Ausg. von „Les Bonnes Poires", Beschreib. v. 150 Sorten Frucht, Baum, Schnittansprüche]

Schweizerische Obstsorten. Hrsg. vom Schweiz. Landw. Verein St. Gallen in
Lieferungen von 1863–1872 [50 Farbtfl. Äpfel u. 50 Birnen, 200 S. Text von:
Pfau-Schellenberg, Kopp, Kohler, Wassali u. a. Ein Meisterwerk nach Bild u.
Text. Bei Kessler unter Pfau-Schellenberg als Autor aufgeführt, irrtüml. so
auch bei Petzold: Apfelsorten, 1. Aufl. 1979]

Niederländischer Obstgarten, beschrieben und verfasst vom Boskooper Verein
zur Bestimmung u. Veredlung der Obstsorten in Abb. nach der Natur von S.
Berghuis; deutsche Bearb. von DE GAVERE. 2. Theil Birnen u. Steinobst.
Groningen 1868. [S. 1–111 70 Birnen in deutsch u. franz. beschrieben u. meist
sehr gut farb. abgeb., meist 3 Früchte je Sorte: Stiel- u. Kelchseite u. Längs-
schnitt]

Illustriertes Handbuch der Obstkunde. Hrsg. E. Lucas, J. G. C. Oberdieck, F.

Jahn: 2. Bd. Birnen Nr. 1–263 Stuttgart 1860 u. 1875. 580 S. 5. Bd. Birnen Nr. 264–530. Ravensburg 1866, 584 S.

7. Bd. u. a. Birnen Nr. 531–625. Stuttgart 1875. 502 S.

8. Bd. u. a. Birnen Nr. 626–670. Stuttgart 1875. 390 S.

Supplement: Birnen Nr. 671–762 Stuttgart 1879. VIII, 184 S.

LAUCHE, W.: Lauches 1. Ergänzungsband zum Ill. Hdb. Birnen Nr. 763–912. Berlin 1883. XVI, 734 S.

OBERDIECK, J. G. C. Lucas, E.: System. Übersicht der Obstsorten der ersten 5 Bde des Ill. Hdb. d. Obstkunde. (1. Aufl. 1870) 2. Stuttg. 1875. (Birnen 78 S.)

OBERDIECK, J.G.C.: Pomologische Notizen. Nach langjährigen eigenen Erfahrungen zusammengestellt. Ravensburg 1869, 238 S. [Hier werden weniger pomol. Merkmale, sondern der Anbau- u. Geschmackswert nach den Anbauerfahr. behandelt.]

MÜSCHEN, G. B.: Der Obstbau in Norddeutschland. Stuttg. 1876. 190 S. [o. Abb. prakt. Erfahrungen mit Obstsorten in Mecklenburg.]

OBERDIECK, J.G.C. u. E. LUCAS: Beiträge zur Hebung der Obstcultur unt. Mitwirk. mehrerer Pomol. hrsg. Stuttg. 1876. 160 S.

OBERDIECK, J.G.C.: Deutschlands beste Obst-Sorten. Leipzig 1881.o. Abb. VIII, 464 S. [o.Abb. außer einigen Fruchtumrißzeichn. Ob.faßt hier die sortenkundlichen Erfahrungen seines Lebens zusammen.]

LAUCHE, W.: Deutsche Pomologie. 6 Bde. Bd. 3 u. 4 Birnen je 50 Sorten mit je 50 Farbtfln. Berlin 1882 u. 1883 [Je Sorte etwa 2 S. Text m. Lit. ang. zur Sorte. nicht immer fehlerfrei, leider Naturtreue der Farbtfl. unterschiedlich, etliche Sorten dadurch kaum zu erkennen. Für Anfänger nicht zur Bestimmung geeignet.]

STOLL, R.: Oesterreichisch-Ungarische Pomologie. 2. Aufl. Klosterneuburg 1888. [Beschreib. u. Farbabb. von 58 Birnensorten. mit 1 sw Durchschnittszeichn. Auch hier viele Sorten nicht typ. in Form u. Farbe. Wertvolle Lit. ang. zur Sorte]

MENGELBERG, J.: Äpfel und Birnen. Nach Aquarellen von J. Mengelberg. Frankfurt/ (1893) 12. S. Text [15 Birnen]

GOETHE, R., H. DEGENKOLB, R. MERTENS: Äpfel und Birnen. Die wichtigsten deutschen Kernobstsorten. Berlin 1894. 18 S. Text. [51 Farbtfl. Birnen m. Text]

GAUCHER, N.: Pomologie. Stuttg. 1894. [47 Chromotfl. Birnen m. Texts. u. Syn. Früchte mit Holz u. Blättern, meist sortentyp. gute Abb., Bilder übertreffen: Goethe, Stoll u. Lauche]

Deutschlands Obstsorten. 7 Bde. Bd. 3 u. 4 Birnen [je Bd. 42 Sorten Stuttg. in Lieferungen ersch. 1905–1933 naturgetreue Farbtfl. m. Früchten, Trieben, Blättern u. 1 sw Foto Baumbild Nachträge zu Äpfeln u. Birnen 12 Texts.]

SCHAAL, G.: Wertvolle Apfel- u. Birnensorten. Stuttg. [o. Jahr] Bd. 1 [46 Birnen] Bd. 2 [9 Birnen Farbdrucktfl. u. Texts.]

LUCAS, F.: Die wertvollsten Tafelbirnen. Eine Auswahl von 100 Früchten. Mit 132 Holzschnitten Durchschnittszeich. 3. Aufl. Stuttg. 1894. VIII, 249 S.

BÖTTNER, J.: Unsere besten Obstsorten. [1. Aufl. 1896] 16.–18. Tsd. m. sw Abb. im Text. Frankfurt/O 1918. 80 S.

ZSCHOKKE, TH.: Schweizerisches Obstbilderwerk. [Text deutsch u. franz. 40 Birnen, sehr gute Farbfotos] Wädenswil 1925

Empfehlenswerte Apfel- u. Birnensorten für Bayern. 32 Farbdrucktfl. m. Text. Stuttg. [o. J. 12 Birnen, meist sortentyp. Abb.]

SCHOMERUS; Sachsens Apfel- u. Birnensorten in 60 Farbdrucktfl. m. Text Stuttg. (1926) [25 Birnen, meist sortentyp. Abb. Taschenbuchformat wie das vorhergeh. Buch u Schaal 1. u. 2. Sächsische Sortenanbauerfahrungen enthält auch die Schrift: FRIESEN. H. Frh. von: Practischer Führer im Obstbau. Dresden 1881. 122 S.]

Pomologische Monatshefte Stuttg. Jhg. 1890–1901. Hier werden die Birnensortenbeschreibungen des Ill. Handb. fortgeführt, von Nr. 913–999.

Empfehlenswerte Obstsorten. (Normalsortiment für Niederösterreich.) Bearb. unt. Mitwirk. zahlr. Fachleute von J. Löschnig. H. M. Müller, H. Pfeiffer in Lieferungen ab 1912 Wien 1912–1925. [Text u. sehr gute Farbtfln. im Format wie „Deutschlands Obstsorten".]

Die Mostbirnen. Beschreibung der in Österreich am häufigsten angepflanzten Mostbirnensorten. Bearb. unter Mitwirk. . . durch J. Löschnig. Wien 1913. VIII, 227 S. [6 Farbtfl. mit 20 Sorten, sehr naturgetreu; Beschreibung von 108 Sorten mit sw Fotos, 2–3 Früchte je Sorte in versch. Lagen.]

HINTERTHÜR, L.: Die Birne. Prakt. Hbd. über Anbau, Zucht, Pflege, Sorten, Verwert., usw. Anhang über Quitten. [M. 24 Tfl. in Farbdr. u. 1Tfl. sw.] Leipzig [1914] 125 S.

[BAUMANN] Unsere besten deutschen Obstsorten Bd. 2 Birnen. 4. Aufl. Wiesbaden o. J. 39 S. Text [35 gute, meist sortentyp. Farbtfln.]

SPÄTH, L.: Späth-Buch 1720–1930. Berlin 1930. VI, 656 S. [Birnenkurzbeschr. S. 68–81]

HERTEL, F.: Die wichtigsten Birnensorten. Leipzig o.J. 62 S. [Miniatur-Biblioth. Beschreib. v. 94 Sorten nach der Reifezeit.]

Bozner und Meraner Obstsorten. [18 Birnen m. Text u. guten Farbtfln.] Bolzano 1934. 50 S.

JUNGE, E.: Anbauwürdige Obstsorten. 5. Aufl. Wiesbaden 1937. 205 S. [37 Birnen beschr. m. 25 guten Farbtfn., teils die gleichen wie bei Baumann: Unsere best. Obsts.]

KESSLER, H.: Birnensorten der Schweiz. Mit 40 Abb. in Elffarbendruck, 10 Umrißzeichn. u. 78 Schnittzeichn. Bern 1948. XX, 130 S. [Einzigartige Naturtreue der sortentyp. Farbdrucke.]

KOLOC, R.: Obstsorten-Handbuch Äpfel u. Birnen. . . 80 Birnensorten in Übersichten. Berlin 1948. 84 S.

TRENKLE, R.: Obstsortenwerk . Die aubauwürdigsten Obstsorten Bayerns. . . . 215 Abb. u. 17 Farbtfl. München 1950. 226 S. [30 Birnen beschr. m. 8 Farbtfl.]

KRÜMMEL, H. W. GROH, G. FRIEDRICH; Deutsche Obstsorten. [Liefg. ab 1956–1959, Erläuterungen 1963, je Sorte 2 Farbtfn. Früchte, Triebe, Blätter, Blüten, Baumfoto in sw, 25 Birnensorten]

SEITZER, J.: Farbtafeln der Birnensorten. Unt. Mitwrk. v. H. Schüle u. F. Wenck. 44 Farbtfln., 2 sw Tfln. Stuttg. 1957. 102 S. [Beschr. v. 44 Birnen, davon 4 Mostb., 6 Quittensorten mit sw Zeichn.]

DUHAN, K.: Die wertvollsten Obstsorten Äpfel u. Birnen. 1. Lief. Wien 1957. 2. Lief. Wien 1961. [15 Birnen m. ausführl. Text u. sehr guten, sortentyp. Farbfotos, je 4 Früchte.]

KOLOC, R.: Wir zeigen Birnensorten u. werten deren Eigenschaften. Radebeul 1958. [55 S. Text. Beschreibungen u. Abb. von 60 Birnen, meist gute, typ. Abb.]

(MAURER, K.J.): Bewährte Birnensorten für den Kleingärtner. Hamburg 1958. Hft. 29/30 Ztschr. Fachberater f. d. d. Kleingartenwesen. [19 Sorten beschr., 15 Abb. Beurteilung des Anbauwertes an verschiedenen unterschiedlichen Standorten.]

TRENKLE, R.: Obstsortenwerk Bd. 1 Anbauwürdige Kernobstsorten. München 1961. 104 S. [21 Birnen mit Farbtfln. u. Text]

DEMARTINI, E., V. SOUCEK: Das Buch vom Obst. (Praha 1961) 123 S. [deutsche Übers., teils typ. Farbtfl. m. 2 Früchten je Sorte, 7 Birnen beschr.]

PETZOLD, H.: Obstsortendias. Birnen. 1. Serie 50 Dias m. 21 Sorten. 2. Serie 50 Dias m. 25 Sorten in Farbe. Nossen 1962

PETZOLD, H.: 4 Birnensortenbeschreibungen in Ztg. GuK, 1971, Nr.1 'Vereinsdechantsbirne' S. 9; Nr.2 'Jeanne d'Arc' S. 10; Nr. 4 'Präsident Drouard' S. 10; Nr. 5 'Josephine von Mecheln' S. 10

Sortenratgeber Obst: Arbeiten d. Zentralstelle f. Sortenwesen. Berlin 1971. 164 S. u. 12 S. Farbtfl. [Texte v. H. Petzold: Einleitung, Obst, Erläut. zu d. Sortenbeschreib., Kernobst, Sortennamen, Synonyme, Fruchtmessungen, Befrucht.tabellen u. Zahlen aus Ertragsversuch, 14 Birnenbeschreib.]

Ratgeber zur Sortenwahl landwirtschaftlicher und gartenbaulicher Pflanzenarten. Hier auch Obstsortenbeschreib. Zentralstelle f. Sortenwesen. Aufl.: 1951, 1957, 1958, 1961 u. 1964 o. Abb. Berlin

Sortenlisten der in der DDR zugelassenen Sorten von Kulturpflanzen. Berlin 1950–1980.

STENZ, S., M.REICHEL: Warenkunde Kernobst. Hrsg. Zentrale Wirtschaftsver. Obst, Gemüse u. Speisekart. Berlin 1975 70 S.

Fremdsprachige Pomologien in alphabetischer Folge:

Annales de pomologie belge et étrangère. Tl I–VIII Bruxelles 1847–1851. [Text franz.]

Atlas Plodow. (Früchte Atlas). Beschreib. der besten u. in Rußland am meisten verbr. Erwerbs Apfel-, Birnen- u. Kirschensorten. Zus. gest. v. A. C. Grebnitzkij. mit 100 Farbtfl. Petersburg 1906. XXIII, 589 S. [russ. Text 22 Birnen beschr.]

BIVORT, A.: Album de Pomologie. Teil I–IV. Bruxelles 1847–1851. [o. Seitenzähl., dadurch unübersichtl., vorwiegend Birnen beschr., vor allem solche der belg. Züchtung. franz.]

BOČEK, O.: Pomologie. Prag 1957. 211 S. [tschech. m. sw Zeichn. u. sw Fotos]

ČERNIK – BOČEK – VEČEŘA. Mala Pomologie II hrušky, Praha 1961. 206 S. [Beschr. v. 64 Birnensorten u. 64 farb. Einzelfrüchten, 18 sw Bildtfl. Rinde, Triebe, Blüten, Stielsitze, Kelche, Fruchtlängsschnitte; bei jeder Sorte ein sw Baumbild u. Früchte am Zweig, Text tschech.]

DAHL, C. G.: Pomologie. Teil II Päron och Plommon. Stockholm 1943. 390 S.

252

[Birnen S. 6–175 m. 26 teils ganz hervorragenden Farbtfl., sw Zeichn., sehr genauen Lit. ang. zur Sorte u. bibliogr. exaktem Lit. verz. Text schwed.]

DECAISNE, J.: Le jardin fruitier du Muséum. Bd. 1–9. Paris 1857–1878. [In Lieferg. ersch., dadurch o. Seitenzähl., Tafelzähl. unübersichtlich. Neben einigen Erdbeeren, Pfirsichen vorwiegend Birnen in meisterhaften Lithographien farbig, Früchte mit Trieb u. daran Blattzeichn. in sw; jeder Bd. in 12 Liefg. zu je 4 Sorten, 60 Sorten je Bd. Text franz.]

DELBARD, G.: Les beaux Fruits de France. Paris 1947. 166 S. [Farbfotos, Text franz.]

Gyümolosfajta-ismertető: Obstsorten-Prospekt (Budapest 1971) 269 S. [Texte ung., russ., deutsch, engl, mit vielen naturgetreuen, ausgezeichneten großen Farbfotos, 11 Birnen]

Gyümölcsfajtáink Gyakoraliti pomológia Unsere Obstsorten Hrsg. P. Tomc-śanyi. Budapest 1979. 454 S. [m. 250 sw Fotos, Lit. ang. S. 415–420, Birnen S. 81–116, Text ung.]

HEDRICK, U.P.: The pears of New York. Albany 1921. XI, 636 S. [m. 80 Farbtfln. Farbfotodruck, Früchte am Trieb mit Blättern, meist mehrere Früchte, eine im Längsschnitt; ein Hauptwerk über die Birnensorten in der pomologischen Weltlit. Neben den ausführlichen Sortenbeschreibungen von S. 122–235 werden v. S. 236–588 Kurzbeschr. v. vielen Sorten gegeben, dazu die Wildformen v. Pyrus S. 69–82; Lit. ang. S. 589–598. Text engl.]

HOGG, R.: The Fruit Manuel . . . 4. Aufl. London 1875. 600 S. Birnen S. 349–531, kürzere Beschr. o. Abb. [engl.]

KAMENICKY, K., K. KOHOUT: Atlas Tržnich Odrůd Ovoce, Praha 1958. 338 S. [m. 105 Farbtfl., davon: 34 Äpfel, 20 Birnen, 1 Quitte, 13 Kirschen, 14 Pflaumen, 5 Aprikosen, 3 Pfirsiche, 2 Nüsse, 12 Beerenobst, Text tschech.]

KVAALE, E., O. SKARD: Norsk Pomologi. II Paerer, Oslo 1958. 156 S. [norweg. m. guten Farbfotos]

LEROY, A.: Dictionnaire de Pomologie. . . 6 Bde. Bd. 1 Birnen A-C Paris 1867. 615 S. [franz. Beschr. v. Nr. 1–389 m. sw Umrißzeichn., zuvor Geschichte der Birnen u. franz. Pomologen mit alten Sortenlisten.] Bd. 2 Birnen D-Z, Nr. 390–915. Paris 1869. 777 S.

LINDLEY, J.: Pomologia Britannica. . . 3 Bde London 1841 o. S. [engl. m. Farbtfl. 30 Birnen beschr.]

MILLER, PH.: Allgemeines Gärtner-Lexicon . . . 3. Tl. M-R. 8. Aufl. aus dem Engl. übs. Nürnberg 1776. 919 S. zweispalt. [Birnen unter Pyrus, Beschr. v. 80 Sorten o. Abb.]

MOLON, G.: Pomologia. Milano 1901. 712 S. [Birnen S. 220–588. Text ital.]

Nederlandse Fruitsoorten [holl. Text v. R. LIJSTEN,] Arnheim 1948, [52 Birnen beschr. u. nach Aquarellen abgeb.]

Obst- Sorten u. Qualitäten [deutsche Ausg. gute Farbfotos u. Zeichn. Titel oft unter Cauwenberghe, E van aufgeführt; 17 Birnen beschr. u. abgeb.] Brüssel 1954.

Obst und Beerenobstsorten. Moskau 1957. 371 S. [russ.]

PEDERSEN, A.: Danmarks Frugtsorter, II. Paerer, 3 Hfte. [m. 48 Birnenbeschr., Früchte mit Trieb u. Blättern in Farbe, Baumbilder u. Blüten sw Foto (København 1950.) 192 S. Text dän.]

POITEAU, P. A.: Pomologie française. 4 Bde. Paris 1838–1846. [Sammlung der schönsten in Frankreich angebauten Früchte. Prachtwerk mit 420 Farbtfln., diese übernommen als Neuausg. von Poiteau, P. A. u. P. J. F. Turpin: Traité des arbres fruitiers. Paris 1807–1835. 6. Bde.]

Pomologie. Warszwawa. 1976 [1. Aufl. 1956] 531 S. [Birnen S. 100–152 mit 18 Sorten auf 10 Farbtfln. Text poln.]

Pomologia Republicii Populare Romîne. Bd. III Părul- Gutuiul-Moşmonul – Scoruşul [Birnen – Quitten – Mispeln – Ebereschen] (Bucuresti) 1964. 755 S. [Beschr. v. Tafelbirnen S. 59–358, Lokalsorten S. 359–592, Quitten S. 593–714; Birnen m. 46 Farbtfl. je Sorte 2 Früchte u. 1 Längsschnitt, sw Zeichn. v. Früchten u. sw. Baumfotos, Text rumän.]

Pomologija BSSR. Atlas plodov grushi. [Pomologie der Belorussischen Sowjetrepublik. Atlas der Birnen.] Minsk. 1975. 136 S. [16 T. mit 31 Sorten, 31 S. Farbtfl. u. viele sw Fotos u. Zeichn. i. Text, russ.]

Pomologie de la France. 8 Bde. Bd. 1–4 Birnen. Lyon 1864–1867. [Farbtfl. Lit. zur Sorte, Text franz.]

RAYMAN, J., P. TOMCSANYI: Gyümölcsfajták zsebkönyve. Budapest 1964. 240 S. [18 Birnen auf Farbtfl. u. Beschr. ung.]

ŘIHA, J.: České ovoce. 3 Bde. Prag 1915. Bd. 1 Birnen 257 S. [65 Sorten tschech. beschr., teils sehr gute Farbfotos, Durchschnitte verschwommen, sw Blüten]

SHIDENKO, J. CH.: Grusha. Kiew 1971. 231 S. [Lit. ang. S. 225–231, russ.]

SIMIRENKO, P.: Pomologie. 3 Bde. 2. Bd. Birne. 2. Aufl. Kiew 1972, 502 S. [Text russ. Simirenko war einer der großen Birnenkenner. Seine Erfahrungen sind in dieser Pomologie enthalten. Mit 40 Sorten auf 20 Tfln., 319 Lit. ang.]

SMIRNOW, W. F.: 500 neue Sorten von Äpfeln u. Birnen, erzeugt in der UdSSR. Moskau 1966, 255 S. [m. 19 Farbtfl. Birnen; russ.]

VAN HOUTTE, L.: Pomone I Nos Poires [Unsere Birnen] 1. Lief. Gand 1873. [32 S. Text franz., 16 Farbtfl. mit 160 Früchten; 6 Blätter m. sw Umrißzeichn. v. 36 Sorten in nat. Größe.]

Zeitschriften:

AfG
Archiv für Gartenbau. Hrsg. Deutsche Akademie der Landwirtschaftswissenschaften zu Berlin. Berlin 1. Bd. Jhg 1953, jährlich 8 Hefte.

Deutsche Baumschule. Zeitschrift für Baumschulwesen. Aachen. 1. Jhg. 1949, jährl. 12 Hefte.

Deutsche Gärtnerpost. Ab 1975 Gärtnerpost. Zeitung Hrsg. Zentralvorstand der VdgB, erscheint 14tägig. Berlin 1. Jhg. 1948.

DG
Der Deutsche Gartenbau. Hrsg. Deutsche Akademie der Landw.wissensch. zu Berlin. Berlin 1. Jhg. 1954, jährl. 12 Hefte.

Deutscher Obstbau (Möllers Deutsche Gärtnerzeitung 55. Jhg.) Frankfurt / O 1940–1944, jährl. 12 Hefte mit 12 Farbtfl. u. den Beilagen: Pomologisches Zentralblatt u. Sortenkunde im Obstbau.

EWO

Der Erwerbsobstbau. Berichte aus Wissenschaft u. Praxis. Berlin 1. Jhg. 1959, jährlich 12 Hefte.

GW

Gartenbauwissenschaft. Berlin 1. Jhg. (1. Bd.) 1928 in Heften bis Bd. 18, 1943/44. [1945–1953 nicht ersch.] 19. Bd. ab 1954 (als Neue Folge Bd. 1 München; ab 40. Bd. 1975 Stuttg.), jährl. 6 Hefte.

GuK

Garten und Kleintierzucht Ausg. A Kleingärtner u. Siedler. Zeitung des Verbandes der Kleingärtner, Siedler u. Kleintierzüchter. Berlin 1. Jhg. (ab 1.10. 1962) 1962, jährl. 24 (26) Nr.

Informationen für industriemäßige Obstproduktion. Hrsg. Institut für Landwirtschaftliche Information u. Dokumentation der Akademie der Landw.wissensch. der DDR. Berlin 1. Jhg. 1976, jährlich 4 Hefte

Intensivobstbau. Berlin 1. Jhg. 1961, 12 Hefte jährl. ab 3. Jhg. als Obstbau bis Jgh. 11, Hft. 6 1971, ab Hft. 7 wieder vereinigt mit Gartenbau 18. Jhg., Hrsg. Akademie der Landwirtschaftswissenschaften der DDR. 12 Hefte jährl.

Landwirtschaftliches Zentralblatt der Akad. d. Landw. d. DDR. Abteilung II Pflanzliche Produktion. 1. Jhg. 1956, jährl. Nr. 1–12. [Kurzreferate über Zeitschriftenbeiträge aus der Fachliteratur aller Länder.]

Mitt. OVR

Mitteilungen des Obstbauversuchsringes des Alten Landes u. der Arbeitsgemeinschaften Baumschulen im Obstbauversuchsring. Jork. 1. Jhg. 1947 [ab 1. 4. 1947], jährl. 12 Hefte.

Monatsschrift für Pomologie u. praktischen Obstbau. Stuttg. 1855–1864. Forts. als Illustrierte Monatshefte für Obst- u. Weinbau. Ravensburg 1865–1874. Forts. als Pomologische Monatshefte. Stuttg. 1875–1905. Forts. als Deutsche Obstbauzeitung. 1906–1922. Stuttgt., jährl. 12 Hefte [mit farb. Obstsortenabb.]

NdA.

Nach der Arbeit. Illustrierte Wochenzeitung für Garten, Siedlung u. Kleintierhaltung. 1. Jhg. Wien 1935. [m. Farbbildbeil., meist Obstsorten, vorzüglich naturgetreu.]

Der Obstbau. Monatsschrift für den Obst- u. Gartenbau. Stuttg. 99. Jhg. 1980, jährl. 12 Nr. Neuer Titel *Obst und Garten.*

Der Praktische Ratgeber im Obst- und Gartenbau. Frankfurt/0.1.Jhg. 1886. Forts. als Deutscher Garten ab 1935 bis 1944. [Eine unerschöpfliche Fundgrube für Obstsortenbeschreibungen und -erfahrungen.]

SICKLER, J. V.: Der teutsche Obstgärtner oder gemeinnütziges Magazin des Obstbaues in Teutschlands sämmtlichen Kreisen; verfasset von einigen practischen Freunden der Obstcultur und hrsg. von ——. Weimar 1794–1804. 22. Bde. [mit sw und handkolorierten Kupfern. Die Früchte dieser Abb. sind wenig sortentypisch u. teils recht primitiv. Der bleibende Wert dieser Bde. ist der Text als Quelle des deutschen Obstbaus vom 18. zum 19. Jh.]

Vereinsblatt für die Mitglieder des Deutschen Pomologenvereins. Ravensburg, dann Braunschweig, 1879–1889. [m. Abhandlungen über Obstsorten.]

Literaturergänzungen zur 3. Auflage:

ENGELMANN, W.: Bibliotheca Oeconomica oder Verzeichnis in älterer und neuerer Zeit bis zur Mitte des Jahres 1840 in Deutschland und den angrenzenden Ländern erschienenen Bücher über die Haus- und Landwirtschaft und deren einzelnen Zweige... [1. Ausgabe von T. C. F. ENSLIN, umgearbeitete 2. Auflage von W. ENGELMANN] Leipzig 1841. IV, 438 S.

BUNYARD, E. A.: A Handbook of Hardy Fruits more commonly grown in Great Britain Apples and Pears. London 1920. 205 S. [o. Abb.] Bayerische Agrar-Bibliographie. Schriftkunde der bayerischen Landwirtschaft und Fischerei bearb. von H. Haushofer und S. Riedmüller. München 1954. XVI, 480 S. [Obstbau S. 208–216, Gartenbau S. 216–221]

Rasnamenregister van Fruitgewassen en Onderstammen. [Namen und Doppelnamen von Obstsorten für Beneluxländer in franz. und niederl.] Bruxelles 1955. 58 S.

POPULER, C.: Liste des anciennes varietes Belges de Poiriers et de Pommiers reunies a la Station de Phytopathologie a Gembloux. Gembloux 1979. 70 S.

VANDOMMELE, H.: Peren voor Miljoenen, Zevelinden-Sint Niklaas 1979. 244 S. [Geschichte der Birnen und der Birnensorten. Mit einfarb. Abb. aus alten Werken. Flämisch.]

100 Obstsorten. Beschreibung und Wertung von 100 Kern- und Steinobstsorten von A. Aeppli, U. Gremminger, Ch. Rapillard, K. Röthlisberger. Wädenswil. Zollikofen 1983. 249 S. [Mit Farbfotos zu jeder Sorte und einfarb. Durchschnittszeichnungen, Tabellen und Bibliographie, neben der deutschsprachigen auch eine Ausg. in Französisch.]

IDEMA, L.: Verdwenen Appel- en Pererassen. Wageningen (1983) 97 S. [Mit 2 Tab. Verschwundene Apfel- und Birnensorten. Niederl.] 17e Rassenlijst voor Fruitgewassen 1985. Wageningen 1985. 200 S. Sortenbewertung für den Schweizerischen Tafelbirnenanbau. Fachkommission für Obstsortenprüfung. Wädenswil 1985. 21 S. [Separatdruck aus der „Schweiz. Ztschr. für Obst- und Weinbau" Jahrgang 1985.]

BdB [Bund deutscher Baumschulen]: Handbuch Grün ist das Leben, Teil VI Obstgehölze. [Mit 262 Farbfotos]. Pinneberg 1985. 201 S.

VOTTELER, W.: Verzeichnis der Apfel- und Birnensorten. 1240 Sortenbeschreibungen. 3190 Doppelnamen München 1986. 602 S. [Mit 593 Farbabb. von K. Aigner.]

MARTINI, S.: Geschichte der Pomologie in Europa [von] 25 Nationen. 116 Porträts. Bern und Wädenswil 1988. 184 S. [Die erste, grundlegende, umfassende Geschichte der europäischen Pomologie vom Altertum bis zur Gegenwart. Martini hat mit diesem, seinem Lebenswerk, ein Jahrhundertbuch geschaffen.]